**FOCA I**

Diseño interior: RAG
Imagen de cubierta: © Getty Images

Reservados todos los derechos.
De acuerdo a lo dispuesto en el art. 270
del Código Penal, podrán ser castigados con penas de multa
y privación de libertad quienes sin la preceptiva autorización
reproduzcan, plagien, distribuyan o comuniquen públicamente,
en todo o en parte, una obra literaria, artística o científica,
fijada en cualquier tipo de soporte.

Título original:
*Avarizia. Le carte che svelano ricchezza, scandali e segreti della Chiesa di Francesco*

© Giangiacomo Feltrinelli Editore Milano, primera edizione in «Seria Bianca»,
noviembre 2015

© Ediciones Akal, S. A., 2015
   Sector Foresta, 1
   28760 Tres Cantos
   Madrid - España
   Tel.: 918 061 996
   Fax: 918 044 028
   **www.akal.com**

ISBN: 978-84-96797-94-9

Depósito legal: M-37.858-2015

Impreso en España

Emiliano Fittipaldi

# Avaricia
Los documentos que revelan las fortunas,
los escándalos y secretos del
Vaticano de Francisco

Traducción de
José Antonio Antón, Pilar Cáceres y Sandra Chaparro

*A mi madre y a mi padre*

# PRÓLOGO A LA EDICIÓN ESPAÑOLA

«Comencemos. ¿Es usted Emiliano Fittipaldi?», pregunta el secretario del tribunal del Vaticano, un hombre calvo y no demasiado alto, con un hilo de voz apenas perceptible aunque cortés. «¿Es usted quien ha escrito el libro *Avaricia*?»

Asiento con la cabeza. Mi abogado rotal sonríe en silencio, pero en su rostro se aprecia una sombra de preocupación. También para él, acostumbrado a visitar estos salones para resolver anulaciones matrimoniales y defender a clientes acusados de hurtos de poca monta en el supermercado de los cardenales, se trata de una situación extraordinaria. En el gran salón estamos solamente nosotros tres. El sonido del teclado del ordenador resuena entre columnas y cuadros de la Virgen.

«Bien. ¿Cómo se llaman sus padres?»

«¿Por qué desea saberlo?»

«Son normas del Vaticano. Además del nombre del imputado, tenemos que saber el de sus padres. Le parecerá extraño, pero ese es el procedimiento aquí. ¿Cómo se llaman?»

«Arturo y Ornella», respondo.

El secretario teclea lentamente los datos que acabo de darle. Hace unos diez minutos que hemos llegado. Me pongo a observar el salón.

Era la primera vez que visitaba un palacio del Vaticano, y jamás había imaginado que en mi primera visita no fuera a ver la Capilla Sixtina de Miguel Ángel, sino el tribunal del papa, donde van a someterme a un interrogatorio. «¡Delito de *scoop*!» han titulado los periódicos la noticia de que se me investigaba por culpa del libro que ahora tiene el lector en sus manos.

En *Avaricia* relato los detalles y ofrezco pruebas de los escándalos económicos y financieros de la Iglesia durante el papado de Francisco, un material exclusivo y recabado durante más de un año de investigación. Historias sobre el lujo, el despilfarro y la corrupción que han llenado las portadas de los medios de comunicación de medio mundo. Dos días antes de la publicación del libro en Italia, Bergoglio da su beneplácito a la detención de dos de mis presuntas fuentes. «Los cuervos», los llaman con desprecio.

La sala del interrogatorio está repleta de frescos, imágenes de Cristo y la Resurrección. Los bancos dispuestos para el público, hoy evidentemente desiertos, son de caoba. El encuentro es confidencial. Al entrar, he colocado el abrigo y la chaqueta en un banco. El teléfono móvil, en cambio, lo he dejado fuera, escondido bajo el asiento de la moto, aparcada junto al palacio del Santo Oficio, al otro lado de los muros de la Ciudad Santa. No creo que hoy me arresten, pero prefiero no arriesgarme. Han requisado los teléfonos móviles de otras personas investigadas, y no quiero ponérselo más fácil a los investigadores.

De repente, se abre con brusquedad una puerta de madera al fondo de la sala.

Entran con paso presuroso media docena de personas: el jefe de la Gendarmería, los hombres que están al frente de mi investigación y, en último lugar, el promotor de Justicia, el magistrado que en el ordenamiento vaticano desempeña el papel de fiscal. Se acercan todos a la mesa del tribunal. Sonríen, me estrechan la mano, son amables. Pensaban que no vendría a la citación judicial.

Pero aquí estoy. Para empezar, porque no tengo nada que esconder. Luego, porque me gustaría saber de qué se me acusa, por qué motivos quieren realmente investigarme a mí y a mi libro los jueces del Vaticano. Los recién llegados toman asiento, el secretario cede el suyo al magistrado. Este último, el promotor de Justicia, antes de que yo abra la boca, me explica en qué lío me he metido.

«Veamos, señor Fittipaldi, está usted imputado de un delito muy grave. Difusión de noticias y documentos confidenciales. Lea esto.» Me entrega una fotocopia de un documento en el que el papa Francisco modifica el código penal vaticano a partir del 11 de julio de 2013. En el párrafo sobre «Delitos contra la Patria» aparece un nuevo artículo, el 116 bis. Es el artículo por el que me acusan. «Quienquiera que obtenga de forma ilícita o revele noticias o documentos cuya divulgación está prohibida, será castigado con entre seis meses a dos años de prisión o con una multa de entre mil y cinco mil euros. Si la conducta implica información o documentos que conciernen a los intereses fundamentales o relaciones diplomáticas de la Santa Sede o del Estado, se aplicará la pena de prisión de entre cuatro y ocho años», leo en voz alta.

«¿Y qué pena me correspondería a mí?», pregunto.

«Usted ha publicado lo que para nosotros equivale a secretos de Estado. Por tanto, de entre cuatro a ocho años», me explica el juez.

Sonrío con amargura, y el juez me responde con otra sonrisa.

«Discúlpenme», añado, «pero, ¿no les parece exagerado? Me he limitado a hacer mi trabajo. Comprendo que el Vaticano esté acostumbrado a lavar sus trapos sucios en casa, pero mi trabajo es publicar secretos que el poder, cualquier poder, desearía que no se supieran. Soy periodista. Y he escrito sólo la verdad. Ni una línea de las páginas de *Avaricia* ha sido desmentida.»

«No se trata de eso. Usted, según nuestro código, ha incurrido en un delito muy grave», repite uno de los gendarmes.

El promotor de Justicia toma papel y bolígrafo. «Ahora le haré algunas preguntas.» Comienza. Quiere conocer el nombre de mis fuentes. Me pregunta cómo es posible que hayan llegado a mí los documentos secretos del IOR, la banca vaticana. Quién me ha ayudado a obtener los documentos de la APSA, la entidad que administra todo el patrimonio inmobiliario de la Santa Sede. Quién me ha facilitado y de qué manera los informes secretos acerca de los cardenales y sus negocios millonarios.

«No puedo decirles nada», explico. «Apelo al secreto profesional para no contestar a sus preguntas. En Italia tenemos libertad de prensa, tutelada por nuestra Constitución. Las normas deontológicas me permiten no tener que revelar mis fuentes. ¿En el Vaticano no tienen leyes sobre la libertad de prensa?»

«No. Nos vemos en el tribunal, señor Fittipaldi.»

Es la primera vez en la historia que un periodista será procesado en el Vaticano. En estos momentos, mientras escribo este prólogo para la edición española, mi abogado y yo todavía no sabemos cómo vamos a proceder. Cómo nos defenderemos. Pero una cosa es cierta: el libro que usted va a leer a continuación les ha enfurecido.

Emiliano Fittipaldi
19 de noviembre de 2015

# PRÓLOGO

> Y dijo uno de sus discípulos, Judas Iscariote, hijo de Simón, el que le había de entregar: «¿Por qué no fue este perfume vendido por trescientos denarios, y dado a los pobres?».
>
> Pero dijo esto, no porque se cuidara de los pobres, sino porque era ladrón y, teniendo la bolsa, sustraía de lo que se echaba en ella.
>
> Juan 12, 4-6

Los dos monseñores comienzan a hablar inmediatamente después de que el camarero les sirva el carpaccio de atún y el tartar de gambas rojas. Antes habían estado callados: recorriendo la lista de los vinos blancos y buscando el adecuado para maridar con los platos, picoteando del pan con nueces, mirando aburridos a su alrededor, en busca de un rostro conocido al que saludar en el jardín del elegante restaurante, situado en el acomodado barrio de Parioli.

Con la primera gamba en el tenedor, el sacerdote más anciano, al que yo no conocía hasta entonces, va al grano. «Debes escribir un libro. Debes escribirlo también por Francisco. Tiene que saberlo. Debe saber que la Fondazione del Bambin Gesù, nacida para recaudar donaciones destinadas a niños enfermos, ha pagado parte de las obras realizadas en la nueva casa del cardenal Tarcisio Bertone. Debe saber que el Vaticano posee casas, en Roma, que valen 4.000 millones de euros. Y bien: dentro no hay refugiados, como querría el papa, sino un montón de enchufados y vips que pagan alquileres ridículos.

»Francisco debe saber que las fundaciones dedicadas a Ratzinger y Wojtyła han ingresado realmente tanto dinero que ahora conservan en el banco más de 15 millones. Debe saber que las donaciones que sus fieles le donan cada año a través del Óbolo de San Pedro no se gastan en los más pobres, sino que se acumulan en cuentas e inversiones que hoy valen casi 400 millones de euros. Debe saber que, cuando se hacen con algo del Óbolo, los monseñores lo hacen por exigencias de la curia romana.

»Debe saber que el IOR (Instituto para las obras de Religión) tiene cuatro fondos de beneficencia avaros como Harpagón: pese a que el instituto vaticano produce beneficios por valor de decenas de millones, el fondo para obras misioneras ha entregado este año la miseria de 17.000 euros. ¡En todo el mundo! Debe saber que el IOR todavía no está limpio y que en el Torreón aún se esconden clientes abusivos, gentuza investigada en Italia por graves delitos. Debe saber que el Vaticano nunca ha dado a vuestros investigadores de Banca d'Italia la lista de quienes se han escapado con el botín al extranjero. Pese a que lo prometimos. Debe saber que para hacer un santo, para llegar a ser beato, hay que pagar. Efectivamente, desembolsar dinero. Los cazadores de milagros son caros, son abogados: quieren cientos de miles de euros. Tengo pruebas.

»Debe saber que el hombre que él mismo ha elegido para arreglar nuestras finanzas, el cardenal George Pell, ha acabado en una investigación del Gobierno australiano sobre pedofilia, algunos testigos lo definen como un "sociópata". En Italia nadie escribe nada. Debe saber que Pell ha gastado en él y en sus amigos, entre salarios y trajes a medida, medio millón de euros en seis meses.

»Francisco debe saber que la compañía auditora norteamericana a la que alguno de nosotros ha llamado para controlar las cuentas vaticanas pagó en septiembre de 2015 una multa de 15 millones por haber suavizado los informes de un banco inglés que hacía transacciones ilegales en Irán. Debe saber que la Santa Sede, para ganar más dinero, ha distribuido pequeños carnés especiales por media Roma: hoy vendemos gasolina, cigarrillos y ropa libres de impuestos, con lo que se ingresan 60 millones al año.

»Debe saber que Bertone no es el único que vive en trescientos metros cuadrados, sino que hay un montón de cardenales que moran en pisos de cuatrocientos, quinientos, seiscientos metros cuadrados. Con ático y terraza panorámica. Debe saber que el presidente de la APSA, Domenico Calcagno, se ha preparado un retiro dorado en unos terrenos de la Santa Sede en mitad del campo, abriendo para ello una sociedad a nombre de unos parientes lejanos. Debe saber que el moralizador Carlo Maria Viganò, héroe protagonista del escándalo *Vatileaks*, está implicado en un litigio con su hermano sacerdote, que le acusa de haberle robado millones de herencia. Debe saber que Bertone viajó en un helicóptero, que costó 24.000 euros, para ir de Roma a Basilicata. Debe saber que Bambin Gesù controla en el IOR un patrimonio demencial de 427 millones de euros, y que el Vaticano ha invertido también en acciones de Exxon y de Dow Chemical, multinacionales que contaminan y envenenan. Debe saber que el hospital del Padre Pio tiene 37 edificios e inmuebles, y que hoy tienen un valor estimado de 190 millones de euros. Debe saber que los salesianos invierten en sociedades de Luxemburgo, los franciscanos en Suiza, que diócesis del extranjero han comprado sociedades propietarias de canales porno. Debe saber que un obispo en Alemania derrochó 31 millones para restaurar su residencia y que, cuando le pillaron, se le premió con un cargo en Roma. Francisco debe saber un montón de cosas. Cosas que no sabe, porque nadie se las dice.»

 El monseñor deja el tenedor y se limpia la boca con la servilleta. El sacerdote que conozco bien le sirve un poco de vino en el vaso, un Sacrisassi Le Due Terre. El canoso reverendo alza el cáliz, entorna un ojo para observar con atención el color amarillo pajizo a través del cristal, bebe dos tragos largos, después sonríe. «Aquí fuera hay aparcado un coche lleno de documentos. Del IOR, de la APSA, de los dicasterios, de los auditores de cuentas contratados por la comisión referente, la Cosea. Por eso le he pedido que viniese en coche. No podría llevárselos en una moto.» Se levanta de golpe. «Por cierto, no tenemos efectivo. ¿Esta vez el restaurante lo paga usted?»

# CAPÍTULO I
El tesoro del papa

> No os hagáis tesoros en la tierra, donde la polilla y el orín corrompen, y donde ladrones minan y hurtan. Mas haceos tesoros en el cielo, donde ni polilla ni orín corrompen, y donde ladrones no minan ni hurtan. Porque donde estuviere vuestro tesoro, allí estará vuestro corazón.
>
> Mateo 6, 19-21

Así aconsejaba Jesús a sus discípulos desde la cima del monte. Y pese a todo, en dos mil años la Santa Iglesia Romana a menudo ha interpretado la parábola a su modo: ignorándola completamente. Si el dinero es el estiércol del diablo, en el Vaticano parece valer el dicho «pecunia non olet»; durante siglos lingotes y monedas de oro, billetes de cualquier divisa, propiedades inmobiliarias y títulos bancarios han sido acumulados por sacerdotes, obispos y cardenales en grandes cantidades, y hoy el patrimonio ha adquirido proporciones bíblicas.

Quien ha intentado calcular toda la riqueza de la Iglesia católica ha fracasado sin remedio. Distribuida en todos los países del mundo, con mil doscientos millones de fieles, de ella dependen –según los números que publica cada año el *Anuario Pontificio*, gracias a las cifras recopiladas y elaboradas por la oficina estadística de la Santa Sede– miles de archidiócesis y obispados. Por orden alfabético, comenzando por Aachen en Alemania (nombre alemán de Aquisgrán), hasta Zomba, en Malawi, las «circunscripciones eclesiásticas» repartidas por el planeta son 2.966 entre obispados, sedes metropolitanas, prefecturas, vicariatos y abadías, con casi cinco millones de personas –incluidos monjas, religiosos, diáconos y sacerdotes– dedicadas a guiar el rebaño de Jesús.

Cada «circunscripción» es propietaria de iglesias e inmuebles, gestiona cuentas bancarias y sociedades financieras, y es completamente autónoma respecto al Vaticano, que no ejerce control alguno excepto en casos extremos, como *cracks* financieros o gastos sospechosos que lleguen a conocimiento de la Santa Sede. Se trata de un patrimonio gigantesco, al que hay que añadir el controlado por las congregaciones católicas, por las órdenes religiosas y asociaciones laicas. Si Opus Dei, Legionarios de Cristo y Caballeros de Colón están entre las más conocidas y acaudaladas, de América a Oceanía se cuentan por millares, cada una con sus bienes y sus dineros, y también con sus contabilidades, que –más aún que las de cada una de las diócesis– no tienen nada que ver con la del Vaticano. Gran parte de las fortunas poseídas por los diversos entes, en definitiva, es secreta y reservada: en muchos países las asociaciones y congregaciones no tienen la obligación de publicar informes anuales, y las leyes vigentes sobre fundaciones, en Estados Unidos y en Europa, permiten la privacidad más absoluta y esconden a la opinión pública parte importante de las propiedades eclesiásticas. No sólo en Italia, sino en medio mundo.

El libro que el lector tiene en sus manos, sin embargo, gracias a una cantidad significativa de documentos inéditos provenientes de las estancias vaticanas, informes de auditores llamados por Francisco para arrojar luz sobre las cuentas y transacciones financieras, memorias y balances de cada uno de los dicasterios, puede hoy iluminar por primera vez todo el tesoro del papa controlado directamente por el Vaticano. Una montaña de miles de millones entre cuentas, inversiones financieras, metales preciosos y propiedades inmobiliarias que hoy –después de las guerras de poder estalladas en tiempos de Benedicto XVI– siguen provocando tras los muros choques furibundos entre facciones contrapuestas. Ejércitos internos y grupitos de laicos bien acomodados, cardenales armados unos contra otros. Por detrás de Francisco se mueven camarillas y monseñores que no parecen haberse convertido todavía al credo pauperista del nuevo pontífice, y que aún tienen un objetivo prioritario: hacerse con un trozo del pastel.

Escudriñando uno de los informes internos de la Cosea, la disuelta Comisión referente de estudio y guía sobre la organización de las estructuras económico-administrativas de la Santa Sede que el propio Bergoglio creó para arrojar luz sobre las finanzas sagradas, uno descubre sobre todo que «las diversas instituciones vaticanas gestionan bienes propios y de terceros por un valor declarado de 9.000-10.000 millones de euros, de los que 8.000-9.000 millones son en títulos, y 1.000 en bienes inmuebles». Una estimación contable bastante precisa en lo que respecta a los bienes en efectivo y en acciones, pero muy prudente respecto al valor real de edificios, empresas, villas, escuelas, internados y pisos propiedad del Estado Pontificio: en todos los balances contables vaticanos, escribe la Cosea, los valores nominales están notablemente infradimensionados, y valen mucho más de lo que está anotado en el balance por los diversos entes propietarios.

«Casas por 4.000 millones»

Un documento de la Comisión referente, escrito en inglés y en italiano y destinado a George Pell, jefe de la nueva Secretaría de Economía creada por voluntad de Francisco, resume por primera vez el valor real de todos los bienes inmobiliarios propiedad de instituciones vaticanas. Leámoslo: «Sobre la base de las informaciones puestas a disposición de la Cosea, hay 26 instituciones relacionadas con la Santa Sede que poseen bienes inmobiliarios por un valor contable total de mil millones de euros, a fecha de 31 del 12 de 2012. Una valoración de mercado indicativa demuestra una estimación del valor total de los bienes de cuatro veces el valor contable, o 4.000 millones de euros». Claro, claro: 4.000 millones, exactos.

En el informe están indicadas también las instituciones papales «con las propiedades más importantes, en valor de mercado». Es decir: la APSA, la Administración del Patrimonio de la Sede Apostólica (con un patrimonio de 2.700 millones), la congregación Propaganda Fide (450 millones de euros; en el pasado libros y

**PONTIFICIA COMMISSIONE**
REFERENTE DI STUDIO E DI INDIRIZZO
SULL'ORGANIZZAZIONE DELLA STRUTTURA
ECONOMICO-AMMINISTRATIVA DELLA SANTA SEDE

# SUMMARY REPORTS OF VARIOUS PROJECTS UNDERTAKEN BY COSEA

**ESAME DEI BENI IMMOBILIARI DI PROPRIETÀ DI ISTITUZIONI VATICANE**

**Visione d'insieme del tipo e valore dei beni**

- Sulla base dell'informazione messa a disposizione di COSEA, ci sono **26 istituzioni** relazionate alla Santa Sede che possiedono beni immobiliari per un **valore contabile totale di EUR ~1mrd** al 31.12.2012.
- Una valutazione di mercato indicativa dimostra una **stima del valore totale** dei beni di 4 volte più grande rispetto al valore contabile, o **EUR ~4mrd**. Le istituzioni con le proprietà più importanti (a valore di mercato) sono:
  - APSA: EUR ~2,710m
  - Propaganda Fide: EUR ~450m
  - Casa Sollievo della Sofferenza: EUR ~190m
  - Fondo Pensioni: EUR ~160m.
- Il **reddito totale da locazione** ammonta a **EUR ~88m**, dei quali EUR ~65m compresi nel conto economico della Santa Sede e EUR ~2m nel conto economico consolidato della Città Stato Vaticano. Reddito supplementare da locazione può essere ottenuto come dettagliato in basso.
- Lo **stato fisico** degli edifici non è stato preso in considerazione nelle analisi per il momento.
- Siccome COSEA ha dovuto fare affidamento sull'**informazione resa disponibile dalle varie istituzioni**, non possiamo assicurare che tutti i beni immobiliari siano stati individuati.

**Mancanze nella gestione dei beni immobiliari**

- Prima di tutto, si è osservata **duplicazione di attività** tra le ~20 istituzioni che gestiscono beni immobiliari.
- Esistono importanti **mancanze strategiche** nella gestione dei beni immobiliari:
  - Canoni di locazione molto bassi (incremento potenziale del reddito da locazione di almeno EUR 25-30m senza avere impatto sull'impegno della Santa Sede nell'offrire appartamenti a bassi canoni ai dipendenti)
  - Uso inefficiente delle unità (e.g. la Libreria Editrice possiede un grande magazzino in un edificio prestigioso in Piazza San Callisto)
  - Nessuna gestione del tasso di rendimento (nessuna trasparenza sul valore di mercato dei beni)
- C'è margine di miglioramento in svariate **procedure** relazionate alla gestione dei beni immobiliari:
  - Linee guida per la locazione di unità ai dipendenti (e.g. non esiste beneficio equivalente per i dipendenti ai quali non viene assegnato un appartamento; casi di ex-dipendenti del Vaticano che rimangono in appartamenti interni a canoni favorevoli fino a 8 anni dopo il termine del loro impiego col Vaticano)
  - La gestione delle eccezioni per l'assegnazione delle unità (e.g. riduzione del canone su richiesta specifica)
  - Compravendita di beni (e.g. nessuna procedura formalmente approvata in APSA per la vendita di proprietà)
  - Mantenimento degli edifici (e.g. nessuna valutazione sistematica della qualità dei prestatori di servizi)

**Proposta di strada da percorrere**

- Tutti i beni immobiliari di proprietà di istituzioni relazionate al Vaticano dovrebbero essere gestiti centralmente:
  - La proposta di una nuova istituzione responsabile per la **gestione patrimoniale** – chiamata Vatican Asset Management (VAM) – sarà responsabile per gli investimenti e per pianificare e monitorare i redditi. I **titoli di proprietà** rimarranno con le istituzioni che oggi possiedono tali beni.
  - Un nuovo **dipartimento di gestione immobiliare** nella Segreteria per l'Economia sarà responsabile per:
    - Stabilire le line guida per la locazione delle unità (in collaborazione con l'ufficio Risorse Umane nell'ambito di linee guida per la locazione di appartamenti a dipendenti)
    - **Property management** (e.g. responsabilità dei contratti di locazione)
    - **Facility management** (e.g. monitoraggio tecnico degli edifici, gestione e monitoraggio di servizi di supporto come il mantenimento e la pulizia)
  - Tutto lo staff Vaticano che lavora in **servizi di mantenimento e pulizia** sarà unificato nel dipartimento dei Servizi Tecnici in Governatorato e servirà le unità nel Vaticano. Gare competitive che includano anche fornitori esterni saranno istituite come una regola per l'assegnazione di servizi in territorio non-Vaticano.
- Vista la quantità di progetti aperti, si raccomanda di cominciare con l'**implementazione** solo nella **seconda metà del 2014**. Le priorità saranno:
  - Nomina di un Direttore per la Gestione Immobiliare
  - **Richiesta di informazione dettagliata** da tutte le entità per quanto riguarda il loro portafoglio immobiliare
  - Rifinitura della **valutazione di mercato**
  - Creazione di un **piano** per indirizzare le mancanze per quanto riguarda la strategia e le procedure

El valor de las propiedades inmobiliarias del Vaticano según la Pontificia Comisión referente (Cosea) (véase traducción en pp. 213-215).

periódicos daban siempre estimaciones más altas), la Casa Sollievo della Sofferenza (gracias a las donaciones el hospital del Padre Pío tiene una cartera de activos que incluía treinta y siete edificios, valorados en 190 millones) y el Fondo de Pensiones de los empleados, que posee inmuebles por valor de 160 millones de euros.

No es todo. En otro informe confidencial de la Cosea fechado el 7 de enero de 2014 (se trata de un borrador de la propuesta para la creación de un único gestor del patrimonio vaticano, con objeto de controlar y dirigir de manera unitaria todo el patrimonio de la Santa Sede, hoy dividido entre decenas de entes) se especifica que casi siempre «los inmuebles se registran, o al coste de adquisición, o al coste de donación, y muchos edificios institucionales se valoran a 1 euro. Por tanto, es de esperar que el valor de mercado de los bienes raíces vaticanos sea mucho más grande». La nota subraya también que los auditores han trabajado sobre los informes proporcionados por los diversos entes, que podrían incluso no haber inscrito todo su patrimonio en el balance contable. Los posibles tesoros no censados, en todo caso, no modificarían demasiado la cifra final.

Cuatro mil millones, por lo tanto. Una riqueza enorme, en gran parte concentrada en Roma. El dato de la Cosea, que ha trabajado durante meses sobre los documentos puestos a disposición por los distintos entes, ayuda también a redimensionar la leyenda anticlerical que quiere ver a la Iglesia católica como propietaria del 20 por ciento de todo el patrimonio inmobiliario italiano. Los informes vaticanos no contabilizan las propiedades de decenas de órdenes y congregaciones que tienen edificios y pisos diseminados por la Ciudad Eterna, pero incluyen al segundo mayor propietario inmobiliario católico de la capital, esto es, la diócesis de Roma, que tiene una contabilidad separada de aquella de la Santa Sede. Gracias a un documento de KPMG de 2014, descubrimos que la diócesis capitolina posee bienes en la ciudad (ladrillo y efectivo) por valor de 69 millones de euros. Será una cifra errónea por defecto, a la que cabría añadir muchas otras propiedades de organismos y congregaciones. Pero es bastante difícil que en la capital el patrimonio de toda la Iglesia pueda llegar a valer una quinta parte de los 534.000 millones de euros, cifra que representa el valor total de las viviendas en Roma según el cálculo de los técnicos de la Agenzia delle entrate (Hacienda) y publicado en el sólido estudio titulado *Los inmuebles en Italia 2015*.

La caza del tesoro

Leyendo el balance nunca publicado de la APSA, se entiende que parte importante del tesoro inmobiliario del Vaticano ha confluido precisamente en el organismo presidido por monseñor Domenico Calcagno. Creada en 1967 por Pablo VI junto con la Prefectura de Asuntos Económicos, la APSA custodia desde hace medio siglo bienes muebles e inmuebles «destinados», explica la *Pastor Bonus* con la que fue constituida, «a proporcionar fondos necesarios para el cumplimiento de las funciones de la Curia romana».

En realidad, la historia del ente comienza mucho antes. Si en 1878 León XIII decidió constituir una primera oficina que administrase los bienes conservados por el Vaticano después de la toma de Roma en 1870, en 1926 el papa Pío XI estableció con un *Motu Proprio* el nacimiento de la Administración de los Bienes de la Santa Sede, antecesora del ente tal como lo conocemos hoy. En junio de 1929 al nuevo dicasterio se le añadió otro, la Administración Especial de la Santa Sede, constituida «con el fin» –explica el Vaticano– «de gestionar los fondos proporcionados por el Gobierno italiano [es decir, por el régimen fascista de Benito Mussolini] a la Santa Sede, en cumplimiento del acuerdo financiero adjunto a los Pactos Lateranenses del 11 de febrero de 1929».

Los dos dicasterios se fusionan, cuarenta años después, en la APSA, que se divide en una «sección ordinaria», que cumple las tareas antes reservadas a la Administración de los Bienes de la Santa Sede (gestión del personal vaticano, de la contabilidad y de los dicasterios), y una «sección extraordinaria», heredera de la vieja Administración Especial. La caza del tesoro debe partir de aquí, porque es aquí donde se conservan los bienes muebles y el patrimonio inmobiliario que pertenece a la Iglesia.

Las primeras partidas del balance contable que poseemos nos indican que volemos a París, tomemos un taxi y nos dirijamos a rue de Rome, cerca de la place Vendôme. En el portal número 4, una sociedad francesa controlada por la APSA posee, de hecho, algunos de los inmuebles más prestigiosos de la ciudad. Se llama Sopridex S. A., ha tenido inquilinos famosos (como el expresidente François Mitterrand, el exministro Bernard Kouchner y su mujer Christine Ockrent) y hoy tiene actividades inscritas en el balance que llegan a 46,8 millones de euros. El personal incluye, leemos en el balance, «un director, tres empleados, dedicados a la limpieza», y la nada desdeñable cantidad de «dieciséis conserjes».

Alejándonos de los inmuebles parisinos (el Vaticano tiene en total centenares de unidades inmobiliarias entre empresas y pisos, a lo largo de los Champs-Élysées, en el centro histórico y en el barrio de Montparnasse, donde era inquilina también la exministra Christine Albanel) y aterrizando en Ginebra, descubrimos que la «sección extraordinaria» controla también diez sociedades suizas (entre ellas, Diversa S. A., la Société Immobilière Sur Collonges y la Société Immobilière Florimont) que, junto a la empresa matriz Profima S. A., gestionan propiedades y terrenos no sólo en la Confederación Helvética sino en media Europa. Todas juntas –se lee en el balance– tienen una facturación anual de 18 millones de euros, y un consejo de administración compuesto, cada una, por siete personas.

Es sabido que Profima S. A. se fundó en Lausana en julio de 1926 y que después fue utilizada por Pío XI para llevar al extranjero (o invertir, según el punto de vista) parte del dinero que la Iglesia obtuvo de Mussolini como indemnización por las expropiaciones sufridas después de la unificación de Italia, pero el *holding* empresarial Diversa es prácticamente desconocido. Fundado en Lugano en agosto de 1942, mientras se combatía en medio planeta, desde Stalingrado hasta El Alamein, hoy está presidido por Gilles Crettol. Se trata de un poderoso abogado suizo que gestiona parte importante de los intereses vaticanos más allá de los Alpes: su nombre aparece, de hecho, en casi todas las demás sociedades helvéticas relacionadas con el Vaticano.

Hasta hace poco tiempo, el referente italiano de Diversa era Paolo Mennini, exnúmero uno de la «sección extraordinaria» de la APSA e histórico cerebro de la administración. Tras el escándalo que implicó al monseñor salernitano Nunzio Scarano –funcionario de la APSA que ha acabado siendo investigado por corrupción– y después de los controles efectuados por la consultora Promontory por petición de la Cosea y de una *due diligence*\* sobre las cuentas llevada a cabo por la consultora McKinsey, los hombres del papa Francisco decidieron, sin embargo, pasar página y cambiar a todos los miembros del ente administrativo, sustituyendo también, por tanto, a Mennini. En su lugar, en los consejos de administración de las sociedades suizas apareció en 2013 Franco Dalla Sega, presidente de la compañía Mittel (de Giovanni Bazoli) y director de confianza del nuevo jefe de las finanzas vaticanas, el cardenal George Pell.

Retomemos la búsqueda, trasladándonos de Suiza a Inglaterra. Aquí la compañía suiza Profima controla la British Grolux Investments Ltd., una sociedad inglesa fundada en el lejano 1933 para «diversificar» –explicó en 2005 el historiador John Pollard– las inversiones eclesiásticas durante la Gran Depresión. Más exactamente fue el banquero Bernardino Nogara, nombrado en 1929 número uno de la recién nacida Administración Especial, quien constituyó la inmobiliaria inglesa.

Nogara, figura clave de la Banca Commerciale Italiana y en su momento consejero de la Santa Sede para el acuerdo financiero de los Pactos Lateranenses, fue quien gestionaría las indemnizaciones obtenidas de Benito Mussolini. Una avalancha de dinero: a los 750 millones de liras en efectivo (inicialmente depositadas precisamente en las cuentas de Banca Commerciale) se deben añadir de

---

\* Investigación de una empresa o persona para comprobar que cumple sus obligaciones con la diligencia debida. *[N. de los T.]*

hecho mil millones de liras en títulos del Estado. El profesor de historia económica Maurizio Pegrari, autor de la entrada biográfica «Nogara» en la enciclopedia Treccani, recuerda que, antes de su llegada, las inversiones financieras «eran habitualmente confiadas a banqueros europeos –suizos, alemanes, franceses, holandeses e ingleses– que se apoyaban en las nunciaturas apostólicas presentes en estos países». Un sistema farragoso y en algunos casos incluso «diletante, a causa» –continúa Pegrari– «de la falta de aptitudes específicas de muchos nuncios y del mismo secretario de Estado de entonces, Pietro Gasparri. La llegada de Nogara trajo orden y eficacia». En efecto, el banquero transformó la Administración Especial en una especie de *merchant bank* que operaba en todas partes. No sólo en Italia y en Europa, sino también en Estados Unidos (donde la colecta del Óbolo de San Pedro era bastante abultada pese a la Gran Depresión) y en Argentina.

Nogara invirtió rápidamente el dinero recibido por los fascistas en acciones, obligaciones y, obviamente, en el mercado inmobiliario, a través de la creación de sociedades en el extranjero. Una apuesta que ha funcionado, y que todavía hoy da sus frutos. De oro. Si el *holding* parisino tiene «actividades» de 46,8 millones, el londinense es propietario en el centro de la ciudad de casas y edificios, incluidas tiendas de lujo en New Bond Street y los locales de la joyería Bulgari. Según una investigación de *The Guardian*, también la sede del banco Altium Capital, en la esquina de Saint James's Square y Pall Mall, fue adquirida por Grolux Investments por 15 millones de libras esterlinas. La gestión de los inmuebles londinenses, a los que se añaden casas y terrenos en Coventry, supone para el Vaticano otros 38,8 millones de ganancias. A través del archivo de la cámara de comercio del Cantón de Lucerna, además, descubrimos que el *holding* inglés abierto en 1933 es gemelo de otra sociedad, abierta en 1931 por Nogara para el Vaticano en Luxemburgo y llamada «Le Groupement Financier Luxembourgeois», que parece que se cerró en 1939. No se trataba sólo de inmuebles, sino también de flujos financieros e inversiones a lo largo y ancho del mundo: ya entonces los futuros paraísos fiscales tenían vigentes normas bastante favorables desde el punto de vista fiscal y administrativo, y la Iglesia se sirvió de ellas «para operar», comenta Pegrari, «con mayor diligencia». En definitiva, en Italia, además de la inacabable caja de caudales de Propaganda Fide, la APSA controla también las sociedades Sirea y Leonina, que en el balance tienen ingresos de unos 16 millones.

Pero la APSA en Roma es propietaria de miles de pisos que suman cuantías importantes (en total, el Vaticano cuenta en la capital con unos 5.000, pero ni siquiera ellos saben cuántos poseen: en otro estudio de la Prefectura de Asuntos Económicos se evidencia entre los problemas críticos de la APSA la ausencia de balances que muestren el patrimonio inmobiliario en su totalidad). En 2014, la APSA introdujo en el balance tres partidas diferentes: las propiedades en Inglaterra, por valor de 25,6 millones; las de Suiza, por valor de 27,7 millones; por último, viviendas, empresas, edificios y pisos en Italia y en Francia por apenas 342 millones. Pero en el Vaticano saben bien que se trata de una cifra subestimada. Si las inversiones inglesas valen en el balance sólo 25 millones de libras (según la investigación de *The Guardian*, a los precios actuales de mercado, los edificios del centro de Londres valdrían 500 millones de libras, veinte veces más que lo referido por los contables del papa), el documento interno de la Cosea aclara este punto, especificando que la cartera contable de la APSA debe multiplicarse nada menos que por seis.

Alquileres de oro

Atrás dejamos París, Londres y Lucerna, y la caza del tesoro prosigue en Roma. Después de la APSA, otro gran propietario vaticano es Propaganda Fide, la Congregación para la Evangelización de los Pueblos, a cuyo frente está el cardenal Fernando Filoni. Un coloso financiero que en 2012 poseía títulos y cuentas bancarias por unos 170 millones de euros, y pisos en la capital inscritos en el balance por valor de noventa millones. Una cifra ridícula:

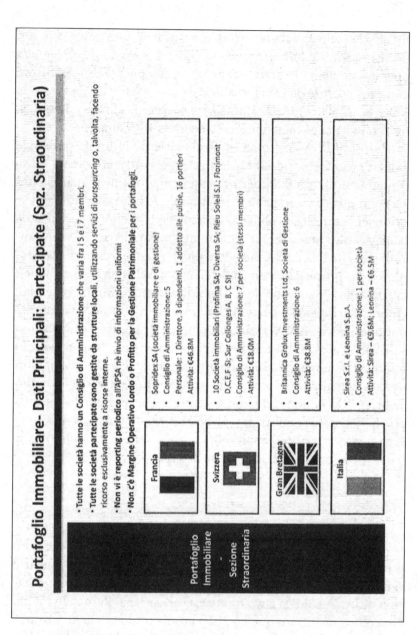

Las sociedades inmobiliarias de la APSA en el extranjero (véase traducción en pp. 215-216).

según la propia Cosea, las joyas repartidas por las zonas más hermosas de Roma valen «450 millones». También ésta corre el riesgo de ser una valoración demasiado baja: si en el pasado exageradas estimaciones periodísticas llegaban a conjeturar para Propaganda Fide un tesoro cercano a los 9.000 millones, es probable que sus quinientos pisos distribuidos en sesenta edificios de las zonas más elegantes y lujosas de Roma valgan por lo menos mil millones.

La congregación, nacida para difundir la palabra de Jesús por los rincones más lejanos y pobres del mundo, y que tiene la tarea de coordinar las misiones evangélicas en los cinco continentes, posee inmuebles y pisos impresionantes en la piazza di Spagna, en las cercanas via della Vite y via Sistina. Es propietaria de media via Margutta y de áticos maravillosos en via del Babuino. Una cartera que, gracias a donaciones constantes por parte de los fieles, aumenta año a año: entre garajes, edificaciones y terrenos, el número de inmuebles en toda Italia se acerca al millar, pero el 95 por ciento de las propiedades se concentra en Roma y en su provincia.

Para sacarles rédito, la congregación los alquila. No a los comunes mortales, sino a quien se lo puede permitir, mejor si son vip o políticos. Si el presentador de *Porta a Porta* Bruno Vespa paga 10.000 euros al mes por doscientos metros cuadrados en la piazza di Spagna (a quien sostenga que se trata de una cifra baja para uno de los áticos más bellos del mundo, el periodista responde que ha invertido medio millón de su bolsillo en la reforma), son o han sido inquilinos de Propaganda: Cesara Buonamici, del telediario Tg5; el diseñador de moda Valentino (que alquiló todo un edificio en la piazza Mignanelli para sus oficinas); Antonio Marano, subdirector de la RAI y exsubsecretario de la Lega perteneciente al primer gobierno Berlusconi; el periodista Augusto Minzolini; algunos dirigentes de los servicios secretos; el excomisario de AGCOM Giancarlo Innocenzi; el mandarín de la Administración estatal Andrea Monorchio, o el expresidente de la ENAC Vito Riggio.

En algunos casos, además, los alquileres pagados por los inquilinos no son acordes con los precios de mercado. Quien gozó de un tratamiento de favor fue seguramente Esterino Montino, expresidente interino de la Región de Lazio y gran figura del Partido Democrático (PD) regional, que ha sido huésped de Propaganda Fide en una de las calles más conocidas de la ciudad, via dell'Orso. Precio de alquiler: 360 euros al mes por ciento diez metros cuadrados, que Montino compartía con su compañera la senadora del PD Monica Cirinnà. «Lo hemos reformado con nuestro dinero, hemos invertido 150 millones de las antiguas liras», es la justificación del actual alcalde de Fiumicino, que ha visto cómo en 2010, después de doce años con descuentos de récord, su alquiler subía a 3.000 euros, el valor real de mercado para esa zona.

De vez en cuando, Propaganda Fide decide vender algún inmueble y así hacer algo de caja. No siempre al precio justo, eso sí: en 2004, el exministro de Transportes Pietro Lunardi consiguió comprarse, mediante un préstamo concedido a una sociedad inmobiliaria administrada por su hijo, todo un edificio de cinco plantas en la via dei Prefetti, en pleno centro histórico, pagando apenas 3 millones de euros. La magistratura de Perugia lo acusó de corrupción, junto al entonces prefecto de la congregación Crescenzio Sepe: a cambio del precio rebajado, según la acusación, el ministro habría concedido a través de la sociedad pública Arcus una financiación de 2,5 millones a Propaganda Fide para construir un museo en la sede de la congregación (un edificio del siglo XVII proyectado por Bernini y finalizado por Borromini) con vistas a la piazza di Spagna. La investigación concluyó en falso, y el expediente de ambos se archivó porque, según los jueces del colegio de delitos ministeriales del Tribunal de Perugia, se había producido la prescripción. El mismo año en el que el Vaticano vendía a Lunardi un chalet a precio de saldo, también Nicola Cosentino, poderoso exsecretario de Economía del gobierno Berlusconi y arrestado por presuntas relaciones con el clan mafioso de los Casalesi, hacía buenos negocios con Propaganda, adquiriendo una vivienda de ciento cincuenta metros cuadrados por 630.000 euros: no está mal para un piso en la tercera planta de una elegante calle del barrio de Prati, donde los precios se acercan a casi el doble respecto a lo que pagó el político. «Es verdad, mi mujer es la titular del piso, que todavía estamos pagando a través de un crédito», ha explicado Cosentino en una entrevista. «Rechazo cualquier insinuación, no es verdad que esa casa se me haya vendido a un precio de favor, a mitad de su valor. Me la recomendó un conocido de Caserta.»

Propaganda es generosa con todos, aun cuando el dinero obtenido por las compraventas deba servir para ayudar a las misiones. Cuatro años después de haber vendido a Lunardi y Cosentino, la congregación también le sirve en bandeja un negocio redondo a la pequeña sociedad de mediación inmobiliaria de Busto Arsizio, que en 2008 vendió a Propaganda todo un palacio señorial. La operación, esta vez, la realiza el sucesor de Sepe, el prefecto y cardenal Ivan Dias, que vive en un piso de doce habitaciones en la primera planta del edificio objeto de la compraventa: es él quien decide que el Vaticano debe comprar el inmueble. Como escribe Carlo Bonini en un reportaje para el diario *La Repubblica*, el Vaticano invierte 20,3 millones de euros. Una cifra importante. También porque la sociedad accionarial lombarda ha comprado los mismos inmuebles a la Banca Italease por apenas 9 millones. Sin embargo, no se trata de una revalorización temporal: los intermediarios compran el edificio la mañana del 30 de mayo de 2008, y lo revenden al Vaticano esa misma tarde, pero a más del doble.

Si la plusvalía récord parece penalizar a Propaganda, tampoco ha sacado un euro el Estado italiano de los 4 millones en impuestos que debería haber recibido por la transacción: «La parte adquirente [Propaganda Fide] en los bienes fiscales declara que el presente acto está integralmente exento de IVA, del impuesto de registro, de los impuestos hipotecarios y catastrales, de cualquier otro impuesto directo o indirecto y de tributaciones ordinarias y extraordinarias conforme a los Pactos Lateranenses de 1929», se lee en el contrato de compra. Traduciéndolo, también aquella porción de edificio comprada en el centro de Roma disfruta de las ventajas de la extraterritorialidad garantizadas por el Estado italiano a muchísimos otros inmuebles de la congregación, que además paga unos dos millones al año de IMU (impuesto sobre bienes inmuebles).

La era del cardenal Crescenzio Sepe (que para la gestión de casas y pisos confió en Angelo Balducci: el jefe de la «banda» que gestionaba los grandes eventos era, de hecho, uno de los tres «consultores» de Propaganda Fide) acabó en 2006, y la del prefecto Dias concluyó en 2011. Hoy el «papa rojo» es Fernando Filoni, y está intentando poner orden en cuentas y alquileres, convocando por medio de sus secretarios a los inquilinos vip y explicándoles que, cuando finalice su contrato, el alquiler anual se elevará hasta los precios de mercado.

Los alquileres demasiado bajos y aquellos beneficiados por favores son, de hecho, uno de los puntos críticos analizados por la Cosea. La razón es que, si el imperio inmobiliario ha permitido al Vaticano alcanzar en 2013 «una renta total de arrendamientos por valor de 88 millones de euros, de los cuales 65 millones están incluidos en los estados contables de la Santa Sede, y dos millones en los estados contables consolidados del Estado de la Ciudad del Vaticano», mucho se podría hacer todavía para mejorar las anotaciones contables. «Antes de nada», explican los miembros de la comisión, «se ha observado una duplicación de actividades entre las veinte instituciones que gestionan bienes inmobiliarios. Existen, además, importantes carencias estratégicas: precios de arrendamiento muy bajos (incremento potencial de la renta de al menos 25-30 millones, sin impacto en el compromiso de la Santa Sede de ofrecer pisos a alquileres bajos a los empleados); uso ineficiente de las unidades (por ejemplo la Libreria Editrice Vaticana posee un gran almacén en un prestigioso edificio de la piazza San Callisto); ninguna gestión de la tasa de retorno (rentabilidad) y ninguna transparencia sobre el valor de mercado de los bienes». Críticas durísimas. Sobre todo contra los favoritismos y recomendaciones de toda ralea: los miembros de la comisión subrayan, en efecto, que hay empleados que permanecen en las casas de la APSA o de Propaganda Fide con precios de favor incluso «ocho años después del término de su trabajo» en la Santa Sede, mientras que los inquilinos consiguen con demasiada facilidad obtener «una reducción del alquiler tras una petición específica».

## Una montaña de dinero

Aparte del inmenso patrimonio inmobiliario, el Vaticano posee acciones, efectivo, obligaciones, cuentas suyas y a terceros, y activos financieros que valen entre ocho y nueve mil millones de euros en total; de los cuales –según se lee en el documento que planea la creación del Vatican Asset Management (VAM)– «el 85 por ciento están invertidos en acciones, el 5 por ciento en cuentas bancarias, el 5 por ciento en fondos foráneos, el 3 por ciento en obligaciones y un 1 por ciento en oro y materias primas». Gran parte de la montaña de dinero del Vaticano se conserva en el IOR y en la APSA, el ente que Bergoglio querría transformar en un banco central.

Partamos de aquí. Hoy las llaves de su caja fuerte se conservan en los bolsillos del cardenal Domenico Calcagno, uno de los últimos bertonianos todavía en circulación en el nuevo reino de Francisco. A diferencia del Instituto para las Obras de Religión, el balance no es de dominio público. Al menos hasta ahora. Leyendo la síntesis del balance, se descubre que el ente tiene activos por valor de 998 millones de euros (año 2013), y que la cartera de inversiones en euros ha superado en 2013 nada más y nada menos que los 475 millones, a los que hay que añadir inversiones en títulos por valor de 137 millones de dólares, 33 millones de libras esterlinas y 17 millones de francos suizos. La APSA se mueve como un instituto de crédito y, por lo visto, ha prestado un montón de dinero por ahí: en la partida «créditos a bancos» hay de hecho 162,7 millones de euros, 24,5 millones de dólares, 8 en libras, 4,5 en francos suizos, y nada menos que 29,2 en yenes.

Leyendo los datos del año 2013 se descubre que la APSA conserva oro por valor de «30,8 millones: la entrada corresponde a 32.232 onzas en lingotes y a 3.122 onzas de oro acuñado. El valor disminuyó 12,4 millones de euros respecto al ejercicio precedente». Un valor que, mientras escribimos, ha vuelto a crecer, y es –a finales de 2015– superior a los 40 millones. También el IOR (según el examen del balance de 2014, esta vez público) conserva lingotes por valor de 33 millones de euros, depositados en la Reserva Federal y en la cámara acorazada bajo el Torreón.

Alguno, sin embargo, sospecha que se trate de datos parciales, y que otra parte de las reservas áureas del Vaticano se conserve hoy en las cajas de caudales suizas y en Inglaterra. Son sólo especulaciones: parte considerable del metal amarillo se vendió entre los años noventa y el comienzo del nuevo siglo por el cardenal Rosalio José Castillo Lara, expresidente de la Administración desde 1989, muy cercano a Juan Pablo II. Una operación que sirvió para sanear las finanzas de la Santa Sede, que en ese momento estaban en condiciones difíciles. Cuando el cardenal venezolano entró en la APSA, de hecho, se vio obligado a hacer una serie de operaciones excepcionales, necesarias para cubrir los desastres financieros causados por el sátrapa del IOR, Paul Marcinkus, y por el escándalo de la bancarrota del Banco Ambrosiano, que secó gran parte de la liquidez de la Santa Sede, invertida en el instituto meneghino, del que poseía la mayor parte de acciones.

En Oltretevere, los números rojos a finales de año se habían convertido en algo fijo, tanto que el déficit del Estado rozó, en 1990, los 100.000 millones de liras. De buena familia (su tío era arzobispo de Caracas), educado por los salesianos de don Bosco, el cardenal venezolano fue nombrado con el objetivo prioritario de sanear las cuentas. Temido, poderoso y carismático (detrás de los muros circula todavía el dicho de que el acrónimo de la matrícula de los coches vaticanos, SCV, se lee como «Se Castillo Vuole», [«Si Castillo quiere»]), el sudamericano logró entre 1989 y 1995 convertirse a la vez en jefe de la APSA, presidente de la Comisión Pontificia para el Estado de la Ciudad del Vaticano y presidente de la comisión cardenalicia para la supervisión de la Banca vaticana.

Castillo Lara logró en la APSA reestructurar las pérdidas que afligían a los sacros palacios desde hacía un cuarto de siglo: recortando costes, obligando a las diócesis del mundo a contribuciones relevantes, vendiendo partes valiosas de la plata de la familia (el oro conservado por la APSA, para empezar) e invirtiendo con buen ojo los miles de millones del banco que presidía. Operación exitosa; si en 1991 la Santa Sede cerraba un *annus horribilis* con un agujero de 100.748 millones de liras, en 1993 la medicina de Castillo Lara llevó a un primer activo de 2.400 millones de liras. Una obra maestra posible gracias a golpes de efecto e invenciones como la Fundación Centesimus Annus – Pro Pontifice, fuertemente deseada por el sudamericano y por Juan Pablo II. Creada en 1993 con el objetivo declarado de promover a través de obras y convenios los valores cristianos expuestos por el pontífice en las encíclicas, el organismo nace como un *think-tank* de barras y estrellas, un *lobby* en el que prelados y monseñores se encuentran con empresarios romanos y financieros católicos. Castillo y el amigo Andrea Gibellini (a la sazón consejero de la Banca Popolare de Bergamo, fue después colocado por Castillo Lara como nuevo director general del IOR) lograron afiliar a la fundación a Cariplo, Ambroveneto, BNA, San Paolo de Brescia, exponentes de las «finanzas blancas» como Giovanni Auletta y Giovanni Bazoli, pasando por presidentes de sociedades de fútbol como Luigi Corioni (Brescia) y Ernesto Pellegrini (antiguo dueño del Inter), y empresarios como Alberto Falck, Emilio Riva, Franco Panini, Giampiero Pesenti y Giuseppe Garofano, exnúmero uno de Montedison. Todos se inscribieron en el «Centesimus Annus» pagando una inscripción de 50 millones de liras por cabeza. En total, entre personas físicas y sociedades, los socios fundadores son 70, para un capital reunido que enseguida superó los 3.500 millones de liras.

 A título informativo, la fundación existe y todavía da guerra: organiza congresos y cursos, financia el premio internacional «Economía y Sociedad» (el premio está dotado con 30.000 euros), pero sobre todo parece aumentar continuamente sus ingresos: entre cuentas y títulos vale actualmente 5,2 millones, gestionados por un consejo de administración por el que han pasado personajes como el conde Lorenzo Rossi di Montelera (hoy un simple miembro, pero entonces presidente), Grazia Bottiglieri Rizzo, líder de la empresa naviera homónima, la princesa Camilla Borghese Khevenhüller, el ingeniero Federico Falck, el príncipe Alois Konstantin zu Löwenstein y el maltés Joseph Zahra, hoy entre los hombres más influyentes del Vaticano.

Algunos meses después del bautizo del «Centesimus Annus», sin embargo, la curva de Castillo Lara comenzó su descenso, acelerado por el escándalo Tangentopoli y por la gran red de cohecho Enimont pagada por los Ferruzzi, blanqueada en el Vaticano por el *lobbista* Luigi Bisignani y después repartida entre los partidos. También los Ferruzzi habían sido acogidos, de hecho, en la recién nacida fundación y, en el IOR, Lara era presidente de la comisión cardenalicia, esto es, el organismo que debería haber vigilado las posibles operaciones de blanqueo. «Los Ferruzzi me engañaron», alegará siempre Castillo, que tres años más tarde dejará su cargo y las llaves de la caja fuerte, que pasaron primero a Lorenzo Antonetti, después a Agostino Cacciavillan, finalmente al cardenal Attilio Nicora y después a Domenico Calcagno: el cardenal bertoniano fue promocionado a presidente por el papa Ratzinger, pero recibió la ratificación de Francisco.

Volvamos al presente, y al balance de la APSA. La Cosea, con la gestión *made in Calcagno*, cae a plomo. «Hoy, respecto al riesgo y rendimientos de las inversiones de la APSA, sabemos muy poco. Esto se debe al hecho de que no hay directrices claras, ni objetivos claros, y faltan sistemas de medición del rendimiento», se lee en el documento sobre el VAM de 2014. En otro informe se resume que la APSA, para convertirse en el nuevo banco central vaticano, todavía tiene mucho camino que recorrer. «Actualmente es un híbrido que desarrolla varias funciones. Hay una serie de ineficiencias, riesgos de reputación *(Reputational Risk)*, riesgos financieros, riesgo de pérdida de ingresos (sobre todo en el apartado de bienes raíces, como veremos) y riesgos operativos, puesto que la falta de procedimientos sólidos podría llevar fácilmente a prácticas ilícitas y fraudulentas.» Justamente: como en el IOR, también en la APSA, «a partir del análisis de las cuentas, han surgido riesgos de blanqueo de dinero y de fraude». Una noticia impactante, eso sí, para quien esperaba que el Vaticano pudiese ponerse en orden sólo con la reforma del IOR. Promontory, la sociedad norteamericana de consultoría que examinó las cuentas del IOR y los balances de los entes vaticanos, ha listado para la APSA nada menos que noventa y dos recomendaciones, «que de ser efectuadas en el futuro próximo mejorarían notablemente la situación actual. Deben ponerse en práctica con mucha urgencia».

Finalmente, hay un dato que la Cosea no señala en el documento en posesión de quien escribe, pero presente en el balance de la APSA y esencial para entender la cuantía de los derroches y de la revisión de gasto que el papa ha anunciado para varios dicasterios: los costes de la curia vaticana, sólo en el año de gracia de 2013, han provocado en las cuentas del organismo un agujero de 77 millones de euros, cubierto gracias a una contribución directa de la propia APSA y a una «contribución de la Secretaría de Estado» de 55 millones de euros.

Me monto una fundación

Por otro lado, en el Vaticano encontrar dinero de más no es una operación demasiado difícil. Sobre el mapa del tesoro no hay dibujada una única cruz, sino que hay señales por todas partes. El ente dedicado al «Centesimus Annus – Pro Pontifice» es sólo una de las fundaciones que despuntan en el informe de KPMG de 2014, que ha encontrado e investigado balances contables de varias instituciones vaticanas «no incluidas en el balance consolidado de la Santa Sede».

Están los penitenciarios de San Paolo, que gestionan actividades por valor de 9,9 millones de euros, la Opera Romana Pellegrinaggi, que tiene ingresos de 33 millones de euros: controlada por el vicariato de Roma, según se lee en el opúsculo con el que organizan los viajes, «representa un modelo único de referencia para quien quiera descubrir la belleza y la profundidad de la peregrinación y del camino. Hemos acompañado y acompañamos a miles de peregrinos a las raíces de la historia del cristianismo, ofreciendo una atenta asistencia espiritual y técnico-organizativa, cuidada hasta el más mínimo detalle». El beneficio neto, en el último balance, ha llegado a 3,7 millones. Abundantes también son los activos del Pontificio Instituto Notre Dame de Jerusalén, un centro religioso que Juan Pablo II confió a los Legionarios de Cristo en 2004 y que ingresa, según KPMG, unos 7,8 millones de euros al año, gracias a las habitaciones que alquila a los peregrinos en Tierra Santa. Más que un «instituto religioso y cultural», de hecho, el Notre Dame es un albergue de lujo con restaurante y ático ajardinado: quien escribe ha intentado reservar una habitación el 25 de septiembre de 2015 para dos adultos, encontrando habitaciones «económicas» de 260 euros la noche. Quien quiera una «espectacular vista al Monte de los Olivos» debe pagar, sin embargo, 310 euros, que se elevan hasta los 520 para la maravillosa «cardinal suite» (se llama así) o a los 570 en la «mosaic suite», donde los legionarios ofrecen a quien se lo pueda permitir un ambiente de lujo con «arcos de piedra, suelos y paredes de mosaico con motivos bíblicos, con vistas al magnífico panorama del casco antiguo, en una invitación al relax y la reflexión. Cuenta con bellísimos muebles antiguos, un salón, televisión, servicio de café, minibar, un escritorio antiguo y conexión a internet».

La fundación vaticana «Joseph Ratzinger-Benedicto XVI» es, sin embargo, más reciente. Nació el 1 de marzo de 2010 con el objetivo, explican sus estatutos, de promover el conocimiento y el estudio de la teología, y premiar a «investigadores que se hayan distinguido especialmente en el ámbito de la publicación». Según KPMG, hoy su patrimonio ha alcanzado los 4,6 millones de euros, prácticamente el doble respecto a la dotación inicial de 2,4 millones, obviamente depositados en una cuenta en el IOR. Solamente en 2013 el beneficio neto de la fundación dedicada al papa emérito ha sido de 1,3 millones, que se derivan en parte de la gestión de los derechos de autor de los libros de

Benedicto XVI (no obstante, es él quien cada año decide si ingresa y cuánto), de legados píos y patrocinios. Evidentemente el presidente monseñor Giuseppe Scotti y el consejero Georg Gänswein, secretario particular del expontífice, saben hacer *fundraising* como pocos. Y saben ahorrar bien: tanto en 2010 como en 2011 se gastaron 582.000 euros entre congresos, los costes del premio Ratzinger (el ganador recibe 30.000 euros) y algunas becas destinadas a sacerdotes especialmente dotados. Los ingresos, sin embargo, fueron mucho más altos, permitiendo guardar un pequeño tesoro de 300.000 euros. A título informativo, durante mucho tiempo el vicepresidente fue Paolo Cipriani, exdirector del IOR, investigado en 2010 por violación de la normativa contra el blanqueo de capitales, y hoy sentado en el banquillo en los tribunales de Roma.

También el queridísimo Wojtyła ha tenido el honor de ver cómo se titulaba una fundación en su nombre, la «Fundacja Jana Pawła II», creada en 1981 para promover y realizar «iniciativas de carácter científico, cultural, religioso y caritativo» conectadas con el pontificado del primer papa polaco. Desde 2007 su presidente es el cardenal Stanisław Ryłko, jefe del Pontificio Consejo para los Laicos, mientras que hasta 2004 era propresidente Stanisław Dziwisz, el histórico secretario del papa santificado. Según la *due diligence* de KPMG, llegó a tener entre cuentas y bienes un patrimonio de 10,7 millones de euros.

Hojeando entre documentos y balances, sorprende ver cómo entes nacidos con la intención de hacer obras de beneficencia o de apoyar actividades de estudio y formación, conserven a menudo su dinero en cajas fuertes y que gasten poco, o nada, respecto a sus misiones: la Fundación Civitas Lateranensis, entre 2009 y 2011, pese a tener un patrimonio en cuentas y títulos que pasó de 2,3 a 2,7 millones, gastó en el primer año tomado en consideración por los revisores de la Prefectura de Asuntos Económicos 17.000 euros, el segundo 20.000 y el tercero apenas 7.000: instituida el 19 de abril de 1996 por Juan Pablo II, «su fin institucional es la promoción de la Pontificia Universidad Lateranense».

El informe Moneyval, el organismo del Consejo de Europa llamado a evaluar la conformidad de los Estados con las normativas internacionales contra el blanqueo de capitales, desveló que casi todas las fundaciones canónicas tienen una cuenta en el IOR: los expertos de la UE han encontrado en el Torreón de la banca vaticana cincuenta titulares y por esto pidieron que también las fundaciones fueran sometidas a la Autoridad de información financiera del Vaticano, así como al IOR y a la APSA. «Puesto que estas fundaciones desempeñan un papel significativo en la financiación de las actividades del Estado de la Ciudad del Vaticano y de las obras sociales y religiosas de la Santa Sede» –se lee en el párrafo 326 del Informe actualizado a finales de 2011 y publicado en 2012–, «como tales deben estar por encima de toda sospecha, y la AIF debería tener un acceso indiscutible a todas las informaciones relevantes en posesión de estas fundaciones». No sabemos si la AIF ha metido ya las narices en los movimientos de cuentas, pero una cosa es segura: Francisco –en un *Motu Proprio* del 8 de agosto de 2013– decidió que la legislación antiblanqueo debe incluir a todo ente jurídico vaticano, no sólo bancos y dicasterios, sino también las organizaciones sin ánimo de lucro «que tengan personalidad jurídica canónica y sede en el Estado de la Ciudad del Vaticano».

Cero caridad

El dinero en el Vaticano se encuentra por todas partes. Y cuando hay tanto, es fácil que tampoco falten los despilfarros. Un embrollo para Francisco, que querría limitarlos lo más posible, bloqueando riachuelos poco fecundos y desviándolos a actividades evangélicas, como la caridad y la ayuda a los necesitados. Partamos de la Cappella Musicale Pontificia, definida como «un coro polifónico con sede en la Ciudad del Vaticano encargado del acompañamiento musical de las liturgias presididas por el papa y dirigido por monseñor Massimo Palombella», que en tiempos de

Ratzinger gastaba hasta 1,6 millones de euros al año (dato del último balance). El coro personal del pontífice lleva el nombre de «Sistina», y gasta gran parte del dinero en viajes al extranjero para «proyectos ecuménico-musicales»: en 2015, los miembros del coro han entonado poderosos «Aleluyas» en Oxford cantando junto a los colegas anglicanos, haciendo también parada en Londres y en China, donde se han exhibido en una gira por Macao, Hong Kong y Taipéi.

Si la sociedad que imprime *L'Osservatore Romano* quema casi 5 millones al año, Radio Vaticano pierde unos 26, «con déficits en aumento y ningún intento resolutivo para aumentar los ingresos», afirma otro informe de la Prefectura de Asuntos Económicos de 2013. Mientras, para «la vigilancia, la seguridad y la protección del papa en el interior del palacio apostólico y durante sus viajes» el Vaticano gastó sólo en 2011 5,8 millones de euros: es el coste entre salarios, manutención y alojamiento de la Guardia Suiza, el cuerpo que, armado de alabardas, preside las ceremonias en la basílica de San Pedro y el aula Pablo VI. Por lo demás, el inaccesible Archivo Secreto Vaticano sólo tiene salidas (5,8 de millones al año) y cero ingresos. Al contrario que la Biblioteca Apostólica: abierta al público con una colección de 180.000 volúmenes manuscritos o de archivo, 1,6 millones de libros impresos y más de 8.600 incunables, consigue obtener beneficios netos todos los años, a lo que suma un patrimonio en el banco de unos 4,3 millones de euros.

Pero una de las partidas más interesantes analizadas por los auditores de KPMG es la relativa al Óbolo de San Pedro. El Vaticano lo define, literalmente, como una «ayuda económica que los fieles ofrecen al Santo Padre como señal de la adhesión a la solicitud del sucesor de Pedro para las múltiples necesidades de la Iglesia universal y para las obras de caridad en favor de los más necesitados»: de hecho, se trata de una colecta cuyos orígenes se sitúan a finales del siglo VIII, institucionalizada por el papa Pío IX en su encíclica *Saepe Venerabiles* del 5 de agosto de 1871 como gesto de caridad de los católicos de todo el mundo hacia el pontífice. Las ofrendas económicas se recogen tradicionalmente el 29 de junio de cada año, y en 2013 –gracias al efecto Francisco, papa amadísimo y popular– se han recaudado en todo el planeta 78 millones, un aumento respecto a los 66 del año precedente (pero todavía lejos de los tiempos dorados previos a la crisis financiera, cuando se superaban los 80 millones de euros).

¿Cómo se gasta este dinero? Benedicto XVI definió el Óbolo como una ayuda impulsada por el amor que viene de Dios: «Por tanto, es muy importante que la actividad caritativa de la Iglesia mantenga todo su esplendor y no se disuelva en la común organización asistencial», dijo. Caridad para los enfermos, dinero dado a los humildes y mendigos, dinero para la evangelización: a estas causas se destinan los frutos de la colecta. También Juan Pablo II, el 28 de febrero de 2003, había explicado que el Óbolo de San Pedro sirve sobre todo para «responder a las peticiones de ayuda que llegan de poblaciones, individuos y familias que se encuentran en condiciones precarias. Hay muchos que esperan una ayuda de la Santa Sede que a menudo no consiguen encontrar en ningún otro sitio». El Vaticano es todavía más explícito: gracias al Óbolo, el papa, como pastor de toda la Iglesia, «se preocupa también de las necesidades materiales de diócesis de escasos recursos, institutos religiosos y fieles en graves dificultades, como pobres, niños, ancianos, marginados, víctimas de guerras y desastres naturales; ayudas especiales a obispos o diócesis necesitadas, a la educación católica, ayuda a prófugos y migrantes».

Los documentos de la Cosea, sin embargo, revelan que sólo una parte de las ofrendas enviadas al papa se gasta realmente. La caridad de los fieles (existe también un número de cuenta IBAN al efecto) ha ido a hinchar un fondo que no aparece en el balance de la Santa Sede y que en 2013 alcanzó los 378 millones de euros. «Todas las entidades mencionadas en la *Pastor Bonus* están incluidas en el perímetro de consolidación», resumen los miembros de la disuelta comisión pontificia al comentar los análisis de KPMG, «pero no todos los fondos existentes en estas entidades, principalmente dinero líquido y títulos, se reflejan en el balance de ejercicio. Entre los activos no consolidados, los fondos excluidos del balance consolidado equivalen a no menos de 471 millones de euros; de éstos, 378 corresponden al Óbolo de San Pedro. Estos fondos se depositan en cuentas bancarias en el IOR, la APSA y otros bancos». Un dato chocante. El abundante Óbolo está gestionado directamente por la primera sección de la Secretaría de Estado (dirigida hasta 2013 por el cardenal Tarcisio Bertone y hoy por su sucesor Pietro Parolin), que desde hace lustros invierte el dinero del fondo como mejor cree.

Un párrafo del informe Moneyval arroja luz también sobre el auténtico destino final del dinero recaudado: «El Óbolo de San Pedro, que incluye las contribuciones a las obras de caridad del papa provenientes de las parroquias, de las fundaciones y de los creyentes a título individual, así como de los Institutos de Vida Consagrada y las Sociedades de Vida Apostólica, equivalía en 2010 a 67.704.416 euros. Los gastos estaban constituidos principalmente por desembolsos ordinarios y extraordinarios de los dicasterios y de las instituciones de la curia romana». En la práctica, el dinero del Óbolo, cuando no se conserva bajo el colchón o se invierte en mercados financieros, es utilizado para las necesidades económicas de los dicasterios y de los cardenales romanos, y no en obras de caridad.

### High level findings KPMG work on consolidation perimeter

**Main conclusions**

- Consolidation perimeter. All the entities mentioned in the Pastor Bonus Constitution are included in the scope of consolidation, but not all of the funds (mainly cash and securities) existing in these entities form part of the annual accounts.
- Assets not consolidated. The funds excluded from the consolidated annual accounts amount to no less than Euros 471 million, Euros 378 million of which correspond to Peter's Pence. These funds are deposited in bank accounts at IOR, APSA or other banks.
- Other assets. Other funds exist which are not included in the consolidation or deposited in the bank accounts and are kept in safes at the Congregations, Councils etc. It is therefore difficult to calculate the total amount of cash, as funds deposited in bank accounts can be traced, whereas cash kept at the Dicasteries and other Institutions cannot be identified.
- Consolidation at APSA level. APSA carries out the accounting of most of the Dicasteries grouped together. This makes it impossible to identify individual expenses and income, bank balances and assets for each of the Dicasteries and other Institutions and prevents these entities from adequately managing their funds.

**Urgent measures to be taken**

- Funds deposited at banks but not consolidated. Urgent freezing of those bank accounts opened under the name of the Dicasteries or other Holy See Institutions and which are not included in the annual accounts.
- Funds not deposited nor consolidated. Request declarations from the Curia Institutions of cash, securities, ownership titles etc. not deposited with IOR or APSA. Request that these items be deposited immediately in the aforementioned bank accounts.
- Proper consolidation. Break down the financial information prepared by APSA and assign ownership of assets and liabilities to each of the Holy See Institutions. Include cash balances, securities etc. outside the consolidation cycle to obtain full accounts at 30 June 2014.
- Way to IPSAS. Taking as a basis these accounts, make the necessary adjustments to adopt International Public Sector Accounting Standards (IPSAS) at the reporting date of the individual and consolidated annual accounts of the Holy See at 31 December 2014.

**Measures to be taken in 2014**

- Accounting centralization. Set up a single accounting centre with the capacity for legislation, management and control, to deal with accounting standards and internal control in order to strictly monitor the treatment of accounting events and enable the segregation of functions regarding the management of funds.
- IT centralization. Likewise, unify the IT systems into a single platform integrating the accounting and budgetary information of the Holy See Institutions.

Resumen del informe de los auditores de KPMG sobre el balance vaticano de 2013. En el segundo punto se encuentran los datos sobre el Óbolo de San Pedro (véase traducción en pp. 216-218).

# CAPÍTULO II
## IOR, mentiras y cuentas secretas

> Los desvelos del rico acaban con su salud; preocuparse por la comida quita el sueño, es peor que una enfermedad; no deja dormir.
>
> Eclesiástico 31, 1-2

La Cosea, resumiendo el informe de KPMG sobre los activos fuera de balance, aclara que, además del Óbolo, «existen otros fondos no incluidos en la consolidación o despositados en cuentas bancarias o en las cajas fuertes de congregaciones, consejos, etc. Es, por lo tanto, difícil calcular la suma total de dinero líquido, puesto que los fondos depositados en las cuentas bancarias son rastreables, mientras que el dinero conservado en los dicasterios y otras instituciones no puede ser identificado».

Lo que está más claro (al menos en parte), es todo lo que se encuentra dentro del IOR. Darle la vuelta como a un calcetín a la banca vaticana, última etapa de la caza del tesoro en la Santa Sede, ha sido uno de los primeros objetivos de Francisco. Desde la bancarrota del Banco Ambrosiano, con corolarios dramáticos como la muerte de Michele Sindona y del presidente Roberto Calvi, ahorcado en Londres bajo el Blackfriars Bridge, pasando por Tangentopoli y el blanqueo de Enimont, hasta los escándalos financieros del sacerdote de origen lituano Paul Marcinkus y de Donato De Bonis, el Instituto para las Obras de Religión se ha convertido para la opinión pública en símbolo de toda vileza, de operaciones sospechosas, de historias oscuras, de polémicas.

Un agujero negro que se fue gestando desde 1942, fecha de la institución del IOR, hasta 2015, con decenas de casos que terminaron en las crónicas judiciales, con el banco como protagonista absoluto también en las recientes investigaciones sobre Grandes Eventos (el emprendedor y caballero de Su Santidad Angelo Balducci tenía una cuenta en el Instituto) y sobre el blanqueo, que han implicado tanto a un prelado de la APSA, Nunzio Scarano, como a Paolo Cipriani y Massimo Tulli, respectivamente director del banco y su brazo derecho.

Recién llegado, en julio de 2013, Francisco anunció que no sabía todavía si reformar el Instituto o echarle el cierre. «Algunos dicen que quizá es mejor que sea un banco, otros, que un fondo de ayuda, otros dicen que se cierre», explicó a los periodistas antes de decidir, algunos meses después, que el IOR continuaría proporcionando «servicios financieros especializados a la Iglesia católica en todo el mundo», con mayor transparencia y más honestidad. Uno de los primeros resultados fue la apertura de una página de internet y la publicación, en octubre de 2013, del primer informe anual en el que se listan en números redondos los patrimonios, bienes, sociedades controladas y depósitos a terceros. El último informe se publicó en 2015, referido al ejercicio precedente. Pues bien, si la banca tiene un patrimonio neto de 695 millones, gestiona para sus clientes casi 6.000 millones de euros, entre depósitos y gestiones patrimoniales. Y si el valor de los depósitos se ha derrumbado, las inversiones financieras han crecido en casi mil millones respecto a los datos de 2008: los clientes buscan tasas de interés algo más altas respecto a las garantizadas sólo por los depósitos. La mitad de los usuarios, escribe el informe, está constituida por órdenes religiosas, seguidas por los departamentos de la Santa Sede y las nunciaturas apostólicas, por cardenales, obispos y monseñores (el 9 por ciento) y por las diócesis. En total son 15.000 (un número que ha bajado radicalmente respecto a los 25.000 de 2012) y casi todos son italianos o residentes en la Ciudad del Vaticano: sobre 6.000 millones de euros, sólo 700 millones son de titularidad de clientes de otros países europeos, de África o de América. El beneficio neto de la banca fue de 69,3 millones, de los que 55 han acabado como dividendos en las cajas de la Santa Sede.

El IOR controla también una pequeña sociedad inmobiliaria (la SGIR, que posee en Roma inmuebles por valor de 2,1 millones de euros) y una cartera de obligaciones imponente, que ha visto cómo se deterioraba su *rating* en Standard&Poor's: tras el empeoramiento del riesgo sobre las deudas soberanas de algunos países de los que el Vaticano compró títulos del Estado (sobre todo de Italia), también la clasificación del riesgo de las obligaciones contraídas por el Instituto ha empeorado: el 53 por ciento de los títulos está incluido entre las franjas BBB+, BBB, BBB-, y BB, obligaciones todavía seguras pero no de riesgo cero.

En otro documento interno sobre los datos del primer trimestre de 2015 y nunca publicado antes, se descubren otros detalles sobre los emisores de los títulos de la cartera del IOR: el 19 por ciento de las inversiones totales se ha realizado en títulos del Estado italianos, el 10 por ciento en los de España, el 3 por ciento en los franceses y el 2 por ciento en los estadounidenses. Pero el IOR ha invertido también en títulos del Banco Santander fundado por Emilio Botín (desde siempre considerado cercano al Opus Dei: sus títulos valen el 4 por ciento de la cartera del IOR), de la alemana Lbbw (4 por ciento), de la holandesa Rabobank (2 por ciento), y en el grupo japonés Nomura. «Mi ruego es que el Instituto trabaje no solamente para hacer crecer un patrimonio, porque éste, en sí, carece totalmente de significado. Sin embargo, espero que el Instituto vaya hacia una transformación que permita que los principios del Evangelio permeen también las actividades de naturaleza económica y financiera», escribió en una carta publicada en el informe de 2015 el prelado de la banca, monseñor Battista Ricca.

Aparte del dividendo de 55 millones de euros, el IOR gestiona también cuatro fondos de caridad. «A través de estos fondos se han realizado desembolsos significativos para la beneficencia en el transcurso de los años», pone por escrito el IOR en el informe de 2015. Será verdad, pero, cruzando los datos, los sacerdotes no parecen haberse desangrado por los miserables y los desventurados: en 2013 y en 2014, el fondo a disposición de la comisión cardenalicia dirigida por el cardenal Santos Abril y Castelló no ha aflojado

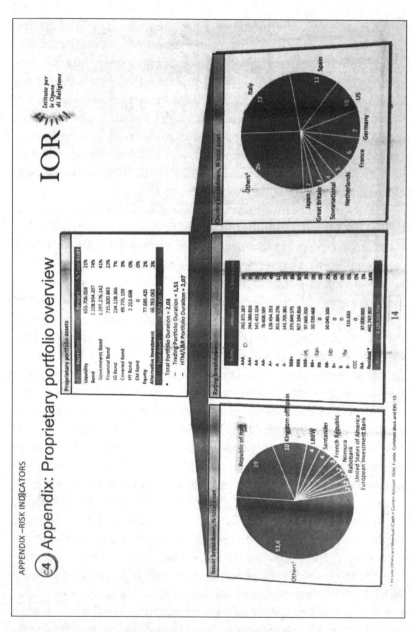

Las inversiones del IOR en títulos y obligaciones, marzo de 2015.

el bolsillo, pese a un saldo en activo de 425.000 euros. El fondo para obras misioneras tiene en su haber 139.000 euros, suma constituida sobre todo por donaciones internas, pero en los últimos dos años ha «donado para obras misioneras» sólo 17.000 euros. También el fondo nacido para financiar las «Santas Misas», pese a ser más abundante (tiene un saldo que llega a 2,7 millones de euros), prefirió mantener el dinero en el bolsillo: en 2014 se transfirió a los sacerdotes de todo el mundo la minúscula cifra de 35.000 euros. «No se puede abolir el IOR: gran parte de la Iglesia del mundo es pobre, necesita financiación para construir escuelas, hospitales, centros de asistencia, seminarios», ha aclarado uno de los más estrechos colaboradores del pontífice, el uruguayo Guzmán Carriquiry Lecour, primer laico a cargo de un dicasterio como secretario delegado en la dirección de la Pontificia Comisión para América Latina.

Es necesario otro inciso sobre el tema de la beneficencia. Si la Santa Sede no gestiona directamente la financiación que llega a la Iglesia italiana por medio del 8 por mil (el dinero que los italianos dan cada año a través de la declaración de la renta lo gestiona la Conferencia Episcopal Italiana –CEI– mediante el Instituto Central para el Sustento del Clero) los datos publicados por un informe del Tribunal de Cuentas de 2014 son indicativos de la tendencia de gasto. Muestran, a través de otros números y asientos contables, la relación proporcional entre todo lo que la Iglesia invierte para su automantenimiento y lo que invierte para obras de caridad. En 2014, gracias a la ley sobre el 8 por mil, la CEI obtuvo el 80,2 por ciento de todo el importe suministrado por los contribuyentes que eligen destinar una cuota de sus impuestos al Estado o a las confesiones religiosas. El ingreso fue de 995 millones, poco menos de los 1.054 millones de euros del año precedente. Un tesoro enorme, obtenido por un sistema que, según los magistrados de los tribunales de cuentas, «ha contribuido a un refuerzo económico sin precedentes de la Iglesia italiana, sin que el Estado haya procedido para activar los procedimientos de revisión de un sistema que cada vez es más oneroso para el erario».

El saldo de los juicios del Tribunal de Cuentas (que evidencian también cómo los diversos ejecutivos italianos confirman en la comisión bilateral Italia-CEI instituida en 1992 siempre los mismos dos componentes gubernamentales) revela una ausencia absoluta de «verificaciones sobre el uso de los fondos» y que sólo el 23 por ciento de las sumas que los italianos donan a la Iglesia se gasta en beneficencia y en favor de los más pobres y necesitados. Pese a que la publicidad en televisión (entre 2004 y 2013, la CEI contrató, sólo en la RAI, espacios publicitarios por un total de 40 millones) insista en el *storytelling* de la caridad, la mayoría aplastante del dinero se emplea para pagar el salario de los sacerdotes italianos, en inversiones inherentes a la construcción de conventos, basílicas y capillas, y para el sustento económico de las diócesis tricolores. En otra rendición de cuentas contable, redactada por la CEI y referida al año 2015, está la prueba del nueve: sumando solamente los datos relativos a las partidas anuales de la «promoción de la catequesis» en Italia (más de 32 millones; en 2013 eran incluso 50) y de la actividad de los tribunales eclesiásticos para las causas matrimoniales (otros 13 millones), además de las «necesidades de importancia nacional» y las necesidades inherentes al culto (unos buenos 42 millones), el resultado se equipara a la cantidad total destinada por la Iglesia a los países del Tercer Mundo. No debe sorprender que la comisión bilateral haya subrayado recientemente, y de mala gana, una «insuficiente cantidad de intervenciones caritativas»: desde 1990 hasta 2015, y a través del 8 por mil, la Iglesia católica ha recibido 19.300 millones de euros de financiación.

Las cuentas secretas

Volvamos al IOR. El Instituto y los medios vaticanos, junto a las cabeceras de medio mundo, insisten en exaltar el nuevo rumbo del banco, obligado, juran, a dirigirse hacia una transparencia absoluta de las cuentas de los clientes –hasta ayer cifradas y secretas, inaccesibles a las autoridades judiciales italianas y a quien quisiera meter las narices en los depósitos de aquellos que ocultaban sus haberes en el Torreón de Nicolás V.

Desde 2010, primero con el presidente Ettore Gotti Tedeschi, luego con su sucesor Ernst von Freyberg, tras tantos escándalos el IOR ha intentado cambiar su rumbo, para ajustarse a los estándares internacionales y entrar en la «white list» de los países virtuosos, aquellos donde los controles antiblanqueo y antievasión fiscal son rígidos y severos. Desde siempre considerado *offshore*, como las Islas Vírgenes estadounidenses o Andorra, aquel año el IOR pidió la intervención de los inspectores de Moneyval, el organismo creado por el Consejo de Europa en 1997 para vigilar el cumplimiento de las medidas de prevención del blanqueo y la financiación del terrorismo. En la práctica, esta comisión evalúa la conformidad con las reglas europeas de cada país que ejerce de tercero, dando valoraciones y consejos a las diversas autoridades nacionales sobre cómo mejorar sus propios sistemas de control.

El informe Moneyval de 2012 admite que el Vaticano ha hecho «notables progresos» en la adopción de medidas normativas para combatir el blanqueo, pero que la nueva estructura «debe probarse todavía en la práctica». Las cúpulas de la banca vaticana y del AIF, la nueva Autoridad de información financiera creada en 2010 para vigilar al Instituto y presidida desde noviembre de 2014 por el suizo René Brülhart, periódicamente anuncian que han hecho limpieza de cuentas anónimas y de aquellos que no tienen derecho a tenerlas, es decir, los «laicos» y los usuarios *business* que no residen en la Santa Sede. Desde el comienzo de la limpieza se han «cerrado 4.614 expedientes», explica el informe del IOR publicado en 2015, de los cuales la aplastante mayoría eran «durmientes» (inactivos o con saldos muy bajos) o «cierres fisiológicos». Nada menos que 554 cuentas cerradas pertenecen, sin embargo, a «abusos»: presumiblemente profesionales, emprendedores, políticos, intermediarios que han utilizado la banca vaticana para sus negocios o para depositar en el extranjero dinero ganado en Italia. Ahora, aparte de las declaraciones vaticanas y de la revolución normativa efectuada, no todos en Roma están convencidos de que desde el punto de vista «operativo» haya cambiado verdaderamente mucho respecto a los tiempos de Benedicto XVI. En las fiscalías italianas, Roma sobre todo, y en Banca d'Italia, se preguntan desde hace tiempo si las cuentas señaladas se han acabado de cerrar o sólo se han bloqueado y se han dejado durmientes, al resguardo, en las cajas fuertes de Oltretevere.

Seguramente nadie sabe dónde ha acabado el dinero de los viejos clientes proscritos del Vaticano. La filosofía de los consejeros del papa parece inspirada en la tarantela napolitana «quien tuvo, tuvo, quien dio, dio»: si el objetivo final es el de un nuevo comienzo inmaculado, el oscuro pasado debe seguir siéndolo y ser olvidado rápidamente. Es un hecho que los clientes más «gravosos» y diplomáticamente avergonzantes han entendido que la música estaba cambiando ya en 2008, cuando comenzaron a salir de los muros leoninos para encontrar refugio en otras partes. Nuestras autoridades no obtuvieron ninguna información sobre los movimientos financieros (en otros tiempos, el Vaticano tenía las manos libres, pudiéndose mover sin reglas que lo limitaran), pero sospechan que enormes cantidades de dinero se han transferido a cuentas *offshore* y a algunos bancos alemanes. ¿Por qué precisamente a Berlín? Porque las autoridades alemanas dedicadas a la lucha contra el blanqueo de capitales han sido siempre bastante débiles comparadas con las de otros países europeos: la Financial Intelligence Unit (FIU) de Angela Merkel es, de hecho, un departamento englobado en la policía alemana, sin autonomía, con hombres, medios y una capacidad de análisis financieros limitados, sin comparación con las oficinas italianas de la UIF (Unidad de Información Financiera de Banca d'Italia) o con las FIU francesa o española.

Si de los clientes que escaparon antes de la tempestad y de la llegada del papa Francisco la UIF no ha obtenido nunca información alguna, ni siquiera de los 554 clientes misteriosos descubiertos por la consultora Promontory, los expertos tricolores de la lucha contra el blanqueo sí han conseguido tener noticias de ellos:

pese al acuerdo de colaboración firmado en julio de 2013 entre la AIF (en ese momento dirigida por el cardenal Attilio Nicora) y la misma UIF, hasta ahora la promesa informal de enviar a Italia la lista de todos los clientes sospechosos escondidos en el IOR no se ha mantenido, y Bankitalia no ha podido analizar –excepto en poquísimos casos– posibles transferencias ilícitas o presuntas evasiones fiscales, ni pasarlas después a la magistratura italiana para futuras investigaciones penales. Una huida general que ahora mismo corre el riesgo de quedarse impune.

Mientras el presente libro va a imprenta, en el IOR flotan a la deriva poco más de cien cuentas sospechosas, entre las cuales una decena cuyos titulares son nombres destacados que podrían crear más de un disgusto en la Santa Iglesia Romana. En algún caso se trata de la herencia de clientes laicos todavía pendientes de liquidar (en el balance la suma está en 17 millones), pero otros depósitos pertenecen a profesionales y empresarios. «Estos depósitos han sido bloqueados», juró el jefe del AIF, Brülhart. En la UIF, sin embargo, se han quedado de piedra al descubrir –después de la lectura de un artículo periodístico de agosto de 2015– que entre los clientes del IOR están todavía los nietos del *commendatore* Lorenzo Leone, un gestor de Sanidad que acumuló 16.000 millones de liras en la banca del Torreón mientras dirigía (o «depredaba», como han escrito los magistrados de Trani en una reciente investigación sobre el hospital) la Casa della Divina Provvidenza de Bisceglie, un sanatorio mental de una congregación religiosa de la que Leone fue *dominus* casi hasta su muerte en 1998.

Nadie, en el Vaticano, había comunicado a las autoridades italianas la existencia de ese dinero. Sólo cuando los letrados de Trani enviaron una rogatoria internacional, el Instituto confirmó la existencia del depósito secreto. Antes de leer la noticia en los periódicos, nuestra UIF no sabía absolutamente nada. Pese a ello, al menos en teoría, la AIF tendría que haber enviado a sus colegas de la lucha contra el blanqueo las informaciones de la cuenta del *commendatore* muchos meses antes. Pero esto no es todo. Bankitalia no sólo ha podido constatar que los 8 millones de los herederos todavía se encontraban en Oltretevere, sino que también descubrió que aquellas cuentas no estaban para nada congeladas: periódicamente se producían movimientos. Este caso ha demostrado a Bankitalia que el sistema contra el blanqueo del Vaticano no funciona todavía como debiera.

Que las cosas son muy diferentes de como aparecen lo demuestra el siguiente asunto. Mientras escribimos, la Fiscalía de Roma ha enviado al otro lado de los muros otra rogatoria internacional, solicitando cuenta y razón de posibles bienes poseídos por Angelo Proietti, constructor titular de la sociedad Edil Ars, célebre porque su empresa reformó gratis la casa en la que vivió durante años el exministro de economía Giulio Tremonti –un piso alquilado por la mano derecha del ministro, Marco Milanese, a una congregación religiosa, el Pio Sodalizio dei Piceni–. Pues bien, Proietti es uno de los proveedores históricos del Vaticano y de la curia romana, para los que ha llevado a cabo decenas de trabajos e intervenciones, y los magistrados –que desde hace meses están investigando su patrimonio– están seguros de que parte de sus ganancias están escondidas aún hoy en el Instituto para las Obras de Religión. Si las hipótesis investigadoras de los magistrados italianos se revelasen como correctas, se demostraría que la Santa Sede intercambia información con fiscalías y autoridades antiblanqueo de Roma sólo con cuentagotas. Todo ello pese a lo que figura en el memorándum entre Italia y el Vaticano: «El protocolo compromete a las dos autoridades, la AIF y la UIF, a intercambiar amplia y completa información para el desarrollo de las respectivas tareas de análisis financiero de operaciones sospechosas. A tal fin, cada autoridad proporcionará la información disponible o adquirible a través del ejercicio de los propios poderes», explicaba una nota oficial de Banca d'Italia tras la firma del histórico acuerdo. Hasta ahora, sin embargo, no parece que se haya superado la fase de pruebas.

La oficina de prensa del IOR, a nuestra pregunta sobre por qué Proietti y otros laicos tienen todavía una cuenta en el banco, responde que, para adecuarse a la legislación antiblanqueo vaticana, «el IOR no se puede limitar a cerrar una cuenta. Si fuese así, se consentiría a los clientes una suerte de "condonación". Las cuentas se someten a un bloqueo preventivo. Por tanto, el IOR debe proceder a la verificación adecuada, tanto del origen de los fondos como de los movimientos. Mientras, las cuentas se someten a una monitorización reforzada. Son, por tanto, posibles dos situaciones: en caso de ausencia de perfiles anómalos, finalizada la verificación adecuada y reconstruido todo el patrimonio informativo, la AIF puede autorizar el cierre de la cuenta con una transferencia a un país dotado de un régimen antiblanqueo efectivo –en el caso de ciudadanos italianos, sólo a institutos de crédito italianos–; o en el caso de que haya perfiles anómalos, la cuenta se señala preventivamente a la FIU del país de ciudadanía». El IOR no confirma ni desmiente la existencia de la cuenta de Proietti. «No es posible hablar de casos concretos, se violarían el secreto de sumario y el secreto profesional, pero si Proietti tenía una cuenta en el IOR y esta cuenta es "no conforme" a la legislación antiblanqueo vaticana y a las nuevas políticas del IOR, lo que se puede afirmar es que ha sido sometido al procedimiento antes explicado.

»El hecho de que la autoridad judicial de un país extranjero pida la colaboración de la Santa Sede no significa que la cuenta esté todavía abierta o activa, o que, mientras tanto, la autoridad judicial vaticana no esté ya investigando.»

La voluntad del papa de revolucionar las costumbres de la banca no se pone en discusión ni siquiera por parte de los investigadores italianos más escépticos, pero que en el Vaticano existen también fuertes núcleos de resistencia al mantra de la transparencia absoluta es –con las investigaciones en la mano– innegable. Si el futuro de la banca debe ser incorrupto, el pasado pesa todavía como una losa, y limpiar las manchas y adherencias hasta hacerlas desaparecer del todo no es una operación sencilla, sobre todo cuando no se quiere traicionar la confianza de los viejos clientes, sean quienes sean. El camino de la redención corre el riesgo de ser todavía largo, pese a los anuncios repetidos por los cardenales sobre «la lucha sin cuartel contra toda opacidad». A día de hoy, el IOR sigue siendo para la Banca d'Italia «una banca extracomunitaria que opera en un ordenamiento que no está incluido en la lista de los países extracomunitarios con régimen antiblanqueo equivalente».

Los jueguitos de Caloia

«La primera prueba de la caridad para el cura, y sobre todo para el obispo, es la pobreza», argüía Victor Hugo en *Los miserables, anno domini* 1862. Quién sabe lo que habría dicho el escritor francés que fustigaba al clero rico y codicioso si hubiese asistido a las guerras por el control del tesoro vaticano, y hubiese podido admirar todo lo guardado en la bóveda del banco fundado en 1942 por el papa Pío XII. Una fortuna que ha causado a la Santa Sede escándalos y dolor, corrompiendo las almas de quienes, entre sacerdotes, laicos y hombres de la Iglesia, se han dejado cegar.

Tras las operaciones «depredadoras» de Paul Marcinkus, presidente del Instituto desde 1971 hasta 1989, para volver a poner las cosas en orden Juan Pablo II llamó a Angelo Caloia, número uno durante todo un ventenio. El libro *Vaticano Spa* de Gianluigi Nuzzi ha contado con detalle el IOR de aquella época, publicando las cartas del archivo de monseñor Renato Dardozzi sobre operaciones secretas y sobre las maniobras del prelado del Instituto Donato De Bonis, enemigo jurado de Caloia e inventor, junto a Marcinkus, de la contabilidad «paralela» del Instituto, un sistema utilizado para lavar en agua bendita el dinero sucio que llegaba al Vaticano y los sobornos destinados a partidos y políticos.

De lo que aún se sabe poco, sin embargo, es de lo que tiene que ver con la investigación que el promotor de justicia Gian Piero Milano abrió a mediados de 2014 precisamente sobre Caloia, banquero de las «finanzas blancas» católicas llegado desde Lombardía para sanear las cuentas y hacer olvidar los escándalos de la bancarrota del Banco Ambrosiano. De salvador de la patria y célebre moralizador, el financiero que aplaudía la decisión de Francisco de crear una comisión de investigación sobre el IOR («estoy convencido de que si se produce un retorno a los orígenes, evitando sendas comerciales y especulativas, y transitando por vías solidarias, este Instituto podrá desempeñar un papel positivo en la comunidad eclesiástica», decía en 2013) ha acabado mordiendo el polvo, denunciado por apropiación indebida por los nuevos responsables que se han puesto a investigar los presuntos hechos ilícitos ocurridos bajo el mando del expresidente. Caloia, junto al exdirector del IOR Lelio Scaletti y el abogado Gabriele Liuzzo, de hecho sería cómplice, según las tesis de la acusación, de una operación inmobiliaria ilícita llevada a cabo entre 2001 y 2008. Los tres habrían vendido casi todo el patrimonio inmobiliario de la banca vaticana, liquidando a bajo coste un tesoro de casas y pisos por valor de 160 millones a algunas sociedades pantalla de algunos paraísos fiscales. *Holdings* extranjeros controlados por italianos que después revendían a precios mucho más altos los inmuebles (en total una treintena, casi todos en Roma) recién comprados por el Vaticano, obteniendo así riquísimas plusvalías. Según las acusaciones, todas por probar aún, detrás de algunas de estas sociedades estaban también Caloia y Scaletti, que habrían ganado millones en perjuicio de la banca que dirigían.

La investigación comenzó a mediados de 2014, después de inspecciones internas de Promontory, que analizó extrañas compraventas con sociedades pantalla domiciliadas incluso en las Bahamas. Pero tras el anuncio de la apertura del expediente por parte de las oficinas del promotor a raíz de una denuncia realizada por el entonces presidente Ernst von Freyberg, no se volvió a saber nada al respecto. Analizando los datos del catastro italiano, sin embargo, es evidente que a partir de 2002 el IOR vendió inmuebles a sociedades *offshore* como Collina Verde (cuyo titular es la Woodhill Homes Limited de Londres, cuyos socios están detrás de la pantalla) y, sobre todo, Marine Investimenti Sud, protagonista absoluta del gran negocio vaticano. Controlada por una financiera luxemburguesa (la Longueville, a su vez propiedad de un *holding* con base en Montevideo, Uruguay), en la década de 2000 Marine tuvo como administradores a Erasmo Cinque y Michele Nicola D'Adamo, en el pasado condenado a cuatro meses por la macrorred de corrupción Enimont. A Marine –septiembre de 2004– le comprará una casa también Renata Polverini, expresidenta de la Región del Lazio: la actual diputada de Forza Italia ya había adquirido dos años antes un dúplex colindante precisamente con el IOR; nueve habitaciones, dos garajes y tres balcones en la fantástica zona del Aventino, por la que pagó sólo 272.000 euros.

No sabemos cuáles son las sociedades sospechosas identificadas por el Vaticano. Pero el promotor aventura la hipótesis de que los tres investigados habrían ideado la jugada del tuya-mía, acumulando mediante esta triangulación cifras estratosféricas: al final la estafa habría permitido al grupito ingresar al menos 60 millones de euros, dinero de hecho sustraído al banco del que el propio Caloia era presidente. Por ahora, el magistrado de la Santa Sede ha obligado al IOR a congelar las cuentas que los investigados habían abierto en el Instituto de la Santa Sede: en total, 17 millones de euros, considerados sólo una parte de la suma obtenida con los inmuebles. «Desconcertado, atónito y profundamente desalentado, puedo aseguraros que soy totalmente ajeno a estos hechos», han sido hasta ahora las únicas declaraciones públicas de Caloia, confiadas en una carta enviada al consejo de administración de la Veneranda Fabbrica del Duomo de Milán, del que el antiguo héroe de las finanzas blancas había llegado a ser presidente.

Todos contra todos

La presidencia de Caloia en el IOR terminó mucho antes del escándalo inmobiliario: es en 2009 cuando Benedicto XVI –a sugerencia de Tarcisio Bertone– nombra nuevo presidente a Ettore Gotti Tedeschi, banquero considerado cercano al Opus Dei y fundador de la filial italiana del Banco Santander. Su parábola concluye al cabo de tres años afanosos, el 12 de mayo de 2012, tras el intento de Gotti Tedeschi de introducir *best practices* para mejorar finalmente la transparencia en el IOR. El banquero fue expulsado del consejo de superintendencia por unanimidad, por «no haber desempeñado varias funciones de fundamental importancia para su cargo».

Pero, en realidad, Gotti Tedeschi paga las consecuencias del durísimo choque con el director del IOR Paolo Cipriani y su vicedirector Massimo Tulli (hoy imputados por violación de las normas antiblanqueo, después de una investigación en la que también acabó Gotti Tedeschi, cuyo expediente, sin embargo, fue archivado en 2013), contrarios a sus propuestas de renovación. En segundo lugar, su defenestración se debió al pulso que mantuvo con la Secretaría de Estado, en ese momento dirigida por Bertone: «En diciembre de 2011, tras una inspección de Moneyval que había apreciado el trabajo desarrollado» (según relató el mismo Gotti Tedeschi en enero de 2015 al periódico *Catholic Herald*, en la que explicaba los motivos de su alejamiento) «se redactó con sorprendente prisa un borrador para una nueva ley que modificaría la ley antiblanqueo y el papel de la AIF. El punto clave de estas modificaciones estaba en el hecho de que la AIF dejaba de ser un cuerpo independiente para acabar bajo la supervisión de la Secretaría de Estado, confundiendo el papel de controlado con el de controlador. Aquello puso en grandes dificultades al cardenal Nicora, al consejo de la AIF y al que suscribe». La cláusula relativa al visto bueno que obligaba a la AIF a subordinarse a la Secretaría de Estado y que retrotraía años luz la lucha contra el blanqueo fue finalmente incluida en enero de 2012, pero eliminada al cabo de menos de un año, con el objeto de permitir la firma de acuerdos internacionales de otro modo imposibles.

Apartado de su cargo Gotti Tedeschi en febrero de 2013, y pocos días después de que Benedicto XVI anunciara su dimisión del solio pontificio y dejara al mundo sin respiración, el papa llama para que entre en el IOR a Ernst von Freyberg, un riquísimo industrial alemán y entonces presidente del Blohm+Voss

Group, una constructora naval que fabrica incluso acorazados de guerra. Inicialmente su mandato en el instituto vaticano no está claro, pero la proclamación del papa Francisco, jesuita elegido con la tarea de barrer escándalos y arrojar luz sobre asuntos oscuros, acelera la transformación del IOR hacia una institución transparente. Una casa de cristal, prometen los hombres del nuevo rumbo.

En los meses de interregno entre la expulsión de Gotti Tedeschi y la llegada de Von Freyberg, los halcones cercanos a la línea de Bertone (refractarios a intercambiar información con las autoridades judiciales en el extranjero) habían logrado «desplazar» al primer director de la AIF, el exfuncionario de Banca d'Italia Francesco De Pasquale, moviéndolo al consejo directivo de la Autoridad de Información Financiera (un órgano sin poderes efectivos) y sustituyéndolo por el suizo Brülhart (entonces director del organismo gemelo en Luxemburgo). Ahora, sin embargo, la exclusión de los viejos dirigentes se convierte en misión de los fidelísimos llamados a Roma por Bergoglio. Entre 2013 y 2014 se expulsa a los italianos, considerados los primeros responsables de los escándalos financieros, de todas partes, desde el colegio cardenalicio del IOR hasta la presidencia de la AIF, dirigida desde 2011 por el cardenal Nicora.

De la quema no se salva nadie. Bertonianos y antibertonianos, buenos y malos, investigados e inocentes: si el director del IOR Cipriani y su vicedirector Tulli dimiten a comienzos de julio de 2013, también a Nicora –primer presidente de la Autoridad y promotor del memorándum con la UIF– se le hace dimitir por límites de edad sobrevenidos en enero de 2014. Sustituido por el obispo Giorgio Corbellini durante algunos meses, en noviembre de 2014 su sillón se confía a Brülhart, promocionado de director a número uno de la AIF. La partida antiitaliana se había cerrado algunos meses antes con la expulsión de los cinco miembros italianos de la dirección de AIF: los juristas, cercanos a Nicora, habían entrado en choque directo con Brülhart. Era un crimen, según ellos, tenerles a oscuras sobre «casi toda la actividad» de la Autoridad, como subrayaron por escrito en una carta enviada al nuevo secretario de Estado Pietro Parolin y publicada por Franca Giansoldati, del *Messaggero*. Misiva en la que De Pasquale y los otros colegas denuncian «no haber podido valorar nunca si la gestión de las recomendaciones sospechosas» se había llevado a cabo respetando las leyes. Pero Brülhart es inatacable. Sobre todo porque es del agrado del nuevo hombre fuerte del Vaticano, el cardenal australiano Pell, llamado por Francisco para limpiar las finanzas de la Santa Sede: como se verá, el Papa crea *ex profeso* para él un nuevo dicasterio, la Secretaría de Economía, una suerte de superministerio con la tarea de controlar y gestionar el tesoro de la Santa Sede.

Pell y sus consejeros deciden dar el finiquito también a Von Freyberg, considerado un no-alineado pese a haber sido precisamente él, de acuerdo con el papa, quien llamara a Promontory para hacer una revisión de las cuentas y clientes del banco. En junio de 2014 es cuando el alemán entiende que su aventura en Oltretevere se cerrará antes de lo previsto, al leer un mensaje que le ha sido enviado por el nuevo prelado del papa en el IOR, monseñor Battista Ricca. La carta está llena de críticas: Von Freyberg, se lamenta Ricca, no le habría descrito todos los detalles de un préstamo de 15 millones de euros que en 2011 el IOR concedió a la Lux Vide de Ettore Bernabei, productor de ficción de la televisión con grandes padrinos en el Vaticano. No sólo eso. El alemán no habría gestionado bien la finalización de una vieja operación inmobiliaria en Budapest. De hecho, el Vaticano compró hace algunos años a una firma de capital riesgo un fondo propietario del antiguo edificio de la Bolsa, un gran inmueble en el centro de la capital húngara que –según el proyecto inicial– sería reformado para albergar miniapartamentos que luego se venderían en el mercado. Una operación que habría sido, según Promontory, económicamente infundada.

Von Freyberg no entiende los motivos reales del ataque: las operaciones de las que se lamenta el prelado han sido ideadas y realizadas previamente a su llegada, y él, banquero originario de una noble familia suaba, sólo había intentado colocar una pieza más. Como en el caso del fondo Ad Maiora, en el que el IOR llegó a invertir hasta 230 millones de euros. Una iniciativa «propuesta por el director Cipriani», se lee en otro documento de la Cosea, «y aprobada en abril de 2012 por el consejo de superintendencia para situar una parte del capital en el sector de las finanzas éticas y de las inversiones alternativas». La operación tenía prevista la constitución y la firma por parte del IOR de fondos de inversión en el extranjero (en Luxemburgo y en Malta) «bajo la guía de una sociedad de consultoría en el campo de la inversión ética, el ECPI de Milán». Una srl fundada por algunos profesores de la Universidad Bocconi y participada también por una sociedad inglesa, la Blue Capital de Londres.

El documento de los expertos que han analizado las elecciones de la vieja dirección del IOR apunta a las cláusulas del contrato con la milanesa ECPI, que prevé compromisos de inversión de importes cuantiosos, la imposibilidad de salir de los fondos sin un preaviso muy amplio y comisiones altas. Efectivamente: en catorce meses, la consultoría de la sociedad meneghina ha costado nada menos que 1,4 millones de euros, en la práctica 100.000 euros al mes. Mientras que «para el fondo Optimum las consultorías pagadas y posiblemente pendientes de pago suman 3,5 millones de euros [...] Hay un riesgo elevado», concluye el documento, «de apelación a vías legales para obtener el cierre de los fondos y sufrir acciones legales por parte de la ECPI: el contrato prevé una duración ilimitada y, en cualquier caso, no inferior a cinco años, y ha sido bloqueado por el IOR al cabo tan sólo de catorce meses». El profesor Michele Calcaterra Borri, uno de los socios de la ECPI, admitió, ante quien escribe, las relaciones con el IOR, respondiendo, sin embargo, que «nuestras comisiones están en línea con el mercado, y han sido explicitadas en 2012 ante el consejo de administración del Instituto». Al final, el IOR salió del fondo, con un saldo de pérdidas de unas decenas de millones: «No tenemos nada contra el fondo Optimum, pero hemos asumido una política de inversiones diferente a la del pasado», se limitó a comunicar el portavoz del IOR Max Hohenberg.

Von Freyberg fue sustituido pocas semanas después de la carta de monseñor Ricca, y desde entonces el IOR, su tesoro y las estrategias financieras vaticanas son gestionadas directa o indirectamente por tres personas: el cardenal Pell y dos financieros laicos, el maltés Joseph Zahra y Jean-Baptiste de Franssu, consejeros privilegiados del australiano. Ambos miembros de la Cosea (la Comisión referente para asuntos económicos disuelta tras haber entregado las conclusiones del informe al papa) desde julio de 2013, Zahra está hoy entre los siete miembros laicos del nuevo Consejo para la Economía que –junto a ocho eclesiásticos– tiene el deber, junto a la Secretaría de Pell, de dirigir las decisiones económicas vaticanas. De Franssu, sin embargo, se ha convertido en el nuevo presidente del IOR.

Son ellos quienes mandan en el Torreón en la nueva era de Francisco. Los cardenales italianos no los quieren; encuentran excesivo el poder que se ha puesto en manos del *lobby* que gira alrededor de la Misco Malta, la sociedad de consultoría financiera fundada por Zahra, que es vicecoordinador del Consejo para la Economía. Si en internet todavía hay huellas de cuando a De Franssu se le invitaba a afectuosas conferencias en la controlada Misco Directors Network, el único componente italiano llamado al Consejo se llama Francesco Vermiglio, un abogado de Messina que estuvo en el consejo de administración de la Banca de Malta cuando Zahra era director, y que en 2011 creó junto al amigo financiero la Misco Advisory Ltd., una *joint venture* entre el estudio Vermiglio y el grupo maltés con el que se esperaba llevar capitales italianos a la isla, considerada hasta 2010 un paraíso fiscal. En Mesina, los Vermiglio son muy conocidos: el hermano de Francesco, Carlo, fue presidente del Consejo Nacional Forense, y su nombre ha acabado a menudo en los periódicos locales por presuntas relaciones con la masonería. «Completamente cierto. Me siento honrado de haber estado inscrito en la Logia La Ragione hasta 1988, después "quedé en sueño", como se dice en la jerga masónica, y no volví. ¿Mi hermano? Nunca estuvo inscrito», explicó a quien escribe en 2014, durante una entrevista.

De Franssu es también consejero delegado de la sociedad Incipit y ejecutivo de la Tages Capital Group del financiero italiano Panfilo Tarantelli. Mientras, el hijo de De Franssu, Luis-Victor, desde marzo de 2014 fue contratado precisamente por la estadounidense Promontory, que a estas alturas conoce ya todos los secretos del Vaticano y del IOR. El enorme poder adquirido por los americanos en Oltretevere es, para muchos, una paradoja. Porque, mientras que el papa Francisco fustiga implacablemente a los poderes oscuros de las finanzas mundiales en los discursos y en las encíclicas (como la *Laudato si'*), en el Vaticano la sociedad de consultoría de las barras y estrellas ejerce todo el control desde hace dos años. Considerada muy cercana al Gobierno de Washington, ciudad donde tiene su sede, Promontory no sólo es la única que ha tenido auténtico acceso a todas las cuentas y a todos los clientes, sino que tiene o ha tenido relaciones profesionales con todos los nuevos dirigentes del IOR: como Rolando Marranci, actual director general con un pasado en BNL y, por un breve lapso de tiempo, consultor de Promontory; o el nuevo jefe de la oficina de riesgo Antonio Montaresi, que igualmente ha pasado de Promontory a Oltretevere. Von Freyberg nombró consejero sénior del banco también a Elizabeth McCaul y a Raffaele Cosimo, respectivamente socio de la oficina Promontory en Nueva York y jefe de la oficina europea de la sociedad bajo la cúpula de San Pedro. No todos están contentos con la presencia de los estadounidenses, sin embargo. No sólo porque los cardenales temen que datos sensibles sobre las cuentas y los clientes acaben en manos de entes extranjeros, sino también porque Promontory, paladín de la transparencia pagada por los bancos de todo el mundo para desenterrar las operaciones opacas escondidas en sus tripas, en agosto de 2015 se vio arrollado por un escándalo gigantesco, que socava el mito de que era un ente privado pero capaz de proporcionar juicios independientes.

En efecto, el New York State Department of Financial Services suspendió el 5 de agosto de 2015 las actividades de la empresa en el estado homónimo, por haber sido acusada de haber «encubierto» actividades ilícitas realizadas por un cliente suyo con el objetivo de protegerlo de eventuales sanciones económicas. Precisamente así: leyendo el informe de dicho Departamento estadounidense, se descubre que, cuando era consultor del banco inglés Standard Chartered, el grupo que debe traer la transparencia al Vaticano habría eliminado deliberadamente de algunos informes la noticia sobre ciertas transacciones financieras que la filial neoyorquina de Standard Chartered había realizado con Irán.

Operaciones ilegales, puesto que en aquel momento Teherán estaba bajo embargo internacional. «Hay numerosos ejemplos que demuestran el modo en que Promontory, bajo la dirección del banco o su consejo, o a iniciativa propia, efectúa cambios para "ablandar" y "atenuar" el lenguaje utilizado en los informes, evitar preguntas suplementarias por parte de los controladores, omitir términos alarmantes u otras intervenciones para hacer los informes más favorables al banco», escriben los investigadores del NYSD, que acusan a Promontory «de haber eliminado informaciones», de haber utilizado, en vez de términos técnicos tipo «violaciones potenciales», frases «más ambiguas e inocuas» y, finalmente, de haber «eliminado deliberadamente del informe las transacciones» con Irán. Inicialmente el grupo se defendió anunciando un recurso, pero al final ha decidido alejarse de cualquier lío judicial pagando una multa de 15 millones de euros. Nada respecto a lo pagado por el banco en 2012, que por no haber respetado las sanciones económicas y operar 59.000 transacciones con clientes iraníes por un volumen de ventas de 250.000 millones de dólares, aceptó pagar a la justicia norteamericana 340 millones de dólares. Si Promontory cerró el asunto en tiempo récord, la historia demuestra que las dudas sobre potenciales conflictos de intereses de los consultores bancarios llamados y pagados por los bancos para investigar sus cuentas están muy lejos de haber desaparecido.

## Cardenal contra cardenal

Tras los escándalos financieros y las investigaciones judiciales en cadena, el papa esperaba que George Pell, el hombre que él mismo apodó «el *Ranger*», pusiera finalmente paz entre los purpurados y trajese la transparencia a cuentas y entes. Hasta ahora, más allá de la propaganda bergogliana, no ha ido como Francisco esperaba. Basta con leer la minuta de la declaración oral del 12 de septiembre de 2014 de la comisión cardenalicia de la APSA para entender que los movimientos de Pell y de sus hombres han fracturado la curia, en un «todos contra todos» muy similar a la guerra de bandos que caracterizó la época de Ratzinger y Bertone.

El zar de la Secretaría tiene muchos fans, pero su gestión y algunas investigaciones australianas de las que se hablará en los siguientes capítulos han minado su credibilidad. Por eso lo aborrecen no sólo los viejos zorros que temen perder la influencia que les queda (como los supervivientes de Bertone y los «depurados» como Mauro Piacenza, Raymond Leo Burke y Giuseppe Sciacca), sino que lo detestan también algunos emergentes muy cercanos a Bergoglio. «Hay uno que hace todo, y los otros no», dice, según la minuta, el neocamarlengo Jean-Louis Tauran, discutiendo con los monseñores Pietro Parolin, Domenico Calcagno, Giovanni Battista Re, Giuseppe Versaldi, Attilio Nicora y otros miembros de la APSA. «Estamos en una fase de sovietización, es muy preocupante.» «En mi opinión es peligroso que la Secretaría se ocupe de todo», está de acuerdo Giovanni Battista Re: «De este modo, la APSA ya no tiene sentido».

Tauran y los otros «conjurados» aquel 12 de septiembre están realmente furiosos. Pell desde hace semanas está forzando la situación para transferir a su Secretaría todos los poderes del organismo. Francisco ya había decidido, en junio de 2014, transferir al dicasterio del «*Ranger*» la sección ordinaria de la APSA (la que se ocupa de la gestión de los inmuebles), pero Pell quería más; así, el 5 de septiembre de 2014 «ordenó» por correo electrónico al cardenal Calcagno, presidente del Instituto, que procediera «sin demora alguna» a la «transición de las actividades de la Sección Extraordinaria de la APSA a las de una tesorería», sugiriendo al jefe de la APSA que «se abstuviera de emprender otras iniciativas».

El monseñor, tras volver a leer el correo electrónico, decide contraatacar. Obtiene audiencia con el papa, para saber si el ataque del australiano está acordado con él. Francisco dice que se acaba de enterar y decide firmar un «rescripto» que bloquea la transferencia de las propiedades de miles de pisos y casas a la Secretaría. Los cardenales se consideran satisfechos, pero se quedan preocupados: en el borrador de la declaración, el secretario de Estado Parolin afirma que «los Estatutos que se están elaborando van en el sentido de una transferencia también de las propiedades». Pell todavía no se ha rendido. «Me deja atónito que el cardenal Pell trate estos asuntos por correo electrónico», interviene enojado Nicora: «¡Uno se esperaría que el Prefecto de un organismo de tal nivel se sirviera de papel timbrado oficial y con firma autógrafa, de modo que quede constancia!».

La ambición del cardenal australiano de hacerse con la gestión de todo el tesoro del Vaticano, desde el IOR, a través de sus hombres en la APSA, pasando por los fondos fuera de balance de la Secretaría de Estado, sufrió un alto decisivo en febrero de 2015, cuando Francisco estableció mediante un *Motu Proprio* poderes y contrapoderes en la nueva curia, publicando los estatutos de los nuevos departamentos deseados por él: la Secretaría de Economía engloba, de este modo, la Prefectura de Asuntos Económicos, de la que hereda, reforzados, los poderes de control y vigilancia sobre los dicasterios vaticanos, pero el zar llegado de Melbourne no llegó a apoderarse, como esperaba, de los bienes inmobiliarios de la APSA y de Propaganda Fide, y tampoco del Fondo de Pensiones de los empleados y cardenales (que, según los documentos reservados de KPMG, llegó en 2014 a superar los 433 millones), que continúa estando a cargo de la Secretaría de Estado dirigida por Parolin.

La lucha, sin embargo, no ha acabado tampoco tras la decisión definitiva del papa. Pell, Zahra y De Franssu trabajaron antes, de hecho, en la creación de un gran VAM, un único gestor de activos del Vaticano, para gestionar de manera centralizada los recursos desperdigados entre ministerios, entes y organismos varios. Después, congelada la iniciativa, De Franssu volvió a la carga proponiendo la creación de una Sicav (sociedad de inversión a capital variable) con la que gestionar más libremente los miles de millones del IOR. Qué pena que el proyecto, aprobado por el consejo de superintendencia de los laicos del banco, haya sido bloqueado inmediatamente por los cardenales y por el papa en persona. De Franssu había decidido, de hecho, instituir el fondo en Luxemburgo. Un país con ventajas fiscales. «Muchas veces pienso que la Iglesia, en algunos sitios, es más empresaria que madre», dijo Francisco el 19 de diciembre de 2014 en Casa Santa Marta, su residencia. No podía imaginar que uno de «esos sitios» estaba tan cerca de él.

**VERBALE**
**dell'ADUNANZA del 12 SETTEMBRE 2014**

Il giorno 12 settembre 2014, alle ore 16.00, nel Salone della ex Sezione Straordinaria dell'Amministrazione del Patrimonio della Sede Apostolica, si è riunita la Commissione Cardinalizia preposta alla medesima Amministrazione, presieduta da Sua Em.za il Card. DOMENICO CALCAGNO, presenti gli Eminentissimi Padri:

- Sua Em.za Card. GIOVANNI BATTISTA RE
- Sua Em.za Card. JEAN LOUIS TAURAN
- Sua Em.za Card. AGOSTINO VALLINI
- Sua Em.za Card. ATTILIO NICORA
- Sua Em.za Card. VELASIO DE PAOLIS
- Sua Em.za Card. JAMES MICHAEL HARVEY

Partecipano alla riunione anche l'Em.mo Card. PIETRO PAROLIN, Segretario di Stato di Sua Santità, l'Em.mo Card. GIUSEPPE VERSALDI, Presidente della Prefettura degli Affari Economici e Delegato Pontificio per la questione dell'I.D.I., il Rev.mo Mons. LUIGI MISTO', Segretario dell'Amministrazione del Patrimonio della Sede Apostolica e il Prof. FRANCO DALLA SEGA, consulente speciale *ad interim* per la Sezione Straordinaria.

Sono assenti giustificati l'Em.mo Card. JUSTIN F. RIGALI, a motivo del breve tempo di convocazione della riunione e l'Em.mo Card. GIOVANNI LAJOLO, fuori sede per un impegno precedentemente assunto.

Assiste sr. Simona Pozzi, incaricata per la redazione del Verbale.

\*\*\*\*\* \*

Dopo la preghiera di rito, introducendo la riunione, l'Em.mo Card. Calcagno dice di ritenere opportuno invertire l'ordine del giorno per dare subito alcune comunicazioni agli Em.mi Porporati, utili anche ai fini dell'argomento che verrà discusso nella riunione.

Minuta del acta del colegio cardenalicio de la APSA, septiembre de 2014, primera parte (véase traducción en pp. 218-222).

1° punto dell'O.d.G. – COMUNICAZIONI DEL CARD. PRESIDENTE ALLA
COMMISSIONE CARDINALIZIA DELL'APSA

L'Em.mo Card. Calcagno comunica che mentre preparava la documentazione, a seguito della convocazione presso lo I.O.R., per l'operazione di cui al successivo punto all'O.d.g., in data 5 settembre 2014 ha ricevuto, via e-mail, dal Card. Pell una lettera con la quale gli confermava la necessità di procedere "senza alcun ritardo" alla "transizione delle attività della Sezione Straordinaria dell'A.P.S.A. a quelle di una tesoreria/banca centrale" e informava di voler costituire al proposito un gruppo di lavoro, chiedendo di astenersi dal prendere altre iniziative di implementazione.

Ravvisando nel tenore della comunicazione una prospettiva che andava nella direzione di ridurre ulteriormente il ruolo e le funzioni dell'A.P.S.A., oltre quanto disposto dal Santo Padre con il *Motu Proprio* dello scorso 8 luglio, (con cui si sanciva il passaggio della ex sezione ordinaria alla Segreteria per l'Economia e il conseguente aggiustamento degli articoli della Cost. Ap. *Pastor Bonus* che riguardano l'A.P.S.A. residua – ex straord.), ha chiesto al Santo Padre di essere ricevuto in udienza per avere un'indicazione autorevole al riguardo.

Nel corso dell'udienza di lunedì 8 settembre il Card. Calcagno ha chiesto al Santo Padre se il *Motu Proprio* dello scorso 8 luglio doveva essere considerato come un punto fermo da attuare nella prassi operativa o se si trattava di un disposto già superato nei fatti e nella prospettata riorganizzazione dell'A.P.S.A., facendogli presente quanto comunicatogli dal Card. Pell.

Il Santo Padre ha confermato che rimane valido quando da Lui disposto con il *Motu Proprio* dello scorso 8 luglio, e cioè il trasferimento della sezione ordinaria dell'A.P.S.A. con le connesse competenze della stessa, che riguardano la diretta gestione dei beni immobili. Quindi è stata trasferita alla SPE l'amministrazione dei beni immobili, **nell'ambito delle competenze della ex sezione ordinaria**, rimanendo invariata la titolarità degli stessi che resta esercitata dal Legale rappresentante dell'Ente proprietario (A.P.S.A.). Il giorno successivo il Santo Padre ha siglato il *Rescriptum ex audientia*, che viene distribuito in copia agli Em.mi Porporati, apportando di suo pugno una variazione al testo.

L'A.P.S.A. attuale risulta quindi costituita dalla ex sezione straordinaria, e cioè:
- Ufficio Analisi e negoziazione titoli
- Ufficio Gestione investimenti
- Ufficio Riscossioni e Pagamenti
- Ufficio Contabilità analitica
- Servizio di Archivio e Protocollo

- Segreteria della Presidenza

Avendo il Cardinale Presidente la legale rappresentanza dell'A.P.S.A., conferita con Chirografo del 13 aprile 2013, e rimanendo all'A.P.S.A. il compito di amministrare i beni della Santa Sede, è in capo a questo Ufficio anche la titolarità (proprietà) dei beni che esso detiene per conto della Santa Sede. In conseguenza di ciò il S. Padre ha autorizzato il Card. Calcagno a realizzare quanto necessario affinché l'A.P.S.A. possa funzionare secondo quanto disposto.

Avendone data informazione a questa Commissione Cardinalizia preposta all'A.P.S.A. e confortato dalla Loro approvazione, trasmetterà al Card. Pell il testo del Rescritto accompagnandolo con la lettera che è stata distribuita in copia agli Eminentissimi.

Il **Card. Presidente** comunica essere sua intenzione, previo parere favorevole della Commissione Cardinalizia, procedere quindi a consolidare l'A.P.S.A, affinché possa svolgere i propri compiti istituzionali, tenendo conto che, al momento, non sono autorizzate nuove assunzioni.

- In primo luogo è necessario che il Dicastero abbia a disposizione un adeguato servizio di Archivio e Protocollo: a tale proposito ha manifestato la propria disponibilità Sr. Simona Pozzi che, rimanendo all'A.P.S.A. e trasferendosi alla ex sez. straordinaria, potrà affiancare con la sua esperienza la risorsa già dedicata a questo scopo.

- In secondo luogo è opportuno potenziare la Segreteria del Presidente per l'esercizio del ruolo di proprietà dei beni che l'A.P.S.A. mantiene per conto della Santa Sede, con particolare attenzione a tre profili: 1) coordinamento generale sul tema e raccordo diretto con il Cardinale Presidente; 2) profili legali; 3) profili notarili. Essendo contenuto nella figura del Cardinale Presidente il ruolo della rappresentanza legale dei beni, comunica essere sua intenzione assegnare il coordinamento di questa unità al suo segretario, Mons. Cristiano Falchetto, chiedendo invece al Procuratore dell'A.P.S.A. (avv. Carmine Stingone) e al nostro notaio di fiducia (dr. Paride Marini Elisei) di collaborare rispettivamente per gli aspetti legali e quelli notarili.

- In terzo luogo ritiene urgente riprendere i contatti con i consulenti che hanno accompagnato l'implementazione del nuovo sistema operativo al fine di sanare alcune anomalie apparse durante questo primo anno e completare alcune funzioni residuali dello stesso sistema

L'Em.mo **Card. Vallini**, in qualità di membro del Consiglio dell'Economia riferisce di non aver mai capito che l'A.P.S.A. fosse intesa come una sorta di prestanome, ma che la sezione straordinaria resta perché è una sorta di banca centrale; in questo senso è proprietaria dei beni. Puntualizza che quanto indicato nel testo della *e-mail* inviata al Card. Calcagno non è stato comunicato dal Card. Pell. L'Em.mo **Card. Parolin** precisa che il *Motu Proprio* parlava solo del trasferimento della Sezione Ordinaria dell'A.P.S.A. mentre gli Statuti che si stanno elaborando vanno nel senso di un trasferimento anche delle proprietà. Alla domanda dell'Em.mo **Card. Harvey** se il Santo Padre è al corrente di questa discrepanza l'Em.mo Card. Calcagno assicura di aver posto la questione al Santo Padre. L'Em.mo Card. Parolin evidenzia che, a seguito del Rescritto del Santo Padre, la questione è chiara e definita e quindi gli estensori degli statuti della Segreteria vi si dovranno uniformare. L'Em.mo Card. Re dice di condividere il contenuto della lettera indirizzata al Card. Pell. Ritiene che la Segreteria per l'Economia svolga un'azione di vigilanza, ma a suo parere è pericoloso in questo momento che essa prenda in mano tutto così che l'A.P.S.A. non abbia più senso. Se in futuro, quando ci sarà la vera riforma della Curia, si vorrà precisare meglio, si potrà, ma per il momento è giusto che l'A.P.S.A. rimanga nelle sue funzioni e nella sua autorevolezza e autorità. Evidenzia il fatto che la Segreteria per l'Economia non conosce tutte le tradizioni e l'attività della Curia in profondità, quindi svuotare adesso l'A.P.S.A. sarebbe rendere un danno all'amministrazione della Santa Sede. Si dice pienamente favorevole che si proceda nel senso indicato dal Card. Presidente ed è contento che il Santo Padre abbia approvato. Anche l'Em.mo Card. Tauran si dice d'accordo con quanto testé espresso perché ritiene molto preoccupante il fatto che si sia in una fase di 'sovietizzazione': "c'è uno che fa tutto e gli altri no". L'Em.mo Card. Harvey concorda con gli interventi espressi precedentemente. L'Em.mo Card. Vallini dice di aver espresso quanto gli pareva d'aver capito; puntualizza il fatto che gli Statuti dovranno essere approvati dal Santo Padre che si servirà dei suoi più stretti collaboratori. Ritiene troppo poco che all'A.P.S.A. venga riconosciuta solo la funzione di tesoreria e non più la titolarità dei beni. Si dice sinceramente perplesso di fronte all'ipotesi di una concentrazione di tutto. L'Em.mo Card. Nicora, esprimendo la sua riserva dal punto di vista formale, si dice stupito che il Card. Pell tratti di questi argomenti tramite la *e-mail*. Si aspetterebbe che il Prefetto di un organismo di tale livello si serva di carta intestata con protocollo e una firma scritta in modo che resti agli atti. Sarebbe opportuno gli venga fatto presente così che possa regolarsi per il futuro. Si dice altresì pienamente d'accordo con quanto il Santo Padre ha stabilito, ritenendo questo un momento assai felice dopo fasi di incertezza e di minor chiarezza. Ritiene essere un dono per tutti il fatto che ora il Papa prenda la parola, la metta per iscritto e la ponga come riferimento autorevole. L'Em.mo Card. Calcagno comunica inoltre di aver detto al Santo Padre che, essendo l'argomento all'ordine del giorno collegato con quest'ultimo, avrebbe informato e sentito il parere della Commissione Cardinalizia preposta all'A.P.S.A. prima di scrivere al Card. Pell. Gli Em.mi Porporati ribadiscono all'unanimità il loro assenso circa il contenuto della lettera.

## CAPÍTULO III
## Negocios sagrados

> ¿A qué no obligas a los mortales pechos, hambre execrable de oro?
>
> Virgilio, *Eneida*

Existe otro documento de la extinta Prefectura de Asuntos Económicos (una especie de Tribunal de Cuentas de Oltretevere que hasta 2015, antes de ser sustituida por la nueva Secretaría de Economía, se encargaba de la gestión financiera del Vaticano), en el que se detallan los bienes administrados directamente por la Santa Sede. Se llama *Administrationes quae a Sancta Sede Pendent*, y es un documento de 2013 que recoge todos los ingresos y gastos del Governatorato, de la curia romana, las fundaciones religiosas y los fondos eclesiásticos. 240 páginas en las que se describe un *holding* que abarca desde el negocio del turismo hasta la numismática y los comercios creados dentro de los muros del Vaticano: una farmacia, gasolineras y un supermercado. Estos negocios aportan al año centenares de millones de euros, que administran, aún hoy, obispos y monseñores involucrados en el pasado en todo tipo de escándalos y polémicas.

Empecemos por los Museos Vaticanos. Según la contabilidad de la dirección de dichos museos, en los últimos años se ha pasado de unos ingresos de 66 millones en 2011 a los 90 millones de la actualidad, con un beneficio neto de 58 millones. Aunque ahora los turistas lleguen en masa (fueron unos cinco millones en 2014; hoy las salas de Oltretevere, que contienen las obras maestras coleccionadas durante siglos por los papas, figuran entre los diez museos más visitados mundo), los gastos de gestión siguen siendo los mismos. En una nota de la Cosea se explica que con las entradas se obtienen el 1,84 por ciento de los ingresos, pero que también se recaudan varios millones gracias al *catering*, las cafeterías, los *souvenirs* (por ejemplo, la *Pietà* de Miguel Ángel en miniatura), la librería y el servicio de audioguías.

Monseñor Paolo Nicolini, director de la sección de gestión administrativa, es el gran visir del negocio museístico. No es muy conocido, pero se le teme y aprecia en el recinto de los muros sagrados porque es uno de los prelados más poderosos de la curia de Francisco, quien le ha puesto al frente, a pesar de haber sido el objetivo principal de los ataques de monseñor Carlo Maria Viganò, exsecretario de Estado del Governatorato, que, a través de sus cartas al papa, difundidas por la prensa y la televisión, dio lugar al escándalo de *Vatileaks*, que reveló las luchas de poder en el seno de la Santa Sede.

En una carta fechada el 8 de mayo de 2011, enviada al exsecretario de Estado Tarcisio Bertone, Viganò atacó duramente a Nicolini, estimado tanto por Camillo Ruini como por el mismo Bertone, afirmando que era el auténtico jefe de la máquina de fango vaticana. «El doctor Maggioni [expresidente de la agencia publicitaria SRI]», explicaba en portada de *Il Fatto Quotidiano*, «me ha informado de que el responsable de la trama vaticana es monseñor Paolo Nicolini. El testimonio de Maggioni es definitivo, pues ha obtenido esta información a través del director de *Il Giornale*, Alessandro Sallusti, con quien mantiene una fuerte amistad desde hace mucho tiempo». Según Viganò, Nicolini, anteriormente administrador de la Pontificia Universidad Lateranense, es un hombre cuya conducta «supone una grave violación de la justicia y la caridad, y está tipificada como delito, tanto en el ordenamiento canónico como en el civil». «Durante sus años al frente del Ateneo Pontificio», escribe Viganó, «se falsificaron facturas por valor de 70.000 euros. Resulta que también se sabe que el mismo monseñor tiene intereses financieros en la sociedad SRI Group, una compañía que debe al Governatorato al menos 2,2 millones de euros y que ya antes había defraudado dinero a *L'Osservatore Romano*». Se trata de acusaciones gravísimas, a las que se sumaron otras relacionadas con la gestión de la caja de caudales del Governatorato, es decir, los Museos Vaticanos. «Se han dicho muchas cosas sobre diversos aspectos de su personalidad», continúa el nuncio, «se lo acusa de vulgaridad en su comportamiento y lenguaje, de arrogancia y prepotencia con aquellos de sus colaboradores que no hacen gala de un servilismo absoluto, de hacer distingos y conceder ascensos arbitrariamente y por motivos personales. Los empleados de los museos han presentado innumerables quejas, pues consideran a Nicolini una persona sin prejuicios y carente de sentido del sacerdocio».

Todo el mundo sabe que el moralizador Viganò perdió la batalla y fue nombrado, según la antigua fórmula *promoveatur ut amoveatur*, nuncio apostólico en Estados Unidos, pero pocos están informados de que una comisión de investigación disciplinaria, presidida por monseñor Egidio Turnaturi, exauditor de la Sagrada Rota, investigó las acusaciones contra Nicolini. Las conclusiones no se han publicado nunca, pero, tras haber escuchado testimonios y analizado cartas y documentos, los jueces vaticanos lo han absuelto de todas las acusaciones por falta de pruebas, como en el caso del papel para imprimir y las falsificaciones. Lo cierto es que Francisco ha permitido a Nicolini seguir facturando millones y no ha llamado al Vaticano al presunto moralizador, que actualmente se encuentra en Estados Unidos.

Los museos son una de las gemas del presupuesto del Governatorato, pero la Fábrica de San Pedro, que teóricamente se ocupa de la conservación y decoración de la iglesia edificada sobre la tumba del apóstol, cuenta, a tenor de los documentos consultados, con un presupuesto realmente importante: 34 millones de euros sólo en inmuebles y casi 52 millones de euros en inversiones, cuentas bancarias y títulos financieros. El patrimonio crece sin cesar: en cinco años ha aumentado un 25 por ciento. Siempre tiene un buen volumen de liquidez, pues el dinero sigue fluyendo (unos 15 millones de euros al año) gracias a las entradas al Museo del Tesoro de San Pedro y las ofrendas votivas depositadas en la basílica. No sólo eso. Según las *Administrationes quae a Sancta Sede Pendent*, el Capítulo de San Pedro, un «colegio de sacerdotes instituido en el siglo xi para gobernar la basílica», administra la iglesia más importante de la cristiandad. De ahí que el grupito de sacerdotes manejara en 2011 un patrimonio inmobiliario con un valor declarado de 17 millones de euros (según un informe de la Cosea, habría que cuadruplicar esta cantidad) junto a otros títulos bancarios por valor de otros 10 millones de euros. Hace 2.000 años, Simón el pescador, futuro san Pedro, difícilmente hubiera podido imaginar que, sobre su tumba, estaría la iglesia más grande de la cristiandad y que ésta daría lugar a un próspero negocio de venta de entradas capaz de generar mucho dinero. Aunque, según sus estatutos, las obras de caridad constituyen una de las funciones principales de la Fábrica de San Pedro, también en este caso se prefiere ejercer la beneficencia sin tocar ni el capital ni los «instrumentos» financieros.

Desde hace diez años, las llaves de la caja fuerte que contiene los fondos necesarios para sostener la cúpula de Miguel Ángel penden del cordón doble de la sotana de Angelo Comastri, un cardenal de Grosseto muy influyente que fue arzobispo de Loreto antes de convertirse en presidente de la Fábrica por voluntad de Juan Pablo II, y en arcipreste de la basílica de San Pedro por decisión de Benedicto XVI. Ambicioso y lleno de determinación, Comastri debe su formidable carrera a los óptimos informes sobre su labor, que lo acreditaron ante el grupo de los «polacos», a cuyo frente estaba el secretario de Karol Wojtyła, Stanisław Dziwisz. No es ninguna coincidencia que se le incluyera en la corta lista de posibles presidentes de la Fábrica en enero de 2005, y que el 5 de febrero Wojtyła firmara su nombramiento, aunque estuviera en el hospital Gemelli recuperándose de un grave problema de salud.

El cargo dio a Comastri mucho prestigio y, sobre todo, mucho poder. La basílica goza de una administración autónoma, cuenta con un presupuesto importante, organiza los grandes eventos en la plaza y la iglesia, adjudica contratos y cuenta con varios cientos de empleados entre operarios y oficinistas. Tras su nombramiento como presidente, Comastri empezó acudir a las fiestas de la Guardia di Finanza, organizadas por el exgeneral Roberto Speciale, y estrechó lazos con Viganò y el cardenal Giovanni Battista Re. Escribió decenas de panfletos para la editorial Paoline (*Prepara la culla: è Natale!*, *Nel buio brillano le stelle*, *Prega e sarai felice!*, son los títulos más vendidos), se hizo popular participando en el programa televisivo *Voyager* de Roberto Giacobbo y conoció a Paolo Scaroni y Stefano Lucchini del Eni, exdirectores del coloso petrolífero que financiará la restauración de los mármoles de San Pedro. Aunque es muy impopular entre los bertonianos, nadie ha logrado frenar su carrera ascendente; hasta el mismo Bergoglio ha decidido mantenerlo en su posición de poder tras su elección como pontífice.

Sin embargo, en ciertos documentos del año 2008 que obran en nuestro poder, firmados por un importante director administrativo de la basílica, se critica duramente la gestión de Comastri. El informe es el resultado de una verificación interna exigida por la Secretaría de Estado y en él se mencionan «un recurso anómalo e indiscriminado a las horas extraordinarias», un «número elevado de ascensos» y «un uso poco serio e irresponsable de los procedimientos de adjudicación de contratas». Redactado en un tono severo, en él se constata que en un solo año se han llegado a superar las 45.000 horas extraordinarias, con empleados que habían llegado a tener «puntas de 16 horas diarias» de trabajo. Se mencionan un despilfarro de entre 500.000 y 800.000 euros al año, sueldos elevados (en abril de 2008, 25 de los empleados ganaban más de 3.000 euros netos al mes) y ascensos fáciles. «En tres años» se habría ascendido, «por el mismo trabajo, al 83 por ciento de los oficinistas y al 52 por ciento del personal de San Pedro», lo que elevó el gasto «en torno a 10 puntos porcentuales». Comparando varios documentos, resulta que el sobre con la paga más alta correspondía al *soprastante sampietrino* (nombre dado al jefe de los trabajadores especializados de la iglesia a los que se denomina *sampietrine*). Andrea Benedetti (3.800 euros netos al mes), jefe de los empleados y auténtica mano derecha de Comastri, junto a la directora de las oficinas, Maria Cristina Carlo-Stella, quien aparece citada en calidad de organizadora de eventos muy caros que acabaron siendo un estrepitoso fracaso, «como la exposición *Petros Eni*, con pérdidas que superaron los 800.000 euros». A Benedetti se lo retrata como a la «autoridad absoluta» de la basílica, la persona encargada de decidir los programas de trabajo ordinarios y extraordinarios, y de autorizar «horas extraordinarias no programadas ni autorizadas previamente por los superiores»; un *dominus* con autoridad para firmar facturas «que se pagan regularmente aunque su importe sea elevado». En el informe se afirma, por último, que había habido concursos millonarios «apañados» (en el caso de los servicios de limpieza, lo había ganado una empresa que había presentado una oferta peor que otra) y contratas adjudicadas «irregularmente», como la firmada para restaurar los mármoles de la «fachada sur» de la basílica.

Comastri es un hombre duro y ha aguantado las críticas y presiones de Bertone. Francisco confía en él, aunque su nombre acabara apareciendo (junto a otros) en la investigación sobre Paolo Gabriele, el mayordomo de Benedicto XVI condenado por *Vatileaks*. Según la Gendarmería, este difundidor de secretos hablaba hasta con el actual arcipreste y vicario de Francisco para la Ciudad del Vaticano. Aun así, la gestión de San Pedro está en manos de Comastri. Y no sólo eso, también es vicario del Estado de la Ciudad del Vaticano, institución creada en 1929 tras los Pactos Lateranenses firmados por Pío XI con el régimen fascista. Como consta en ciertos documentos de 2011 que quien escribe ha podido examinar, el patrimonio inmobiliario y mobiliario superaba los 56 millones de euros y en el año 2011 arrojó unos beneficios de 6,2 millones.

Los «sampietrinos» adoran al poderoso Comastri (al cardenal no le importa subirse a la grúa y mancharse la túnica, dicen sus trabajadores), y su círculo de amigos siempre lo ha defendido ante cualquier intento de calumnia. Ninguno ha dicho nunca nada, ni siquiera cuando en 2013 el cardenal decidió adjudicar en exclusiva el servicio de audioguías a una sola empresa, Vox Mundi. Como su alquiler es obligatorio, quien entre a la basílica ha de pagar 1,50 euros. Hasta los turistas procedentes de los museos han de sacar sus carteras a pesar de haber pagado ya a Antenna Audio, la compañía que ostenta la exclusiva en los Museos Vaticanos. La carta de protesta enviada a Comastri por Fiavet, la asociación de las agencias de viaje, no ha servido de nada. «El incremento de los costes, las interminables colas, la confusión y las aglomeraciones» sólo son para el monseñor un efecto colateral irrelevante en el proceso de la recaudación de nuevas ganancias.

*Supermarket* vaticano

Todo el mundo sabe que los Museos Vaticanos son una especie de fábrica de moneda divina. Pero nadie podía suponer que el Vaticano pudiera obtener aún más beneficios con cuatro o cinco negocios situados en el interior de los sagrados muros. Sin embargo, la gasolinera, la farmacia, el estanco y el supermercado arrojan más ganancias que Miguel Ángel, Rafael, los jardines y las villas pontificias juntos. Es un milagro, porque, aunque 5 millones de turistas tomen al asalto las obras maestras del Renacimiento cada año, el ejercicio del comercio sólo se permite a muy poca gente, básicamente a los representantes de la curia, los residentes (en total unas 800 personas, aunque sólo 450 de ellas ostenten la ciudadanía vaticana), los 2.800 empleados laicos y unas 1.000 personas más. Las cuentas publicadas por el Governatorato son claras, y arrojan más de una duda sobre estos comercios (sobre todo en asuntos fiscales). Empecemos por la farmacia. Si, según los estudios realizados por la Asociación Nacional de la Industria Farmacéutica, una farmacia italiana despacha, de media, a unas 3.500 personas, facturando 700.000 euros al año, el punto de venta del hermano Rafael Cenizo Ramírez ha recaudado en 2013 unos 32,8 millones, que se suman a los 41,6 millones del año anterior.

Este caso se explica fácilmente. No es que la farmacia esté abierta a todo el mundo y acepte recetas y prescripciones de médicos extranjeros, sino que vende asimismo productos con mayores descuento (hasta del 20 por ciento) que las farmacias romanas. Además, los padres venden pastillas que no se encuentran en Italia y tienen mucha demanda, desde antihemorroidales (como Hamolind) hasta carísimos remedios para enfermedades más graves. No es de extrañar que la farmacia vaticana sea la más frecuentada del planeta y que entren en ella casi 2.000 clientes al día.

Las cifras de ingresos del Governatorato más sorprendentes son las relacionadas con los cigarrillos, los carburantes y los supermercados, es decir, el *tax free* de Oltretevere. En realidad, la actividad comercial está destinada exclusivamente a los poseedores de un carné especial, privilegio, en teoría, de residentes y empleados. Pero no salen las cuentas: con el tabaco se ganan 10 millones al año, lo que implica que las 3.600 personas que tienen derecho a comprar tabaco fuman todas como cosacos, una media de entre dos y tres paquetes al día, 365 días al año. Como con la gasolinera se obtienen 27 millones, calculando un consumo medio, todo sacerdote debe recorrer unos 45.000 kilómetros al año, distancias propias de un viajante o un vendedor de aspiradoras. El supermercado, donde se venden productos de alta tecnología y ropa de diseño, aporta a las cuentas otros 21 millones. No nos puede extrañar que, según un estudio realizado por el California Wine Institute en 2012, el Vaticano sea el país del mundo en el que más vino se consume, con una increíble media de 74 litros por persona.

Los hombres de Giuseppe Bertello, presidente del Governatorato, niegan que haya un *boom* de alcohólicos y realizan ciertas precisiones que podrían explicar las anomalías contables. En primer lugar, es posible que algunos empleados compren muchos productos a bajo precio para luego revenderlos en Italia y ganarse un dinero. «Sería muy difícil pillarles con las manos en la masa, porque los gendarmes no pueden registrar todos los vehículos que entran y salen de los muros leoninos», afirman desde el Vaticano.

Pero lo cierto es que las cuentas están infladas por otras razones. Tenemos algunos documentos que aclaran el enigma. La Cosea ha pedido a una auditora de cuentas que realice una *due diligence* de las actividades comerciales. La firma norteamericana Ernst & Young estuvo trabajando durante meses y, en diciembre de 2013, envió a la Santa Sede un detallado informe de 79 páginas en el que se analizan todas las ganancias obtenidas en el trienio 2010-2012, el coste de todos los servicios y el gasto de cada departamento del Governatorato. También se hacen críticas y se ofrecen consejos útiles para recortar gastos y elaborar estrategias que permitan obtener ganancias aún mayores.

Pues bien, según el análisis inédito de Ernst & Young, 41.000 personas tienen un carné que les permite adquirir artículos dentro de los muros leoninos (la Cosea la denomina *comercial card*), cuando no deberían ser más de 4.000 o 5.000. Es una cifra muy elevada, equivalente al número de habitantes de una ciudad como Frosinone. La ley exige que sólo se otorgue este permiso a los empleados, al personal del cuerpo diplomático y a las congregaciones, «pero, desafortunadamente, nos tememos que muchos poderosos se aprovechan de los negocios sin tener derecho a ello», explican desde el Vaticano.

Los datos de Ernst & Young, más que dar miedo, reflejan una certeza: hay más recomendados de los que cabe contar, y, cuando los clientes hacen buenos negocios, las ganancias que obtiene el Vaticano son enormes. Si el fisco italiano sigue entrometiéndose, paciencia, es un efecto colateral pasajero.

Sobre el papel, el Departamento de Servicios Económicos, que controla los negocios del papa (farmacia incluida), cuenta con 123 empleados e ingresa una cifra equivalente al 30 por ciento del total facturado por el Governatorato. «El carburante es la fuente de ingresos del departamento que más ganancias arroja y mayores márgenes de beneficio deja», escriben los analistas de Ernst & Young. Hay dos gasolineras y «el precio es un 20 por ciento más bajo que en Italia. Los costes de adquisición para el Vaticano no incluyen impuestos. Actualmente la empresa suministradora es

Eni». En el informe se enumeran asimismo algunos «puntos calientes» del comercio. Si de los 27 millones de euros de gasolina vendidos en 2012 (el beneficio neto, descontando los gastos, es de 13,7 millones), «el 18 por ciento se vendió a clientes "desconocidos", los poseedores de 550 carnés han superado su límite de adquisición anual», que equivale a 1.800 litros. En total hicieron cola ante la gasolinera 27.000 personas, muchas más de las autorizadas. A la vista de estas cifras, y aunque no dispongamos de pruebas, no podemos excluir la posibilidad de que se esté comprando y vendiendo gasolina en mercados paralelos, obviamente en negro. Un dato curioso: según los registros de vehículos motorizados del Vaticano, la Santa Sede ha matriculado 299 automóviles entre 2010 y 2012. Casi todos los cardenales y monseñores tienen coche propio, y hay quien incluso disfruta del privilegio de un chófer: de los 39 empleados del departamento encargado de estas tareas, 24 circulan por las calles de Roma para acompañar a los hombres con sotana a sus reuniones, cenas, eventos y misas varias.

Los afortunados poseedores de la tarjetita también pueden comprar alimentos con descuento en el supermercado (llamado Annona y cuya facturación superó en 2012 los 20 millones), ropa de diseño y televisores de última tecnología en el *corner shop* (que factura entre 16 y 17 millones al año) y, sobre todo, abastecerse de cigarrillos en el estanco de Dios. «El tabaco», explican los analistas de Ernst & Young, «es la segunda fuente de beneficios más importante del Departamento de Servicios Económicos. Con un carné se puede comprar un máximo de cinco cartones al mes». El Vaticano, que no quiere renunciar a unos ingresos en torno a 10 millones al año ni decepcionar a sus 11.000 fieles clientes, prefiere cerrar los ojos e incumplir las reglas que se ha impuesto a sí mismo: no sólo 650 «carnés» sobrepasan en mucho el límite de adquisición permitido, sino que consiente que miles de personas no autorizadas corran el riesgo de llevarse a casa paquetes de tabaco rubio y puros cubanos por poco dinero. Aunque eso suponga un gran perjuicio para el fisco italiano.

La taquilla del departamento filatélico y numismático también ingresa paletadas de dinero. En 2012 facturó 19,8 millones y los beneficios no han hecho más que aumentar desde 2009, cuando ganaron 16,5 millones. En 2015 las emisiones podrían superar todos los récords, pues no hay evento que no se celebre emitiendo sellos y monedas conmemorativas. Se vendieron monedas conmemorativas bimetálicas de 2 o 5 euros con ocasión del «encuentro mundial de las familias en Filadelfia» y de «la asamblea general ordinaria del sínodo de obispos»; monedas de plata de 10 euros para «el Santuario Pontificio de la Beata Virgen del Santo Rosario de Pompeya», e incluso de oro, de 100 y 200 euros, acuñadas para conmemorar al «evangelista Mateo» y «la virtud cardinal de la Prudencia», respectivamente. Decenas de miles de coleccionistas intentan acaparar las series limitadas de sellos. Toda ocasión es buena para emitir más: el Vaticano no sólo vende sellos por Pascua y Navidad, sino también para celebrar el bicentenario del nacimiento de san Juan Bosco o el «Año Internacional de la Luz, proclamado por la ONU», «los juguetes antiguos», el 1400 aniversario de la muerte de san Columbano de Bobbio o el 150 aniversario de la fundación de la Unión Internacional de las Telecomunicaciones.

Comparados con los ingresos obtenidos a través de los museos, los comercios y los sellos, el resto de los beneficios comerciales son residuales. Según los últimos balances disponibles, la oficina de turismo ingresó 2,8 millones de euros y el Tribunal de la Santa Rota (que, según se dice, resulta muy rentable) hace años que sufre pérdidas superiores a los 2 millones anuales. Mención aparte merece el sistema de medios de comunicación a disposición del papa. Aunque arrojen pérdidas, *L'Osservatore Romano* (el diario dirigido por Giovanni Maria Vian y auténtico órgano oficial de la Santa Sede; *Avvenire*, el más vendido, es propiedad de los obispos de la Conferencia Episcopal Italiana), la Libreria Editrice Vaticana y Radio Vaticano tienen un valor muy respetable. Aunque la imprenta vaticana, que edita *L'Osservatore*, facture 13,7 millones al año y con la radio se pierda mucho dinero, la difusión de la liturgia y la doctrina católicas ha aportado en 2011 unos 18,5 millones a las arcas de las tres librerías oficiales dirigidas por monseñor Giuseppe Antonio Scotti. Un tesoro que procede, fundamentalmente, de la gestión de los derechos de autor de los discursos del papa y, como es natural, de las encíclicas; la última «carta» de Francisco, titulada *Laudato si*, ha ocupado el primer puesto en las listas durante semanas.

## La fábrica de santos

A finales de octubre de 2013, se había depositado la generosa cantidad de 482.693 euros en la cuenta del Instituto para las Obras de Religión (IOR) destinada a la canonización de Francisca Ana de los Dolores, una beata española de Palma de Mallorca. El montón de dinero necesario para santificar a Francisca no es una excepción. Entre 2007 y 2013 los misioneros de San Antonio María Claret invirtieron para la beatificación de la madre Leonia Milito unos 116.000 euros de las cuentas de la congregación y donaciones de fieles. Pero gran parte del dinero se ha depositado en fondos de inversión. «Aparentemente la suma es elevada, porque aún no hemos pagado ni ultimado la *positio* ni el futuro presunto milagro», se justificaban sor Lidia y sor Teresa en una carta dirigida al prefecto de la Congregación para las Causas de los Santos. «El Instituto también ha tenido algún pequeño gesto para que el proceso de beatificación de nuestra madre fundadora no se dilate por causas económicas.»

Las vueltas que ha dado el dinero en el caso de la beata española y de la madre Leonia no es lo único que ha dado que pensar al cardenal Giuseppe Versaldi: el 16 de enero de 2014, el hasta entonces director de la Prefectura de Asuntos Económicos había escrito al postulador de los carmelitas descalzos, Ildefonso Moriones, sobre la existencia de «transacciones dinerarias que no corresponden a la finalidad de la causa ni a su normal desarrollo» y le exigía «una inmediata puesta al día de las cuentas, la exclusivi-

## The Governorate Project

*EY has been engaged to perform a strategic and operational analysis of the cultural and commercial activities of the Governorate in order to identify improvement opportunities.*

### Current Situation

**Vatican Museums**: revenue increase 6% while costs are growing by 9%; 84% of the revenue is generated by ticket sales, and the other 16% come from catering, souvenirs & bookshop, audio & radio guide sales (outsourced activities).

Commercial activities (key highlights)
A general observation on the commercial activities is related to the customer base. To access most of the commercial activities it is necessary to hold a Commercial Card and, currently, there are over 41.000 card holders authorized to buy different types of products (this was probably not the original intent, as there are only 5.000 people working for the Vatican today and the number of cards issued is 8x).

- **Supermarket**: margin declining (revenue growing +9%, but costs growing +17%); more than 17.000 SKUs for a 900 sqm sales floor (benchmark for 1.000 sqm is ~10.000 SKUs)
- **Fuel**: 27.000 people buying fuel, with 550 exceeding the 1.800 liters/year limit; 18% of the sales registered with "Service Card" (no specific cardholder)
- **Clothes and Electronics**: more than 16.000 clients; More than 22.700 SKUs
- **Tobacco**: more than 11.000 clients, with 278 exceeding the 80 boxes/year limit; 14% of the sales registered with "Service Card" (no specific cardholder)
- **Pharmacy and Perfumery**: declining revenue -17%; 30% of sales come from perfume and body care products; 1.900 clients per day; no Commercial Card is required for Perfumery and only a prescription for the Pharmacy.

### Proposals for the future – Cultural & Commercial activities

Cultural activities
- **Vatican Museums:** should be considered one of the cornerstones for the Vatican's economic development. EY has benchmarked the Vatican Museums with the Top 10 Museums of the world (in visitors) comparing key performance indicators and developing a proposal of potential growth strategies, including the extension of the daily opening hours and opening days of the week (i.e. opening on Sundays), expanding the exhibition area, increasing ticket prices, leveraging the "brand" to increase merchandise sales, etc.
- **Tourists and Pilgrims Office:** strategies suggested include fostering welcome and care services to pilgrims and exploring potential new channels (for communication and sales)
- **Philately and Numismatic:** strategies suggested include evaluating potential best location, enlarging the product range and opening a dedicated museum.

Commercial activities
EY recommends the following actions to improve the control environment and reduce the operational and / or economic risks of the Commercial Activities:
- Regarding the Commercial cards: review the policy and requirements for issuing cards; review the status of temporary cards; adjust the limits of use; avoid "service cards" usage
- Regarding operators / subcontractors contracts: agree on a temporary extension of the current contracts until a new partnership strategy has been defined and a robust procurement process is in place

The commercial activities should turn their focus from revenue and profit generation to a basic product supply. In this respect, specific actions for each activity are included below:
- **Supermarket**: adjust target customers and reduce product assortment; additionally, evaluate an alternative location
- **Fuel**: adjust target customers; additionally, evaluate number and location of points of sale and consider partnership with a third party operator.
- **Pharmacy**: adjust target customers and reduce product assortment
- **Clothes & Electronics:** adjust target customers and product assortment; long term, the activity can be discontinued
- **Tobacco:** adjust target customers, increase price (equating the Vatican price to Italian prices); long term, the activity can be discontinued
- **Perfumery:** increase price (equating the Vatican price to Italian prices), adjust target customers and establish a maximum amount allowed by cardholder; long term, the activity can be discontinued

Informe de Ernst & Young sobre los ingresos comerciales del Governatorato (véase traducción en pp. 222-224).

dad en la utilización de los recurso y una moderación sustancial en el uso del dinero en efectivo».

Cuando leyó el informe interno enviado desde la Prefectura de Asuntos Económicos, Francisco comprendió que los rumores que corrían desde hacía años sobre la «fábrica de santos» no eran infundados. Como el papa ya tenía ciertas sospechas, en la primavera de 2013 había pedido a la Cosea y al ministerio, dirigido entonces por Versaldi, «una investigación en profundidad para esclarecer los gastos y las cuentas de las causas de beatificación y canonización que lleva a cabo la Congregación para las Causas de los Santos. Meses después, cuando tuvo los resultados de la instrucción, vio con sus propios ojos que la realidad superaba cualquier fantasía. Una locura de gastos, abogados que administran el dinero de las causas en las que aparecen como «postuladores» a través de sus cuentas privadas en el IOR, los fondos para las «causas pobres» al borde de la muerte.

Francisco ha entendido que la fábrica de santidad, creada por Sixto V en 1588, no sólo funciona a toda máquina, sino que parece inspirarse en ese aforismo del poeta latino Juvenal que reza: «La reputación sólo depende de las monedas que uno guarde en sus arcas». Lo cierto es que a los candidatos a santos con buenos intermediarios en la tierra les será más fácil unirse a la divinidad que a aquellos de sus colegas que recorren el camino hacia la ansiada aureola de la mano de patrocinadores menos ricos y *lobbies* menos influyentes. En 2005, el cardenal José Saraiva Martins, prefecto de la Congregación para las Causas de los Santos, explicó en el libro-entrevista *Come si fa un santo* que el coste de una canonización, entre gastos directos de la congregación, los pagos realizados a los investigadores, estudios, redacción de argumentos e imprenta, no supera, de media, los 14.000 euros. En los centenares de documentos consultados por quien escribe, lo cierto es que en muchísimos casos la cifra es aún más elevada, y que, para que la causa prospere rápidamente, el dinero es fundamental y la influencia de las camarillas, enorme.

La vía hacia la santidad es un camino difícil que se rige por normas burocráticas rígidas y complejas. Los historiadores nos recuerdan que los papas de la Antigüedad podían canonizar mártires por decisión propia o aclamación popular, pero a finales del siglo XVI Sixto V estableció criterios específicos para el reconocimiento de la divinidad. Pretendía evitar abusos y excesos, y decidió crear un nuevo organismo, rebautizado posteriormente por Juan Pablo II como Congregación para las Causas de los Santos, que determinase la beatitud basándose en el derecho canónico.

Hoy, cualquiera que forme parte del «pueblo de Dios» puede instar la apertura de un procedimiento de beatificación (suelen hacerlo parientes, amigos y, sobre todo, las órdenes religiosas a las que pertenecía el aspirante), obviamente sólo tras la muerte del candidato. Ellos son los «actores» en la causa y deben buscar un postulador o abogado defensor encargado de instruir y defender la causa. La primera parte del proceso es la «diocesana» y no puede iniciarse sin el beneplácito del obispo competente en el territorio donde falleció el candidato.

Una vez iniciado el procedimiento, el candidato se convierte en «siervo de Dios» y el postulador indaga en su vida y obras. Si de los testimonios, investigaciones y entrevistas se deduce que pudo haber habido presuntos sucesos milagrosos, la causa entra en su segunda fase, la «romana», y el expediente se traslada al Vaticano. El postulador debe depositar su *positio*, es decir, la relación final que ha elaborado sobre el candidato, en las oficinas de la Congregación, a dos pasos de la plaza de San Pedro. Ésta será analizada por el promotor de Justicia, el magistrado de la Congregación que debe avalar la virtud del aspirante a beato y comprobar la autenticidad del milagro descrito en la *positio*. El prodigio sobre el que se debate en el proceso suele ser la supuesta curación de una enfermedad científicamente inexplicable. Se debate en el seno de una comisión formada por siete médicos (creyentes o no; hoy la preside el profesor Patrizio Polisca, quien fuera médico personal de Benedicto XVI), que se reúne a petición de la Congregación.

Al final se celebra una reunión de nueve teólogos expertos para decidir si el siervo de Dios puede convertirse en beato, pero la proclamación final corresponde exclusivamente al pontífice. Si después los actores quieren llevar al electo por el camino de un nuevo ascenso celestial, el postulador debe demostrar, en otro proceso canónico, que el candidato ha realizado un milagro ulterior a la beatificación y merece ser santo.

Éste es, muy resumido, el procedimiento estándar. Pero lo que los manuales del Vaticano no dicen es que quien desee elevar a un ser querido a los altares deba gastarse muchísimo dinero. Cada causa tiene su historia y los gastos son variables; la cifra final depende de los honorarios del postulador, de la dificultad y el tiempo necesarios para examinar la documentación, de eventuales investigaciones para profundizar en ciertos aspectos y de los viajes que haya que realizar para recopilar la información. Pero, a la vista de los documentos sobre centenares de prácticas del periodo entre 2008 a 2015, se suelen pagar decenas y hasta cientos de miles de euros. La lista de los gastos fijos también es impresionante: van de las tasas y derechos que se han de abonar a la Santa Sede, a los costes de la traducción (la versión final de la *positio* debe estar redactada íntegramente en latín), pasando por las consultas a teólogos, expertos y peritos médicos, los decretos (en relación al martirio o milagro), los gastos ocasionados por la reunión de teólogos y las sumas necesarias para organizar las ceremonias de beatificación y canonización. Según un prospecto distribuido en 2003 por el entonces postulador de la causa, en la beatificación del filósofo Antonio Rosmini se habrían invertido 375.000 euros en una sola jornada de beatificación.

Hasta ahora nadie se había dado cuenta de las dimensiones del negocio, pero ya en el pasado muchos, incluidos autorizados representantes católicos, criticaron el exceso de canonizaciones y fruncieron el ceño ante la inflación de bienaventurados impuesta por Juan Pablo II, quien en sus 27 años de pontificado proclamó 1.338 beatos y 482 santos, casi una cuarta parte de todos los canonizados en los cinco siglos anteriores. Lo cierto es que esta proliferación –interrumpida con el acceso al solio pontificio de Benedicto XVI, quien impuso un ritmo más tradicional, exigiendo en una nota más rigor a los obispos en la apertura de la fase diocesana del proceso– se debió a una decisión teológica de Karol Wojtyła, deseoso de hacer ver a los católicos que, a través de la obras y el martirio, cualquiera podía aspirar a la santidad.

Este *boom* (actualmente hay sin resolver unas 3.000 causas) también ha supuesto un vertiginoso incremento en los precios. La investigación encargada por el papa Francisco debía ahondar en dos aspectos fundamentales: evaluar las dimensiones reales del negocio y comprobar que no hubiera movimientos financieros inapropiados. De hecho, muchos de los miembros vaticanos de la Congregación son los postuladores que hacen caja con la causa, a veces se trata de monseñores, otras de abogados laicos (graduados en la escuela vaticana encargada de su formación, el Studium), que, con un poder otorgado a su favor por personas físicas, congregaciones u órdenes religiosas, reciben el dinero que los actores depositan en una cuenta corriente abierta en el IOR con este fin. Mientras la causa esté pendiente, los postuladores son los encargados de administrar todos los fondos y bienes destinados al futuro beato, así como de saldar cuentas con las oficinas del Vaticano y los asesores externos Así, en 2013, en un intento por limpiar el instituto y poner en práctica las nuevas directivas contra el blanqueo de dinero, la Prefectura de Asuntos Económicos ha ordenado a todos los postuladores titulares de cuentas en el IOR que informen a la Congregación sobre cualquier movimiento financiero que efectúen. Tras la investigación, Bergoglio decidió que la situación era inaceptable y que las cosas debían cambiar lo más rápidamente posible. Convocó a Angelo Amato, actual prefecto de la Congregación y cardenal considerado cercano a Tarcisio Bertone, y le exigió que se arrojara luz sobre las mareantes cifras que aparecían en el informe. Luego ordenó a la Prefectura y a la Cosea que bloquearan las cuentas IOR de los postuladores hasta que se pudieran analizar todas las entradas y salidas de dinero. Han acabado de analizar los legajos en 2015 y, a la vista de la documentación, parece que las sorpresas en relación a la cadena de montaje de la fábrica de santos no acabarán nunca.

Los cazadores de milagros

Por el Vaticano circula un dicho: «Si quieres ser santo, debes pasarte por el bufete del abogado Ambrosi». Es un dato más que un proverbio: desde hace casi 40 años, Andrea Ambrosi es el príncipe indiscutido de los postuladores del Vaticano, un profesional reservado, capaz de lograr la beatificación de decenas y decenas de frailes, mártires, monjas, sacerdotes, laicos, religiosos, emperadores y cardenales. A día de hoy hay centenares de causas abiertas instruidas por el abogado romano, quien administra personalmente un número similar de cuentas del IOR. Existen muchos postuladores laicos, pero algunos, como Ambrosi y la abogada Silvia Correale, están más solicitados que otros, quizá porque son más eficaces y pueden llevar la causa a buen puerto y a buen ritmo.

«En lo referente a los milagros, el primero que se menciona tuvo lugar en Pittsburgh y su protagonista fue el niño F. Fontana. Desde el punto de vista canónico, se habían dado correctamente todos los pasos hasta el momento de la presentación del proceso a la Congregación para las Causas de los Santos. Pero, cuando íbamos a empezar a examinar la *positio*, se señaló la existencia de otro caso aún más asombroso, el de un neonato de nombre James F., de Peoria, que resucitó tras 60 minutos de parada cardiorrespiratoria. Al tener que elegir uno de los dos, hemos optado por el segundo, [...] lo que explica las cifras que aparecen en los libros contables, teniendo en cuenta la ingente tarea realizada para comprobar ambos milagros de principio a fin.»

El caso del arzobispo y telepredicador norteamericano Fulton John Sheen, descrito en las cuentas del postulador Ambrosi, es ejemplar. La cuenta IOR destinada a su beatificación tenía un saldo a finales de 2008 de 39.000 euros, y los gastos anuales correspondían, casi en su totalidad, a los honorarios de Ambrosi, quien retiró de la Fundación Sheen unos 10.000 euros por este concepto y gastó unos 1.600 más en «decretos de validez», pagar al relator y otros trámites burocráticos impuestos por la Congregación. Al año siguiente los gastos aumentaron: el postulador sacó otros

CONGREGAZIONE
DELLE CAUSE DEI SANTI

Roma, 30 ottobre 2013

Prot. N. VAR. 7326/13

Eminenza Reverendissima,

con riferimento alla mia precedente lettera del 10 settembre 2013, stesso protocollo, invio ulteriore documentazione, come richiesto dalle indicazioni della Pontificia Commissione referente di Studio e di Indirizzo sull'Organizzazione della Struttura Economico-Amministrativa della Sante Sede.

Questa Congregazione ha preso atto dei 4 bilanci (nn.143-146) che si allegano, controfirmati dagli attori, e chiede che si provveda allo sblocco dei relativi conti correnti presso lo I.O.R.

Faccio presente che si è ritenuto opportuno porre all'attenzione del postulatore, l'avv. Andrea Ambrosi, l'imprescindibile esigenza di rivedere i suoi onorari, nonché i costi delle Cause, alla luce di prossime disposizioni del Dicastero e di attenersi rigorosamente, in futuro, alle norme vigenti (cfr. allegato).

Da parte di questo Dicastero non si mancherà di vigilare in tal senso.

Colgo l'occasione per confermarmi con sensi di distinto ossequio

dell'Eminenza Vostra Rev.ma
dev.mo

Angelo Card. Amato, SDB
Prefetto

(con Allegati)

A Sua Eminenza Reverendissima
Il Sig. Card. Giuseppe VERSALDI
Presidente della Prefettura
per gli Affari Economici della Santa Sede
Città del Vaticano

---

Carta del cardenal Amato al cardenal Versaldi sobre los costes excesivos de la Congregación para las Causas de los Santos (véase traducción en p. 225).

18.000 euros, los gastos de imprenta de la edición y encuadernación de «*positio, relatio* y *vota*» ascendieron a otros 7.500 euros y la traducción costó 6.000. Los gastos fijos de gestión de la causa ascienden a 2.000 euros, pero cada suspiro que dan los abogados del bufete de Ambrosi cuesta dinero. En 2010, los fans del futuro beato hubieron de invertir otros 71.000 euros en nuevas traducciones y, esta vez, los honorarios del postulador ascendieron a 52.000 euros debido a la redacción de la *positio*. En 2011 la causa salió por otros 127.000 euros: 56.000 abonados por la realización de consultas e investigaciones diversas, a los que hay que sumar los 5.700 euros que costó la reunión de teólogos y unos 13.000 euros pagados por un viaje para dos personas a Estados Unidos. Los gastos de imprenta ascendieron a 51.200 euros.

En 2012 el coste se elevó a 68.000 euros (16.000 en traducciones) y en 2013 a 21.000, invertido, casi todo, en la redacción de la *positio*. Tras todas estas transacciones resulta que, hasta ahora, la causa ha costado mucho dinero (hemos visto los gastos sólo entre 2008 y 2013, pero llevaba abierta desde 2002), unos 332.000 euros. «Esta causa *S. vita, virtutibus et fama sanctitatis* del venerable siervo de Dios, se encuentra en la fase final de la fase romana del proceso de beatificación», escribe Ambrosi en enero de 2014 para explicar al Vaticano por qué ha costado tanto dinero. «La *positio* se ha redactado a partir del estudio y análisis de unos setenta volúmenes. Monseñor Sheen fue un escritor prolífico y he tenido que solicitar sus obras completas, unos 83 volúmenes, para leerlas y confirmar en ellas su virtud. No podía redactar sola la *positio* y he tenido que trabajar durante dos años con un par de colaboradores. Hay que tenerlo en cuenta a la hora de valorar el elevado importe total». Lo paradójico es que, encima, el dinero invertido apenas ha servido para nada. La beatificación se ha suspendido por tiempo indeterminado porque la archidiócesis de Nueva York se niega, por el momento, a sacar (temporalmente) los restos de Sheen de Peoria, la ciudad donde vivió de niño y fue ordenado sacerdote, operación necesaria para que la causa pueda seguir su curso.

Cuando analizamos las decenas de causas llevadas por Ambrosi, vemos que hay muchos números de seis cifras. Y parece que, tratándose de aspirantes norteamericanos, no se repara en gastos. En el proceso de beatificación del padre Patrick Peyton, un irlandés que fue a vivir de joven a Indiana, devoto de María y del rosario, los honorarios del postulador han superado, entre 2011 y 2013, los 76.000 euros. Aún mayor es la cantidad invertida en el proceso del padre Emil Kapaun, capellán castrense muerto en la Guerra de Corea, en cuya cuenta figuran 266.000 euros de ingresos y 138.000 de gastos. En el mismo periodo, Ambrosi también hace caja en Europa a costa de los promotores que desean la canonización del médico alemán Heinrich Hahn (los gastos contabilizados en este caso durante el mismo arco cronológico ascienden a 75.952 euros); de la causa del misionero esloveno nacido a finales del siglo XVII Friderik Baraga, primer obispo de la diócesis de Marquette en Michigan (el coste se ha estimado en 95.000 euros, pagados enteramente por la iglesia local a base de ofrendas y préstamos); de la del siervo de Dios Engelmar Unzeitig, que entre 2008 y 2013 costó 82.000 euros; y de la de Clelia Merloni, del Sagrado Corazón de Jesús: los honorarios de Ambrosi por dos años de trabajo superan los 100.000 euros. «Un trabajo muy complicado, que ha requerido una estrecha colaboración entre el personal de mi bufete y las monjas promotoras de la causa», aclara el abogado en una nota enviada el Vaticano. Pero, sorprendentemente, el abogado especialista en hallar milagros escribe el 5 de septiembre de 2013 una carta a un amigo, el cardenal Amato, en la que le explica que no puede enviarle todos los movimientos bancarios correspondientes a decenas y decenas de prácticas. ¿Por qué no? Ambrosi revela que, hasta hacía pocos meses, los fondos de las causas que atendía como postulador confluían en sus cuentas personales (cuentas conjuntas con su mujer), de donde luego se detraían las cantidades necesarias para que cada causa tuviera su propia cuenta. En lo tocante a años anteriores, sin embargo, Ambrosi invoca el derecho a la privacidad: los estadillos de cuentas revelan no sólo los movimientos relacionados con las causas de las que es postulador, sino también los ingresos y gastos de su propia familia. Al parecer, el cardenal Amato no tuvo nada que objetar; en el Vaticano la privacidad es sagrada.

Fabricar un santo puede costar un ojo de la cara. El arzobispo de Paderborn, que desea beatificar al padre antinazi, Franz Stock, ha gastado en cinco años 208.000 euros, la mayor parte abonada al bufete de Ambrosi que, también en este caso, es el postulador de la causa. Esta vez afirma haber gastado mucho dinero en Norteamérica, en San Francisco, donde, en 1998, un hombre se habría curado de cáncer por intercesión de Stock. «Ha sido difícil hallar en San Francisco los argumentos adecuados para convencer a médicos de que colaborasen y, sobre todo, de que testificaran ante el tribunal […]. Y aún más duro ha sido hallar pruebas, de tiempos de la guerra, en Francia y Alemania: quiero recordar que Franz Stock, alemán, pasó los años más fructíferos de su apostolado en Francia», declara por escrito el abogado para justificar, una vez más, «cifras aparentemente elevadas».

El príncipe de los postuladores regenta un negocio floreciente: entre diciembre de 2012 y enero de 2013 recibió de unas monjas carmelitas de Pensilvania 31.000 euros para iniciar la causa de Therese Lindenberg, y dos meses después ingresó otros 25.000 euros aportados por la asociación Unión de Oración por la Paz entre los Pueblos, dedicada a Carlos I de Austria, último emperador de los Habsburgo, beatificado en 2004, cuyos fans desean convertirlo en santo lo antes posible: en las facturas de Ambrosi aparecen «una consulta al obispo de Santa Fe» (6.000 euros) y «consultas exigidas por el tribunal eclesiástico» (18.000 euros), a lo que hay sumar el coste (en números redondos) de los viajes del abogado y su asistente a Estados Unidos para investigar el milagro imperial: exactamente 10.000 euros.

Será casualidad, pero las canonizaciones más caras son aquellas cuyos promotores son congregaciones y órdenes religiosas estadounidenses, por lo general más ricas que las de Sudamérica o Asia. El reverendo y vicepostulador Paul Burkard ha invertido 88.000 euros en seis años a favor de Nelson H. Baker; la Sociedad

*Avv. Dr. Andrea Ambrosi*
*Patrocinante presso la Rota Romana e*
*la Congregazione delle Cause dei Santi*
*Postulatore delle Cause di Beatificazione e Canonizzazione*

## DICHIARAZIONE

### AGGIUNTIVA DEL POSTULATORE

### CAUSA DI BEATIFICAZIONE E DI CANONIZZAZIONE DEL SERVO DI DIO FULTON SHEEN
*(Prot. n. 2505)*
riguardante i rendiconti economici degli anni 2008/2013)

Roma, 22 gennaio 2014

Questa Causa *s. vita, virtutibus et fama sanctitatis del ven. Servo di Dio* si trova al termine della fase romana del processo per la beatificazione. I rendiconti economici presenti rilevano le cifre spese nel corso di questi anni in forma di diversi pagamenti di acconto, per quanto riguarda:

a) *la stesura della Positio S. vita, virtutibus et fama sanctitatis*, la quale si basa sullo studio e l'elaborazione di oltre 70 volumi di Copia Pubblica. Essendo poi stato Mons. Sheen uno dei più fecondi scrittori di Gesù e di Maria, ho dovuto farmi mandare e leggere – per trovare spunti aggiuntivi sull'esercizio virtuoso – la sua opera omnia, ammontante a ben 83 volumi. Per la stesura della Positio, oltre alle mie forze, si sono aggiunte anche quelle di due mie collaboratrici, con le quali ho lavorato per due anni. Ciò va tenuto presente nel valutare l'elevato importo complessivo.

b) Per quanto riguarda la sezione miracoli, il primo che ci è stato segnalato è avvenuto a Pittsburgh ed ha avuto come protagonista il bambino Fulton Fontana. Dal punto di vista canonico tutti i passaggi sono stati compiuti regolarmente, fino alla

---

Via di Tor Millina, 19 – 00186 Roma
Tel. 06.6892622 – Fax 06.68130862 – e-mail: avvambrosi@mclink.it
English: avvambrosi@tiscali.it
Deutsch / Français: studioambrosi@tiscali.it

Declaración del abogado Ambrosi justificando los elevados costes de la causa del siervo de Dios John Sheen (véase traducción en pp. 226-227).

presentazione del processo alla Congregazione delle Cause dei Santi. Ma proprio quando la *Positio* era pronta per andare in discussione, ci è stata segnalata la presenza di un caso ancor più eclatante, quello di un neonato, di nome James Fulton, di Peoria, resuscitato dopo 61 minuti di arresto cardiocircolatorio. Dovendo scegliere tra uno dei due, abbiamo optato per questo secondo; attualmente la *Positio* è prossima ad andare in Consulta Medica.

Anche qui le cifre poste in bilancio si comprendono facilmente tenendo conto del grande lavoro fatto per portare avanti due miracoli, dall'inizio alla fine.

Distinti ossequi.

Avv. Andrea Ambrosi
Postulatore

de Devoción del padre Edward Flanagan se ha gastado 41.000 euros en menos de dos años; la archidiócesis de Oklahoma City, que desea beatificar a Stanley Francis Rother, ha pagado cerca de 101.000 euros.

Los alemanes tampoco reparan en gastos. Entre 2010 y 2013, los sacerdotes de la archidiócesis de Friburgo han invertido, a través del bufete de Ambrosi, 98.000 euros en la causa de Bernardo de Baden (13.500 sólo por la transcripción de «un proceso histórico manuscrito en latín de muchos cientos de páginas», explica el abogado romano). Entre 2009 y 2013, las Clarisas Pobres de la Adoración Perpetua de Olpe, un pueblo de Alemania Central de 25.000 habitantes, decidieron dejar de lado la austeridad predicada por san Francisco e invertir 126.895 euros en una cuenta del IOR para beatificar a Maria Theresia Bonzel, fundadora de la orden, finalmente elevada a los altares el 13 de noviembre de 2013.

De manera que, para conseguir la santidad de fundadores y predecesores ilustres, monseñores, obispos y cofradías no dudan en perjudicar sus almas y están dispuestos a verter sobre Roma y la fábrica vaticana ríos de dinero. Para la comunidad católica, saber que uno de sus fieles favoritos se sienta a la diestra del Señor es motivo de orgullo local y fe renovada. De ahí que las iglesias, desde hace siglos, no puedan dejar escapar tan excelente ocasión e inviertan el dinero de las ofrendas de los fieles junto a su propio patrimonio. No resulta sorprendente que una de las causas de canonización más caras de la historia sea la que desde 1996 trata de conseguir la beatificación del padre Michael McGivney, fundador de la asociación católica más rica y poderosa del mundo, la de los Caballeros de Colón. Se trata de un *lobby* muy influyente con 1,8 millones de afiliados, dedicado a la beneficencia (sólo en 2014 invirtieron 170 millones de dólares en todo el mundo), el voluntariado y el negocio de los seguros de vida: en el último balance publicado, las pólizas suscritas superaban los 2 millones, con un valor total que asciende a la astronómica cifra de 99.000 millones de dólares, complementados con unos 21.000 millones que los Caballeros tienen directamente invertidos en fondos y acciones.

Por raro que parezca, durante la crisis económica de 2008, los Caballeros han logrado aumentar su volumen de negocios en un 41 por ciento. Para su director actual, Carl A. Anderson, caballero supremo de la orden y exmiembro del IOR, probablemente los fondos entregados para la beatificación de McGivney sean una cantidad sin importancia, pero de las cifras presentadas por Ambrosi a la Prefectura de Asuntos Económicos y la Cosea no se saca esa impresión: 6.000 euros en «consultas médicas», 27.000 euros de un viaje del postulador con su «asistente e intérprete» realizado en 2009, otros 13.000 por un viaje a Filipinas para investigar un milagro realizado por el venerable McGivney, 61.000 «por las labores realizadas durante el proceso diocesano en Manila». Si sumamos a lo anterior los impuestos vaticanos, la *positio* y los decretos, veremos que se han invertido en la causa unos 233.000 euros.

El Vaticano siempre ha negado que se invirtiera tanto dinero en la fábrica de santos y recalca que, si ha habido excesos, no ha sido por culpa de la Santa Sede. «Lo cierto es que la Congregación no fija los gastos», afirma el exprefecto José Saraiva Martins en *L'Osservatore Romano*. «Nosotros sólo intervenimos de forma indirecta. El postulador de la causa es el "cajero", es decir, quien reúne el dinero necesario y paga las cuentas. Lo único que hace la Congregación es poner en contacto a los diversos actores del proceso.» Pero lo cierto es que es el Vaticano quien nombra a todos los postuladores, tanto eclesiásticos (a los que se reembolsan los gastos, pero no cobran ni un euro) como laicos, y la Congregación organiza cursos obligatorios en los que han de participar: en definitiva, la patente para entrar en el circuito de las canonizaciones la da la Iglesia. Y hasta el momento en que Francisco encargó una investigación, apenas había habido control de los gastos. Tampoco se ha prestado atención a la existencia de posibles conflictos de intereses en el negocio de la imprenta, uno de los elementos más caros de toda causa. Una única sociedad ostenta el monopolio de la impresión de los documentos que se han de depositar en la Congregación para las Causas de los Santos. Se trata de Nova Res srl, situada en la plaza de Porta Maggiore, y la mayoría de las acciones pertenecen a la familia del abogado Ambrosi, quien, según datos de la Cámara de Comercio de Roma, obtuvo en 2013 beneficios de Nova Res por valor de 621.000 euros.

Los supervisores enviados por Francisco han llamado asimismo la atención sobre los movimientos contables registrados en la causa de beatificación de Theophilo Matulio (el nuevo postulador declara ante la Congregación «no contar con información detallada sobre los gastos» de su predecesor), sobre la cuenta IOR relacionada con la postulación general de la Orden Mínima (en este caso se habían pedido préstamos personales) y sobre las inversiones financieras realizadas por congregaciones colombianas de Medellín, donde el dinero acaba en cuentas, en teoría, del siervo de Dios. «En lo relativo a las prácticas relacionadas con la postuladora Silvia Correale, se señala que, en general, sus causas son poco transparentes, sin descripciones ni justificantes de ingresos y gastos», explicaba Versaldi al prefecto de la Congregación, Amato, mientras exigía «la documentación y justificantes relativos a un *catering* de 10.000 euros», supuestamente necesario para la causa de beatificación de François-Xavier Nguyễn Văn Thuận, y hacía hincapié en el excesivo gasto de efectivo por parte del postulador Paolo Vilotta en la causa de canonización de Isabel Cristina Campos. Versaldi también exigía «más detalles, sobre todo en lo relacionado a los gastos», en el caso de la beatificación de Eduardo Francisco Pironio. «En realidad no disponemos de una contabilidad que nos permita hacernos una idea del montante de los recursos a disposición de esa causa, que, aunque descrita como "muy pobre" en la *postulatio*, no lo parece tanto». El papa y sus hombres lamentan la ausencia de facturas que justifiquen los gastos generados y el trabajo desarrollado por postuladores, médicos, traductores y expertos varios. «Esta Congregación consta que, en el pasado, no era habitual pedir facturas ni recibos y que, por lo tanto, la documentación está incompleta», admite Amato en una carta a Versaldi.

Tras la investigación, Bergoglio ha decidido buscar soluciones. Ha exigido que los honorarios de todo postulador se rijan por una

CONGREGAZIONE
DELLE CAUSE DEI SANTI

PREFETTURA AFFARI ECONOMICI
DELLA SANTA SEDE

15 MAG 2014

Prot. n. 1287

Roma, 14 maggio 2014

Prot. N. VAR. 7485/14

Eminenza Reverendissima,

in riferimento alla Sua lettera N. 1145 del 3 aprile 2014, si trasmettono le copie dei giustificativi di spesa riguardanti i bilanci precedentemente inviati e contrassegnati con i numeri 219, 223 e 224, relativi alle Cause delle Serve di Dio Henriette Delille e Clelia Merloni e della Beata Paolina Mallinkrodt.

Come si evince dalla documentazione in allegato, vi è assenza di ricevute o fatture attestanti il lavoro svolto dal postulatore o dai traduttori e una parziale mancanza di corrispondenza tra le altre spese e il loro fatturato.

Questa Congregazione constata che nel passato non era in uso richiedere né ricevute né fatture e, pertanto, una documentazione completa risulta irreperibile.

Per il futuro si assicura che sarà sollecitudine di questo Dicastero provvedere alla verifica delle spese sostenute dal postulatore secondo le indicazioni del tariffario emanato dalla stessa Congregazione.

Colgo l'occasione per confermarmi con sensi di distinto ossequio

dell'Eminenza Vostra Rev.ma
dev.mo

Angelo Card. Amato, SDB
Prefetto

(con allegati)

A Sua Eminenza Reverendissima
Il Sig. Card. Giuseppe VERSALDI
Presidente della Prefettura
per gli Affari Economici della Santa Sede
Città del Vaticano

Carta del cardenal Amato al cardenal Versaldi explicando la ausencia de facturas y recibos en los archivos de la Congregación (véase traducción en pp. 227-228).

tarifa única de referencia, tanto en la fase diocesana (elaborada por el propio Colegio de postuladores) como en la romana, de modo que «aumente nuestro sentido de la sobriedad y la equidad, y no existan desequilibrios entre las diversas causas», como anunció a principios de 2014 el prefecto Amato, a quien Francisco ha mantenido en su puesto por ahora.

Los críticos tras los muros leoninos temen que sea fácil burlar la nueva reglamentación sobre tarifas y que no se consiga cambiar realmente el perverso mecanismo de la fábrica. Ya veremos. Por ahora, el príncipe de los postuladores tendrá que bajar sus honorarios, porque, como decía Versaldi a Amato en una carta privada: «Se ha considerado oportuno poner en conocimiento del abogado Andrea Ambrosi que debe revisar sus tarifas sin falta, ya que, a la vista de las disposiciones de la Congregación, los gastos de las causas deberán atenerse en el futuro estrictamente a las normas vigentes».

# CAPÍTULO IV
## Los mercaderes del Templo

> No codiciarás la casa de tu prójimo. No codiciarás la mujer de tu prójimo, ni su siervo, ni su criada, ni su buey, ni su asno, ni cosa alguna de tu prójimo.
>
> Éxodo 20, 17

Hay un cardenal que, a pesar suyo, es la encarnación perfecta de un oxímoron: el que surge entre la pobreza propia de un hombre de Iglesia y el lujo desenfrenado de ciertas formas de vida mundana. Se llama Tarcisio Bertone. El monseñor de Romano Canavese fue la mano derecha de Benedicto XVI. Desde el mismo momento en el que le nombraron secretario de Estado vaticano, fue víctima de la picadora de carne mediática. En principio se criticaba a este cura, hincha de la Juventus y la Ferrari de Sebastian Vettel, por su autoritarismo en el ejercicio del poder y por tener relaciones demasiado estrechas con los exponentes del berlusconismo. Sin embargo, después las críticas se refieren a su implicación en intrigas y escándalos financieros que van del cese del presidente del IOR, Ettore Gotti Tedeschi, al préstamo de 15 millones de euros concedido por el Instituto a la catolicísima productora Lux Vide, propiedad de su amigo Ettore Bernabei, pasando por la idea de construir un gran centro sanitario vaticano o los (presuntos) negocios entre el IOR y la Banca Carige; Bertone no ha disfrutado de un momento de paz.

Tras la llegada de Bergoglio, la mano derecha de Ratzinger se ha retirado, pero sigue siendo el objetivo principal de las críticas y el símbolo negativo de una Iglesia necesitada de reformas. Han arremetido contra él, una vez más, por el «ático de 700 metros cuadrados y terraza con vistas panorámicas», según los periódicos, al que se mudó en diciembre de 2014. Un piso cuyo tamaño y lujo fue criticado por todos los medios de comunicación del mundo, incluido el *Washington Post*. La indignación popular aumentó cuando se supo que había estado de vacaciones en el Valle de Aosta, en Les Combes, y que se había celebrado una cena para conmemorar su octogésimo cumpleaños a base de trufa blanca y vinos selectos. «¿Cómo es posible que un cardenal tenga la osadía de pasar de todo? Es repugnantemente rico y dice que ha pagado la casa con su dinero. Pero ¿qué dinero? No creo que un piso de este tipo valga 1.000 euros», resumía don Mazzi dando voz a la indignación popular. «Mientras siga existiendo la Iglesia de Bertone, no estaremos poniendo en práctica los evangelios. La pobreza es un requisito de la fe.»

Lo cierto es que el ático de monseñor es propiedad del Vaticano. Antes de que se le adjudicara a Bertone, disfrutaba del privilegio de su uso el jefe de la Gendarmería, Camillo Cibin, y cuando ya no viva en él el secretario de Estado, lo usarán otros prelados. Resulta muy confortable en comparación con los 70 metros cuadrados de la estancia en Casa Santa Marta donde ha decidido vivir y trabajar el papa Francisco, pero, según las escrituras, no supera los 300 metros cuadrados. «La terraza está a disposición de todos los demás inquilinos del palacio de San Carlos. Y, como podrá apreciar, las habitaciones son más pequeñas que las del resto de los palacios del Vaticano», se defendía Bertone cuando enseñaba su mansión al periodista Andrea Purgatori. «El papa está informado de todo, hasta de la pequeña oficina asignada a la secretaria. ¿Mi cena de cumpleaños? Ni vino ni trufas, sino una magnífica *tartufata*\* […].»

Leyendo los documentos en las oficinas del Governatorato se aclara el origen de la leyenda de los «700 metros cuadrados» y por qué la prensa había doblado la superficie del alojamiento. Para construir el ático se habían unido dos pisos colindantes, el de Cibin y el habitado durante un tiempo por monseñor Bruno Bertagna, fallecido a finales de 2013. Y, además, tres grandes habitaciones

---

\* Especie de milhojas cubierto de chocolate. *[N. de los T.]*

recuperadas tras la reforma se añadieron a un tercer piso colindante con el palacio del Arcipreste (a su vez junto al palacio de San Carlos), donde vive monseñor Angelo Comastri, quien ha ampliado así su ya gran vivienda. Otros 150 metros cuadrados se han dedicado al imponente archivo del exsecretario de Estado, que comparte la vivienda con tres religiosas que cuidan de él.

Desvelado el secreto, no cabe duda de que Bertone no puede quejarse. Pero caminando por la Ciudad del Vaticano y echando un vistazo a las residencias de la cúpula de la curia, salta a la vista que los pisos de lujo destinados a los prelados no son la excepción, sino la norma. Casi todos cuentan con salones dobles, dormitorios, tres baños, capilla privada, despacho y oficina. Aunque el papa y otros fidelísimos a Bergoglio, como monseñor Alfred Xuereb y el secretario Fabián Pedacchio Leániz, hayan decidido residir en apartamentos modestos, hay decenas de purpurados que duermen en dormitorios suntuosos. Incluso mucho mayores y lujosos que el ya célebre de Bertone.

En el palacio del Arcipreste, por ejemplo, vive (aparte de Comastri) el cardenal Giovanni Battista Re, quien dispone de 300 metros cuadrados y una terraza (ésta sí privada) con vistas a la Estación Vaticana, donde el prelado organiza cenas con su amigo Antonio Fazio, exnúmero uno de Bankitalia y legionario de Cristo, a las que asisten asimismo peces gordos como Angelo Balducci y el exministro Claudio Scajola. Según la propaganda de quienes suscriben el curso hiperpauperista de la política bergogliana, Pietro Parolin, nuevo secretario de Estado, vivió durante un tiempo junto al papa en un apartamento de dos dormitorios del internado, pero dos años después se mudó al maravilloso piso que ocupara Bertone en el palacio apostólico, cuya secretaría está decorada con frescos de la escuela de Rafael y ornamentos de oro. El arzobispo Carlo María Viganò, exsecretario general del Governatorato y desde 2011 nuncio apostólico en Estados Unidos, posee una residencia en la última planta del palacio donde tiene su sede la Gendarmería vaticana. Cerca de 250 metros cuadrados y 7 habitaciones que en realidad están deshabitadas. Viganò, enemigo jurado de Bertone, conocido por haber denunciado en durísimas cartas a la prensa presuntos escándalos de corrupción en el Vaticano, es el único «embajador» al que se le ha permitido quedarse con las llaves de su mansión a pesar de estar destinado en el extranjero. «Un privilegio inaceptable que ya ha disfrutado durante cuatro años», afirman los prelados que tendrían derecho a ocupar la vivienda y se ven obligados a vivir fuera de los muros, alguno, por cierto, de su propio bolsillo. «Viganò esperaba que Francisco le llamara de vuelta a Roma, pero no fue así. Ahora George Pell está intentando quitarle la "segunda vivienda", pero no será fácil. El nuncio recuerda a sus amigos que el piso le fue asignado por Juan Pablo II, quien le comunicó su decisión personalmente; desde entonces nadie se lo ha pedido, ni siquiera Francisco.»

Tras las murallas, en un espacio lleno de palacios renacentistas y de estancias decimonónicas, no es fácil encontrar alojamientos humildes y de pocos metros cuadrados. Pell, «ministro de Economía» de Francisco, vive en la Torre San Giovanni, situada en medio de los jardines vaticanos, en cerca de 300 metros cuadrados, los mismos de los que disfrutan los purpurados Giuseppe Versaldi, Mauro Piacenza y Fernando Filoni, actual prefecto de Propaganda Fide (Congregación para la Difusión de la Fe), que vive en el Gianicolo. El cardenal Francesco Marchisano falleció en el 2014 en su piso de cerca de 600 metros cuadrados en San Callisto, una zona extraterritorial del Vaticano en Trastevere, mientras que monseñor Josef Clemens, secretario histórico de Ratzinger cuando este último era prefecto de la Congregación para la Doctrina de la Fe, utiliza un piso en el palacio del Santo Oficio, con un salón anexo del siglo XVII, decorado con frescos, situado en la misma planta que el del cardenal Velasio De Paolis. Naturalmente, ambos gozan de vistas de cinco estrellas a la basílica de San Pedro.

«Jesús quiere que sus obispos sean siervos, no príncipes. No cabe entender los evangelios sin pobreza», repite en sus sermones el papa Francisco. Puede que a Angelo Sodano, predecesor de Bertone, le piten los oídos. Por avenirse a dejar la Primera Loggia del palacio apostólico, el exsecretario de Estado de Juan Pablo II ha solicitado y obtenido media planta del gran Colegio Etiopico, que tardaron meses en reformar de arriba abajo. El cardenal norteamericano Edmund Casimir Szoka fue su compañero de planta durante ocho años, hasta su muerte, acaecida en 2014. También él había sido cesado en septiembre de 2006, debido a la *nouvelle vague* de Benedicto XVI. Las malas lenguas dicen que estos dos lujosos pisos fueron una especie de finiquito para ambos.

En cambio, el presidente emérito de la Conferencia Episcopal Italiana, Camillo Ruini, vive –como bien ha señalado Ignazio Ingrao– en Viale Vaticano, en un piso de 500 metros cuadrados (divididos, eso sí, entre vivienda y oficina); José Saraiva Martins, prefecto emérito de la Congregación para las Causas de los Santos, disfruta de los mismos metros cuadrados, «con ático y superático de quinientos metros cuadrados», glosa el vaticanista de *Panorama*, «y vistas a la basílica de San Pedro». Los maxipisos son antiguas viviendas de representación, con espacios destinados a dos o tres monjas que cocinan, sirven y limpian. No pagan alquiler, pero sí deben hacerse cargo de los gastos. Aunque también reciben una asignación como cardenales, antes denominada *piatto*, que asciende a entre 5.000 y 6.000 euros netos al mes, en la que está incluido el salario episcopal.

Una finca para monseñor Rambo

Domenico Calcagno es un hombre de múltiples intereses: la fe, la familia, los amigos. Pero sobre todo es el presidente de la Administración del Patrimonio de la Sede Apostólica (APSA) y uno de los monseñores de Bertone que conserva un enorme poder incluso en la nueva era del papa Francisco. Es un apasionado del campo y de las armas de fuego. Nacido en el pequeño pueblo de Parodi Ligure en 1943, tuvo una carrera fulminante gracias a los buenos oficios del cardenal Giuseppe Siri, quien lo ordenó presbítero. Calcagno decidió solicitar la licencia de armas para uso deportivo en 2004, tras haberse inscrito en la Sociedad Nacional de Tiro al Blanco unos meses antes. En Savona le llaman «monseñor Rambo», desde que un periodista, Mario Molinari, publicó que el prelado había echado mano de sus ahorros para comprar un fusil Breda de calibre 12, un mosquete Schmidt Rubin, un fusil Remington norteamericano, otro ruso marca Mosin-Nagant y una carabina Hatsan, calibre 12, de fabricación turca. El periodista dijo que los había comprado «para hacer deporte y como coleccionista». Calcagno posee asimismo un fusil Beretta, una escopeta de caza «Fusil especial» fabricada en Bélgica, otros dos fusiles de dos cañones y, por último, una Smith & Wesson, un potente revólver, calibre 357, denominado «Distinguished Combat Magnum», que el inspector Callaghan habría apreciado enormemente. Calcagno ha asegurado que las «guarda en su casa, en un armario cerrado con llave».

En 2007, cuando Benedicto XVI le nombró secretario del APSA, Calcagno se mudó a Roma y no sabemos si se llevó sus armas de fuego consigo. Dentro de los muros leoninos echaba mucho de menos el olor a pólvora y la vida en el campo. De manera que, al descubrir que el ente que preside desde 2011 está en posesión de las mejores tierras agrícolas cerca de la capital, decidió no dejar que lo encerraran en el piso que le habían asignado en el Vaticano y buscó para retirarse un buen lugar, con vivienda y casa de labranza en medio de una veintena de hectáreas que forman parte de la propiedad San Giuseppe en la Laurentina.

Amante de las matemáticas y las finanzas (Siri descubrió sus habilidades cuando era jovencísimo y logró reformar, con ayuda de financiación privada, el oratorio genovés de san Erasmo de Génova), Calcagno es uno de los pocos cardenales expertos en números que hay: en 1996 le nombraron presidente del rico Instituto Central para el Sostenimiento del Clero, un organismo de la Conferencia Episcopal Italiana, y desde 2011 administra las propiedades y cuentas milmillonarias de la APSA. Existen otras dos propiedades situadas dentro de la gran autopista de circunvalación que, como la anterior, han sido objeto de todo tipo de intereses inmobiliarios desde hace años. La primera es la finca dell'Acquafredda, que, en principio, constaba de 117 hectáreas (entre via Aurelia y via dei Casali di Acquafredda), 11 inmuebles y decenas de construcciones situadas en medio de lo poco que queda de campo romano en el interior de la ciudad. Una enorme propiedad de gran valor, que el Capítulo de San Pedro, ente encargado de la gestión de los bienes de la basílica, obtuvo en herencia de una rica familia romana.

Sin embargo, hace unos años, una parte importante de la propiedad ha cambiado de manos. Primero, el Capítulo, a modo de transferencia, donó una parte a la APSA. Después, la Santa Sede, tras haber verificado que la recalificación de lo que eran terrenos agrícolas en suelo urbano era prácticamente imposible (en 2004, en tiempos de Walter Veltroni, las protestas de los ecologistas habían paralizado un protocolo para calificar como terreno edificable una veintena de hectáreas de la propiedad), decidió ceder la mitad de las tierras (60 hectáreas) al Ayuntamiento de Roma, que ha creado allí una reserva natural protegida.

Sin embargo, no fue un simple regalo del Vaticano a la ciudad que lo acoge: como en una permuta, la APSA ha obtenido del Ayuntamiento, a cambio, futuros derechos de edificación en un total de 65.625 metros cuadrados, equivalentes a 210.000 metros cúbicos. El documento más reciente sobre esta transacción entre la APSA y Roma capital es del 30 de junio de 2013 y pone los puntos sobre las íes en lo relativo a la resolución sobre la propiedad del verano de 2011, que sólo quería aprobar Gianni Alemanno, pues todos los demás partidos votaron en contra. En el documento se lee: «Las partes así constituidas llegarán a un acuerdo sobre la forma en que se ejecutarán los derechos de edificación, de forma sucesiva y siguiendo procedimientos específicos, en una zona o más que forme parte del territorio de Roma capital». Traducción: el Vaticano tiene permiso para construir en Roma miles de pisos nuevos, pequeños y de tamaño mediano. Y a título ilustrativo, según el Vaticano, a tenor de una carta fechada el 9 de junio de 2009, enviada por el entonces secretario de la APSA,

Calcagno, a Bertone: «Se estima que el plan urbanístico tiene un valor que ronda los 70 millones de euros».

Aún no se sabe cuándo y dónde se va a construir; lo decidirán la APSA y los técnicos del Ayuntamiento en un venturoso futuro próximo. Pero existe una carta fechada el 24 de febrero de 2009, enviada por el entonces director de la APSA, monseñor Attilio Nicora, al secretario de Estado Tarcisio Bertone, que proporciona algunas pistas. El Ayuntamiento había decidido «adjudicar a la Laurentina el permiso de edificabilidad que se pedía para Acquafredda [...]. El área de Acquafredda restante a cargo de la Santa Sede (cerca de 48 hectáreas) podría reconvertirse parcialmente en tierras de labor y, en parte, sobre todo en la zona colindante con via Aurelia, debería mantenerse en las condiciones actuales, con la en absoluto infundada esperanza, según nuestros técnicos de confianza, de que en unos años las necesidades de expansión de la ciudad obliguen a revisar los límites actuales del parque y a hacer edificable toda la zona». Hoy es Calcagno quien se ocupa de Acquafredda. Por medio de un quirógrafo, el papa Francisco le ha otorgado plenos poderes sobre lo que queda de la propiedad del Vaticano.

La APSA posee otro latifundio denominado San Giuseppe. Situado en via Laurentina, consta de 22 hectáreas de cultivo y 500 de olivos situadas justo en el margen de la circunvalación; una propiedad que el Vaticano adquirió en 1975 como legado de la familia Mollari. Tras años de negligencia, en 2002 Angelo Proietti, el empresario y constructor amigo de los cardenales del que ya hemos hablado, obtuvo, a título gratuito, cobertizos, viviendas y almacenes de la propiedad para su empresa Edil Ars, hasta que le echaron en 2006, porque, como afirma Nicora en otra carta enviada a Bertone, «ha demostrado no ser de fiar como socio». Desde entonces, en vez de arrendar la propiedad a terceros para su explotación, luego de un intento fallido de construir una planta fotovoltaica de 2 millones de euros y tras decidir no deshacerse de la propiedad para no perder dinero, en 2011 el nuevo presidente de la APSA, Calcagno, decidió transformarla en una segunda vivienda donde poder descansar, cultivar plantitas y relajarse con los amigos.

Para hacer realidad su bucólico sueño, el cardenal firmó en septiembre de 2011 un contrato privado con una nueva sociedad agrícola denominada San Giuseppe; una compañía creada dos meses antes cuyo socio administrador delegado es Giuseppe Calcagno, genovés, casado con su homónima Maria Angela Calcagno, nacida en el mismo pueblo que el monseñor. En origen, el tercer socio de esta afortunada sociedad, que se hace cargo gratuitamente de la gestión de 22 hectáreas y los edificios anexos, era Alberto Mattace, un perito agrónomo del dicasterio Propaganda Fide que fue cooptado en el proyecto. Pero quien realmente manda es el Calcagno purpurado, pues en pocos años se ha construido su rinconcito de paraíso.

En 2013, todos eran conscientes de que Calcagno pasaba gran parte de su tiempo extramuros entre colmenas y huertos. De ahí que la Prefectura de Asuntos Económicos, que en Oltretevere funciona como Tribunal de Cuentas, enviara una carta pidiendo al cardenal que describiera en detalle la fórmula adoptada por la APSA para la cesión del uso de la propiedad y que explicara cuáles eran las relaciones entre el monseñor y los socios de la San Giuseppe. El presidente redactó su respuesta en una carta fechada el 29 de mayo de 2013. Calcagno se justificaba precisando que, tras varios intentos de dejar la propiedad a terceros que «la utilizaron de forma impropia», y «habiendo constatado que su inscripción directa en la Confederación General de la Agricultura y el pago de la partida del IVA comportaban dificultades para la APSA exponiéndola *prima facie*, se había decidido participar en la constitución de una sociedad tercera», que tiene en comodato no sólo San Giuseppe, sino asimismo Acquafredda. «¿Relaciones familiares entre Giuseppe Calcagno y yo? Con los datos obtenidos en las lápidas del cementerio de Tramontana no se puede establecer un punto de contacto genealógico con el eventual ancestro común [...]. La tarea es ímproba, porque desde finales del siglo XVI la gran mayoría de los habitantes de Tramontana están registrados como Calcaneus de Calcaneis». El monseñor prefiere ignorar que su posible pariente lejano está casado con su sobrina y que, por otra parte, nunca se había dedicado a la agricultura. Revisando los expedientes de la Cámara de Comercio nos enteramos de que Giuseppe Calcagno había sido contratado por una sociedad (Inmobiliaria Aurelia) controlada totalmente por el Instituto Central para el Sostenimiento del Clero, del que el obispo Calcagno es presidente.

Hoy, mientras los peritos e ingenieros agrónomos trabajan, el cardenal se entretiene jugando al apicultor o cultivando plantitas aromáticas. «En la escuela me gustaban las matemáticas», explicaba hace años en una entrevista concedida a la revista *Stampa*. «Tras la muerte prematura de mi padre, mi madre me enseñó a administrar el dinero que conseguía arañar.» Su destino estaba escrito.

### El moralizador derrochador

Francisco no esperaba tal cosa de su mano derecha. En enero de 2015 alguien le remitió todas las partidas de gasto de la recién creada Secretaría de Economía, que Bergoglio había confiado meses antes a George Pell, el cardenal australiano al que habían llamado a Roma para acabar con los usos y hábitos nefastos de la curia vigentes durante el papado de Benedicto XVI. Bergoglio se puso las gafas, estudió la lista, una veintena de páginas llenas de números y facturas, y, cuando llegó a la última página, desconsolado, inclinó la cabeza. Su protegido se había gastado centenares de miles de euros en vuelos en primera clase, trajes a medida, muebles caros y hasta un fregadero de 4.600 euros.

Se trataba de un elenco de gastos enloquecidos que ascendía, en apenas seis meses de actividad de la nueva Secretaría, a un total de medio millón de euros. El prelado venido de Melbourne para regular las cuentas del Vaticano no se ha inmutado por los rumores, y ha respondido secamente a quien le ha criticado que no había que desconfiar y que sólo había adquirido lo necesario para hacer su trabajo. Pero los documentos lo dicen a las claras, y en Oltretevere se han quedado de piedra al ver los gastos consignados por el centro de costes del ministerio (D70000), nacido con el objetivo expreso de moralizar al corrupto clero de Roma. Entre julio de 2014 y enero de 2015, los desembolsos han ascendido, de hecho, a 501.000 euros en ordenadores, gastos de impresión, salarios exorbitantes para amigos de amigos, trajes abonados por el Vaticano, alquileres, billetes de avión, muebles de lujo y tapizados a medida.

No está nada mal para un ente que ni siquiera era operativo (los estatutos se aprobaron el 22 de febrero de 2015) y una oficina que contaba con apenas tres empleados. Si establecemos comparaciones, veremos que el nuevo Consejo de Economía había gastado en el mismo periodo 95.000 euros, menos de una quinta parte, a pesar de constar de quince miembros. Las cifras que publicamos aquí son una paradoja para quien, como Pell, ha instado al resto de cardenales a cargo de los ministerios vaticanos a «reforzar la planificación para que los recursos económicos se destinen a las misiones de la Iglesia atendiendo a criterios de eficiencia y eficacia a partir de una gestión inteligente y razonable», y lo ha hecho a través de un informe interno que lleva por título *Políticas de gestión empresarial*.

Lo primero que hizo George fue premiar a su ecónomo personal, Danny Casey, con una renta de 15.000 euros al mes, libres de impuestos naturalmente. Como monseñor quiere lo mejor para su ecónomo de confianza, la Secretaría ha alquilado una casa por valor de 2.900 euros al mes en la via dei Coronari y ha pagado muebles de calidad para amueblar tanto la oficina como la vivienda. Según los datos que tenemos, se han gastado 7.292 euros en «tapicerías», casi 47.000 euros en «muebles y armarios» (incluido el fregadero de 4.600 euros) y unos 33.000 euros en trabajos varios.

Analizando las cifras de gastos, se descubre que el cardenal (o algunos de sus secretarios) ha incluido hasta las compras realizadas en Gammarelli, sastrería histórica que viste a la curia de la Ciudad Eterna desde 1798. Por lo general, los purpurados pagan

```
HRY82RI                              UFFICIO CONTABILITA'                                    PAG.   1

                          Riepilogo Voci di Spesa per Centro di Costo

                     Parametri:   20140101-20141231/D70000    -D70000    /    -999999999999

Centro di Costo: D70000     SEGRETERIA PER L'ECONOMIA

  P  V. di Spesa      Descrizione                         DARE            AVERE          SALDO

  A  60010100010      RETRIBUZIONI RL/ORDINARIO          96.985,91          0,00        96.985,91
  A  60010100020      BIENNI                             10.095,90          0,00        10.095,90
  A  50010100040      LAVORO STRAORDINARIO                1.635,38          0,00         1.635,38
  A  60010100050      MENSA DI SERVIZIO                   3.400,91        257,19         3.143,72
  A  60010100090      INDENNITA' VARIE                   14.888,71          0,00        14.888,71
  A  60010100135      CONTRIBUTO F.DO PENSIONI           21.416,40          0,00        21.416,40
  A  60010100140      POLIZZE ASS.NE DIPENDENTI              93,26          0,00            93,26
  A  60010100145      ACCANTONAM. LIQUIDAZIONE           13.195,60      1.525,93        11.669,67
  A  60010100175      CONTRIBUTO FAS                      7.097,81      2.038,14         5.059,67
  B  60010300010      COMPENSI ART.10                     9.747,80      6.580,00         3.167,80
  B  60010300011      COMPENSI ART.11                   147.439,69      6.580,00       140.859,69
  B  60010300050      MENSA DI SERVIZIO                     121,51        683,04           561,53-
  E  60010300175      CONTRIBUTO FAS                      1.310,00      1.948,34           638,34-
  N  61010200010      POSTALI                             1.271,95          0,00         1.271,95
  N  61010200030      TELEFONICHE E FAX                   2.823,37          0,00         2.823,37
  N  61010300010      CANCELLERIA ED ECONOMATO            6.079,50          0,00         6.079,50
  N  61010300020      STAMPATI                           12.223,00          0,00        12.223,00
  N  61010400010      MACCHINE UFF.ACQUISTO               8.221,60          0,00         8.221,60
  N  61010500020      ARCHIVIO                              214,45          0,00           214,45
  N  61010600010      TRASFERTE FUORI SEDE                5.750,72      1.885,45         3.865,27
  M  61010800010      CED - ACQUISTO                     24.869,39          0,00        24.869,39
  M  61010800030      CED - MATERIALE DI CONSUMO          2.205,91          0,00         2.205,91
  N  61010900010      VIAGGI                             11.478,42          0,00        11.478,42
  N  61010900020      SOGGIORNI                           4.653,54          0,00         4.653,54
  N  61010900040      ACCESSORIE                         93.299,85          0,00        93.299,85
  N  61011400010      SPESE DIVERSE                          45,76          0,00            45,76
  P  61020100010      PULIZIA                             1.252,00          0,00         1.252,00
  P  61020100020      MANUTENZIONE UFFICI                18.500,66          0,00        18.500,66
  P  61020100040      TRASPORTI E LOCOMOZIONI         ┌──────────┐
                          Totale Centro di Costo:    │522.780,96│   21.498,09       501.282,87
                                                     └──────────┘
```

Los gastos de la Secretaría de Economía dirigida por el cardenal George Pell.

HRY8EDT  UFFICIO CONTABILITA'  PAG. 2

Dettaglio Voci di Spesa per Centro di Costo

Parametri: 20150101-20151231/D70000  -D70000 / -999999999999

Centro di Costo: D70000  SEGRETERIA PER L'ECONOMIA

| Data Reg | N.Reg. P | V. di Spesa | Descrizione | | DARE | AVERE | SALDO |
|---|---|---|---|---|---|---|---|
| 08/01/2015 | 010328782N | 610109000010 | VIAGGI | LORD PATTEN CHRISTOPHER BG AEREO LONDRA ROMA LOND RA DEL 25.1.2015 RS 509897 DIC. 700 | 1.133,58 | 0,00 | |
| 08/01/2015 | 010328783N | 610109000010 | VIAGGI | DR. YONGBOON GEORGE BG AEREO ROMA TAIPEI DEL 05.3.2015 RS 509898 DIC. 700 | 2.400,74 | 0,00 | |
| 08/01/2015 | 010328784N | 610109000010 | VIAGGI | DOTT. YONGBOON GEORGE BG AEREO ROMA HONG KONG R OMA DEL 28.1.2015 RS 509099 DIC. 700 | 2.769,37 | 0,00 | |
| 08/01/2015 | 010328785N | 610109000010 | VIAGGI | DOTT. YONGBOON GEORGE BG AEREO LONDRA ROMA DEL 25.1.2015 RS 509900 DIC. 700 | 884,60 | 0,00 | |
| | | | Totale Voce di Spesa: | | 7.188,29 | 0,00 | 7.188,29 |
| 23/01/2015 | 010330134N | 610114000010 | SPESE DIVERSE | BIERRE FT.13A 20/01/2015 FORNITURA casey sottoclave llo prot.044625 | 4.600,00 | 0,00 | |
| | | | Totale Voce di Spesa: | | 4.600,00 | 0,00 | 4.600,00 |
| | | | Totale Centro di Costo: | | 59.660,88 | 711,74 | 58.949,14 |

```
HRY$EDT                              UFFICIO CONTABILITA'                                      PAG.   23

                               Dettaglio Voci di Spesa Per Centro di Costo

                                  Parametri:    20140101-20141231/D70000      -D70000    /     -9999999999999


Centro di Costo: D70000    SEGRETERIA PER L'ECONOMIA
 Data Reg     N.Reg. P  V. di Spesa   Descrizione                                 DARE              AVERE         SALDO

31/07/2014010309440N  610114000010   SPESE DIVERSE   BIERRE FT 106A/2014 DEL      36.970,00           0,00
                                                     31/07/14 arredi/opere per
                                                     appartamento Danny Casey
                                                     D700

09/09/2014010314555N  610114000010   SPESE DIVERSE   NOTA SPESE UFFICIO STATO         78,00           0,00
                                                     CIVILE ANAGRAFE E NOTARIA
                                                     TO D700

11/09/2014010314722N  610114000010   SPESE DIVERSE   BIERRE SRL FT. 130A/2014         95,85           0,00
30/09/2014010318577N  610114000010   SPESE DIVERSE   24/09/14 D700 FORNITURA A     3.277,00           0,00
                                                     RREDI DOTT.DANNY CASEY

20/10/2014010318607N  610114000010   SPESE DIVERSE   LILLI ROMOLO TAPPEZZERIA      3.632,00           0,00
                                                     FT 18/14 DEL 10/10/2014
                                                     PROT.038832 D700 FORNITUR
                                                     A ARREDI PER DANNY CASEY

21/10/2014010318847N  610114000010   SPESE DIVERSE   G.eC.IMPIANTI TECNOLOGICI       620,00           0,00
                                                     FT.630/14 DEL 21/08/14
                                                     PROT.037175

04/11/2014010320433N  610114000010   SPESE DIVERSE   Falegnameria Fiorelli ft.        15,00           0,00
04/11/2014010320439N  610114000010   SPESE DIVERSE   45 20/10/14 D700 Proc.039        30,00           0,00
18/11/2014010322090N  610114000010   SPESE DIVERSE   631 per lavori su apparta        90,00           0,00
09/12/2014010324262N  610114000010   SPESE DIVERSE   mento Danny Casey Via Cor      400,00           0,00
                                                     ridori 48 int.

31/12/2014010327670N  610114000010   SPESE DIVERSE   BIERRE ARREDAMENTI FT 169       693,00           0,00
                                                     A/14 15/12/14 D700 PROT.0
                                                     42372

30/12/2014010329890N  610114000010   SPESE DIVERSE   CONGREGAZIONE EVANGELIZZA    33.550,00           0,00
                                                     ZIONE POPOLI RIMBORSO FAT
                                                     TURE DITTA G.GLOBAL SER
                                                     VICE N. 30 DEL 22.5.14
                                                     N. 40 DEL 03.7.14
                                                     N.42 DEL 15.7.14
                                                     N. 64 DEL 13.10.14 PER LA
                                                     VORI APP.TO VIA CONCILIAZ
                                                     IONE 34 SCALA 5 INT. 4
                                                     DOTT. CASEY
```

HRYBEDT  UFFICIO CONTABILITA'  PAG. 22

Dettaglio Voci di Spesa per Centro di Costo

Parametri: 20140101-20141231/D70000   -D70000 /   -999999999999

Centro di Costo: D70000   SEGRETERIA PER L'ECONOMIA

| Data Reg | N.Reg. P | V. di Spesa | Descrizione | | DARE | AVERE | SALDO |
|---|---|---|---|---|---|---|---|
| 30/05/20140101030717N | 610109000040 | ACCESSORIE | NOTULA 958R 03.07.14 DOMO S SANCTAE MARTHAE D700 | 408,00 | 0,00 | |
| 09/09/20140101314553N | 610109000040 | ACCESSORIE | FT.14000004 24.07.14 DIR. SERV.ECONOMICI COFFEE BRE AK 14.04.14 D700 | 80,50 | 0,00 | |
| 10/09/20140101314633N | 610109000040 | ACCESSORIE | FT.7.90123 31.07.14 SEREN ISSIMA RISTORAZIONE S.P.A D700 | 180,00 | 0,00 | |
| 31/10/20140101321981M | 610109000040 | ACCESSORIE | FATT. 1199 DEL 30.9.2014 FOND.OPER ANTONIANE IL CANTICO DIC. 700 | 630,00 | 0,00 | |
| 09/12/20140101324277M | 610109000040 | ACCESSORIE | LA NUOVA BP SRL S.DO FT. 65A/2014 DEL 26/11/14 | 120,00 | 0,00 | |
| 11/12/20140101330135M | 610109000040 | ACCESSORIE | NOTULA 1522R 11.12.14 DOM US SANCTAE MARTHAE D700 | 731,50 | 0,00 | |
| | | | Totale Voce di Spesa: | 2.461,96 | 0,00 | 2.461,96 |
| 31/03/20140101302468N | 610114000010 | SPESE DIVERSE | FATET 136 DEL 27.3.2014 GAMMARELLI ANNIBALE DIC. 700 | 1.254,50 | 0,00 | |
| 02/05/20140103040007M | 610114000010 | SPESE DIVERSE | LA NUOVA BP ft 18A/14 02/05/14 D700 Sala Bologn a Catering | 480,00 | 0,00 | |
| 30/06/20140103305143M | 610114000010 | SPESE DIVERSE | FATT. 267 DEL 17.6.2014 GAMMARELLI ANNIBALE DIC. 700 | 768,00 | 0,00 | |
| 21/07/20140103094137M | 610114000010 | SPESE DIVERSE | LILLI ROMOLO TAPPEZZERIA FT.15 del 21/07/14 D700 arredi/opere per casa del dott.Danny Casey | 3.660,00 | 0,00 | |
| 14/07/20140103094388N | 610114000010 | SPESE DIVERSE | FALBONAMBLA FIORELLI FT 14/07/14 D700 ARREDI/O PERE PER CASA DI DANNY CA SEY | 1.200,00 | 0,00 | |
| 22/07/20140103094393N | 610114000010 | SPESE DIVERSE | BIRRE FT 98A/2014 DEL 22/07/14 arredi/opere per appartamento Danny Casey D700 | 6.000,00 | 0,00 | |

de su bolsillo sotanas y birretas, pero en esta ocasión la Secretaría ha pagado facturas de ropa por valor de 2.508 euros.

El nuevo *boss* del Vaticano tampoco ha ahorrado en viajes. El «*Ranger*», para ir de Roma a Londres el pasado 3 de julio, ha gastado 1.103 euros; un precio de primera clase. El cardenal no renuncia al lujo ni cuando viaja. A los cuatro días se hizo reembolsar por su ministerio el valor de un vuelo de Roma a Dresde, en Alemania, que había costado 1.150 euros, y otro a Mónaco por valor de 1.238. En septiembre de 2015, la Escuela de la Anunciación de Devon, que ha convertido en su «patrono» a este ultraconservador, hubo de pagar 1.293 euros por su viaje a Londres. Pell y Casey viajan en primera hasta cuando van a Malta a pedir consejo al financiero Joseph Zahra. Todos los hombres en la órbita del cardenal viajan en primera clase, desde lord Cristopher Patten (expresidente de la BBC encargado de reformar las comunicaciones de la Santa Sede) hasta el industrial de Singapur George Yeo, miembro de la Comisión para la Reforma del Vaticano. Desde la secretaría alguien ha intentado hacerle ver, al parecer con escaso éxito, que en el Vaticano «quien predica bien, debe saber aún mejor cómo parecer honesto».

Aunque el zar encargado de la supervisión de los gastos gaste más dinero del previsto, los resultados de sus actos tardan en manifestarse. Hay muchas envidias entre colegas, mucha resistencia también, por no hablar de los legendarios tiempos bíblicos de la curia, y todo el mundo sabe que los jefes de los antiguos dicasterios se resisten a renunciar a sus privilegios. Sin embargo, las meteduras de pata del australiano tienen mucho peso. El prelado no sólo ha irritado a la jerarquía hablando de presuntos «tesorillos» ocultos al margen de los balances de la Santa Sede, sino que es, además, un objetivo fácil debido al escándalo de los sacerdotes pederastas australianos.

«Con Pell, Bergoglio ha cometido un gran error», se repite una y otra vez a la sombra de los sagrados muros. «Ya habíamos llamado su atención sobre la investigación de la pedofilia en Australia y él hizo caso omiso. Ahora, mientras el papa ha mandado arrestar al exnuncio polaco Józef Wesołowski acusado de pedofilia (fallecido a finales de agosto de 2015), tenemos a Pell comparando a los sacerdotes desequilibrados con camioneros que abusan sexualmente de los autoestopistas. Resulta embarazoso.»

El exobispo de Melbourne y Sidney (al que Bergoglio ha querido tener en el C9 –el grupo de los «magníficos» cardenales cuya función es aconsejar al pontífice en los asuntos del gobierno de la Iglesia universal– y al que luego nombró prefecto del nuevo superministerio que administrará todas las finanzas del Vaticano) fue interrogado en agosto de 2014 por la comisión de investigación creada por el Gobierno de Canberra para indagar en torno a miles de casos de abusos sexuales a niños perpetrados por sacerdotes, eclesiásticos y otras personas como maestros de escuela y profesionales. Pell llevaba tiempo en la mira de los jueces debido a ciertas decisiones que tomó siendo arzobispo, y por el sistema de compensaciones que introdujo a partir de 1996, el llamado «Melbourne Response», que establecía un protocolo con el que la diócesis debía hacer frente a todo caso de pedofilia que se presentara.

«En realidad, era un sistema pensado para mantener a las víctimas bajo control, acabar con los abusos y proteger a la Iglesia», ha explicado la investigadora y editorialista Judy Courtin, quien, al igual que muchos otros observadores, considera que Pell, con sus actos, no ayudaba ni supervisaba a nadie, sino que «minimizaba los delitos, ocultaba la verdad, manipulaba, intimidaba y se aprovechaba de las víctimas». Lo cierto es que, en un estudio realizado por el abogado australiano Kieran Tapsell, se demuestra que, por término medio, las familias que han aceptado el sistema de Pell sólo han percibido 33.000 dólares australianos (unos 22.000 euros), mientras que a quienes se ha hecho justicia en los tribunales ordinarios, han conseguido indemnizaciones mucho más altas, de cerca de 382.000 dólares.

Cuando hubo de responder de su operación, Pell se justificó comparando a los sacerdotes con camioneros y a la Iglesia con una empresa de transporte: «No creo que desde el punto de vista jurídico se pueda considerar responsable a una empresa de transporte de los actos de sus conductores», una frase que no gustó ni a las víctimas que se encontraban entre la audiencia, ni a los periódicos de medio mundo (los italianos son una excepción, pues no han escrito ni una línea sobre la cuestión), y que provocó una enorme polémica.

Como las personas objeto de abuso por los sacerdotes australianos han firmado cartas en las que hablan de «vergüenza y ultraje», Tapsell plantea la hipótesis de que el cardenal sólo quisiera proteger el dinero de la diócesis, «oculto en un *trust* dedicado a las operaciones inmobiliarias», de posibles indemnizaciones millonarias ordenadas por los jueces.

Las primeras controversias surgidas en torno a la figura de Pell se remontan a hace diez años. En 2003, cuando Juan Pablo II decidió otorgarle la púrpura, muchos lo desaprobaron abiertamente. Pell era un ultraconservador, un orador nato muy irónico, pero unos meses antes no había tenido más remedio que renunciar a su cargo de arzobispo tras haber sido acusado de abusar sexualmente de un niño de doce años. Una infamia de la que fue absuelto en 2002 por falta de pruebas. Pero hay más. En 2008, otra presunta víctima inculpó al cardenal de haber encubierto a un sacerdote abusador (un programa dedicado al periodismo de investigación de la televisión nacional ABC hizo públicas algunas cartas muy embarazosas firmadas por Pell), y los progresistas recordaron que el prelado, excampeón de fútbol australiano, ya había sido llevado ante los tribunales por un exmonaguillo, John Ellis. En 2007, los abogados del cardenal hubieron de admitir los abusos cometidos por un sacerdote ya fallecido, pero lograron convencer al tribunal de apelación de que «la Iglesia no existe como entidad jurídica». La causa costó a la diócesis de Pell la bonita suma de 750.000 dólares, pero la sentencia ha permitido a la Santa Sede ahorrarse millones de dólares en indemnizaciones.

No es fácil derrotar a alguien como Pell. Es astuto, inteligente y hábil, hijo de un camarero de Ballarat, una ciudad de 80.000 almas a 100 kilómetros de Melbourne. Es afable con todo el mundo (capacidad adquirida sirviendo bebidas alcohólicas tras la barra del pub familiar) y de niño sobrevivió a un tumor en el cuello. Con los años se apasionó por el fútbol australiano, el remo y el boxeo. Empezó a frecuentar el seminario en 1960, después estuvo en Oxford, donde obtuvo un doctorado en Historia de la Iglesia. Fue en 1996 cuando dio el gran salto, al ser nombrado (por voluntad de la jerarquía vaticana, que apreciaba su intransigencia en temas doctrinales) obispo de Melbourne. Saneó las cuentas de la diócesis con la ayuda de su ecónomo de confianza, Danny Casey, a quien ha llevado consigo a Roma, y con el paso de los años se dio a conocer realizando declaraciones sorprendentes relacionadas con los sacerdotes («La culpa es del celibato y de la difusión de la pornografía»), el islam («Es una religión belicosa por naturaleza») o las ásperas críticas vertidas contra Benedicto XVI cuando dejó su cargo. Pero lo que llevó el nombre de Pell a los titulares de la prensa anglosajona fueron las investigaciones realizadas por la comisión especial: antes de los juicios, muchas víctimas sacaron a relucir su forma de ser brusca e intransigente. Anthony Foster, padre de dos niñas de las que abusó un sacerdote (una se suicidó y la otra se encuentra en una silla de ruedas tras un incidente ocurrido por culpa del alcoholismo), fue uno de ellos y describió a Pell como un hombre con «una falta sociopática de empatía».

Así las cosas, el niño que en los sueños de su padre iba a llegar a ser un gran médico o abogado, decidió que había llegado el momento de abandonar el hemisferio sur. En 2010 intentó que lo trasladaran a Roma por primera vez, tras pedir a Ratzinger que le nombrara prefecto de la Congregación de Obispos. Pero la operación fracasó y, cuando llegó Francisco, el exdeportista jugó sus cartas ante el nuevo papa, presentándose como un experto en finanzas capaz de poner orden en la Babel vaticana. Tras los escándalos, su plan de refundación del IOR y la APSA convenció a Bergoglio, quien lo convirtió en su mano derecha.

La última piedra en el camino de Pell surgió a principios de 2015: el cardenal, amante del buen vino, no había actuado como un buen cristiano cuando era obispo de Melbourne. Había negado enérgicamente las acusaciones de las víctimas y ofrecido indemnizaciones ridículas en las causas civiles. «Al actuar así, Pell quería evitar que otros potenciales querellantes llevaran a la Iglesia a juicio por abusos sexuales», se lee en el informe preliminar de la Comisión Nacional de Investigación sobre la Pedofilia creada por el Gobierno australiano. «El obispo no actuó con justicia desde el punto de vista cristiano. La archidiócesis ha preferido proteger su patrimonio a ser justa y compasiva». Peter Saunders, un laico irlandés del que abusaron cuando era niño, miembro de la nueva Comisión Pontificia para la Tutela de los Menores por deseo expreso de Francisco, también atacó a Pell. «Personalmente creo que la situación de Pell es insostenible, porque ya tenemos todo un catálogo de sus mentiras. Ha denigrado repetidamente a las personas, actuando con la insensibilidad y la dureza de corazón propias de un sociópata». Un obispo retirado, Geoffrey Robinson, citado a declarar en los juicios australianos a finales de agosto de 2015, explicó que, en Australia, no es ya que los abusos se silenciaran sistemáticamente y que los sacerdotes sospechosos fueran trasladados de una parroquia a otra, sino que Pell, al crear la «Melbourne Response», había «destruido» la posibilidad de que la Iglesia diera una respuesta unitaria a los escándalos de abusos sexuales denunciados en el país. Pell no ha viajado a Australia para responder a las declaraciones juradas de testigos y víctimas. Envió un comunicado de prensa en el que negaba haber estado implicado en asuntos de pedofilia o haber encubierto a sacerdotes que lo estuvieran. «El suicidio de tantas víctimas es una tragedia enorme, estos delitos cometidos por curas y frailes expresan una profunda maldad y me resultan completamente repugnantes.»

Es improbable que Pell pierda el cargo de prefecto de la Secretaría de Economía. Y es imposible que sea interrogado por el tribunal vaticano, al que Francisco ha otorgado recientemente más poderes para perseguir a los obispos encubridores. No sólo porque en Roma nadie ha acusado formalmente a Pell, sino porque fue Bergoglio en persona quien le ascendió y le hizo parte del C9 primero y prefecto del nuevo dicasterio después. Tras su investidura resulta difícil para la Iglesia dar marcha atrás: las reacciones, incluso de los medios, podrían ser devastadoras.

Don 500 euros

En Salerno, donde nació y creció, le llaman «Don 500 euros». En Roma, donde ha estado preso unas semanas en la cárcel de Regina Coeli, los carceleros le llaman el «Paul Marcinkus de Noantri». Pero el mejor chascarrillo sobre Nunzio Scarano, contable de la APSA hasta finales de 2013, monseñor de oficio y mediador por *hobby*, fue cosa del papa Francisco, quien dijo en el avión volviendo de un viaje a Brasil: «¿Acaso pensabais que Scarano ha acabado en la cárcel por parecerse a la beata Imelda?», en irónica referencia a la niña boloñesa que murió en éxtasis en el siglo XIV tras haber recibido la eucaristía. «Tener un sacerdote en prisión es un escándalo y hace mucho daño.»

Las desventuras de don Nunzio, el primer prelado de la curia que ha acabado en una cárcel italiana, hoy en libertad y sometido a juicio tanto en Roma como en su Salerno natal, son un buen ejemplo de la pasión por el dinero que de vez en cuando embarga a los hombres temerosos de Dios. Hasta los magistrados han señalado el revés moral que supone una historia como ésta. «Resulta alarmante», escribía la juez encargada de las investigaciones preliminares de Salerno, Dolores Scarone, «que un alto prelado del Vaticano, un hombre de Iglesia cuya forma de actuar en sociedad debería estar inspirada, por obra de la misma Iglesia de Roma, en los valores de la honestidad, la verdad, la humildad y la pobreza, cometa actos ilícitos de tanto alcance, basados en el engaño y el artificio».

Todo lo contrario. De los procesos paralelos, centenares de escuchas telefónicas y la rogatoria internacional formulada por los jueces leoninos a sus colegas italianos (petición nunca antes formulada en la historia judicial de Italia y el Vaticano), se deduce el perfil de un especulador de récord Guinness, amante del dinero y de la buena vida, con conocidos poco presentables y una pasión desenfrenada por los inmuebles. El sacerdote no sólo ha mediado con agentes de bolsa y 007 infieles para meter ilegalmente en Italia 20 millones de euros depositados en bancos suizos (según los investigadores se trataría del dinero de los armadores de la Campania Paolo y Cesare D'Amico), sino que también ha blanqueado centenares de miles de euros para cancelar una hipoteca que pesaba sobre su principesca mansión del centro de Salerno. Según el tribunal de revisión de Roma, don Nunzio es un «delincuente consumado», con una personalidad caracterizada por «actitudes delictivas», «capaz de dirigir hombres, instituciones y gestiones en beneficio propio».

Pero ¿cómo ha podido un sujeto así, imputado (en espera de juicio y, por lo tanto, inocente mientras no se demuestre lo contrario) por corrupción, blanqueo, calumnias y fraude, haber hecho carrera en el Vaticano? ¿Cuándo se convirtió Nunzio en «Don 500 euros», saltando de los muebles de lujo, Mercedes y casas de ensueño a la nómina de capellán de Su Santidad y contable de la APSA, y quedando a unos pocos pasos de ser nombrado arzobispo? Empecemos por el principio. Quien conoce a Scarano de cuando era pequeño lo ha descrito como un niño ambicioso pero de carácter más bien frágil. Nunzio nació en Salerno en 1952. Como era de familia humilde y numerosa, el niño entendió rápidamente que las casas populares no estaban hechas para él. «Así que se licencia, obtiene su título, se convierte en profesor ayudante en la universidad y luego encuentra trabajo como empleado en el Banco de América y de Italia», cuenta su abogado Silverio Sica.

Pero a Scarano no le basta ese empleo digno y bien pagado. Quiere subir todos los escalones de la pirámide social, quiere llegar a la cima y no quedarse a mitad de camino. Gracias a sus excelentes relaciones con una de las familias más ricas y poderosas de la ciudad, la de los armadores D'Amico, empieza a frecuentar a la *jet-set*. Los hombres de negocios, empresarios, notarios y abogados de Salerno son todos amigos suyos, frecuenta los mejores salones y las fiestas más exclusivas. «Pasé con los D'Amico mi primera juventud», escribió Scarano al papa en una carta en la que intentaba justificar sus actos. En Salerno se decía que había sido el mismo Antonio, fundador de la naviera, quien había estrechado lazos con Nunzio cuando este último apenas era un adolescente. A los 30 años, Scarano empieza a tener buenos contactos con peces gordos de la curia salernitana, sobre todo con Renato Raffaele Martino, cardenal y director del Consejo Pontificio de la Justicia y de la Paz, hoy cardenal protodiácono de la Santa Iglesia Romana y miembro de la Fundación Juan Pablo II. Los dos estarán muy unidos durante años.

Por influencia de Martino o quizá por vocación propia, a los 35 años Scarano decide cambiar de vida, dejar su puesto en la banca y vestir la sotana. A mediados de la década de 1980 se traslada a Roma para tomar sus votos y queda prendado por la gran belleza de la capital. Tras su ordenación, envían a Nunzio a Éboli, al duro barrio de Santa Cecilia. Pero, poco tiempo después, las homilías y bendiciones en provincias le empiezan a aburrir: aunque Cristo se paró en Éboli, Scarano quería volver a Roma lo antes posible. A la sombra de la cúpula de San Pedro había estudiado Teología, conocido a miembros de la aristocracia papal y visto los majestuosos palacios vaticanos. Echaba de menos la buena vida y pidió al obispo Martino que le echara una mano. Gracias a los contactos del amigo, que siempre apreció su habilidad como contable, entró en la APSA en 1992 como responsable técnico de primera categoría. El sueldo, aunque libre de impuestos, no era gran cosa: unos 2.000 euros al mes.

A partir de ese momento el trote se convierte en galope y su sentido de los negocios se va afinando. El elenco de los bienes hallados por la Guardia di Finanza durante la investigación sobre el presunto blanqueo de dinero es impresionante: 2,2 millones de euros depositados a nombre del religioso en una cuenta del IOR dividida en diez subcuentas, otros 938.000 euros depositados en dos cuentas de la agencia Unicredit situada junto a la plaza de San Pedro, más un patrimonio inmobiliario digno de las mil y una noches. En 1999, el monseñor nacido en una casa popular decidió que había llegado el momento de comprarse un piso en el centro de Salerno, donde vive esa rica burguesía a la que frecuenta en cócteles y cenas. De manera que eligió una residencia a diez metros de la catedral, un palacete de dos plantas y diez habitaciones con techos de cinco metros de altura, propiedad de un instituto vaticano, el de las Hermanas Pequeñas Obreras de los Sagrados Corazones. Scarano hace un negocio redondo: el piso de via Romualdo II Guarna tiene «un gran interés histórico-artístico» (hasta el punto de que el Ministerio de Bienes Culturales ostenta el derecho de prelación) y se quedó con él a cambio de 300 millones de las antiguas liras: unos 150.000 euros.

Este sacerdote parece tener más fe en el ladrillo que en los sermones. En julio de 2006 se gastó otros 325.000 euros en una casa más pequeña; seis meses después adquiere un garaje en via Sant'Ermita y en 2010 invierte 1,2 millones de euros en agrandar su casa, que llega a abarcar unos 800 metros cuadrados. Scarano seguía sin estar satisfecho y decidió invertir en tres inmobiliarias, negocio al que se lanzó con sus parientes y primos. La idea era comprar y vender doce chalets en Paestum, para luego invertir en el Crescent, el gran hotel junto al paseo marítimo que tanto gustaba al exalcalde Vincenzo De Luca. La existencia del proyecto se verificó por medio de escuchas telefónicas: en junio de 2012, Scarano explicaba a su amigo de toda la vida, don Luigi Noli, que por volver a introducir en el país el dinero de los D'Amico (investigados en Roma por evasión fiscal) había cobrado una comisión de 2,5 millones de euros. «Me temo que los quiero para hacerme con su casa», explica por teléfono. «¡He dicho dos y medio porque uno se va a Paestum y el otro se va por ahí!» El caso es que don Noli, párroco de Palidoro, un pueblo del municipio de Fiumicino, que se definía como «uno» con Don 500 euros, ha acabado en arresto domiciliario, acusado de haber ayudado a su compañero a blanquear el dinero de los armadores.

«Scarano es una persona inquietante, prelado de rango y formalmente hombre de Iglesia del Vaticano, aunque se dedique a la vida mundana», se maravillaba la juez de instrucción de Salerno, estupefacta cuando descubrió que el sacerdote distribuía alimentos destinados a la caridad entre amigos y parientes («da a mamá los tomates enlatados, el aceite y el vino», ordenó Nunzio a un amigo). Pero los jueces quedaron impresionados, sobre todo, por los objetos que encontraron en la principesca casa del monseñor: muebles caros, reliquias, cuberterías, joyas de bronce y pedrería, esculturas, columnas y cuadros, plata y alfombras orientales. En la prensa de 2013 y 2014 también se habla de piezas de Chagall, Guttuso, De Chirico y de un crucifijo de Gian Lorenzo Bernini, pero el teniente coronel Massimo Rossi, del Grupo para la Tutela del Patrimonio Arqueológico de la Guardia di Finanza, explicaba que no es oro todo lo que reluce: «Hemos pedido su opinión de expertos a los mejores especialistas italianos y, en muchos casos, se trata de reproducciones o litografías». En total, entre inversiones, casas y obras de arte, el patrimonio financiero de Don 500 euros ascendía a unos 6,5 millones de euros.

¿Cómo pudo el párroco esconder bajo el colchón una suma tan considerable, cuando entre 2007 y 2012 la renta que declaraba oscilaba entre los 6.000 y 8.000 euros al año (a lo que hay que sumar unas dietas de 30.000 euros netos al año concedidas por el Vaticano)? Puede que no se hubiera descubierto el secreto del sacerdote si Nunzio no se hubiera traicionado a sí mismo debido a su pasión por el arte.

En enero de 2013, tras sufrir el robo de algunas obras, Scarano fue corriendo a denunciar un robo de cuadros y objetos preciosos por un valor estimado «de entre 5 y 6 millones de euros». Los militares tardaron poco en darse cuenta de la desproporción existente entre el sueldo del pastor y su gran capacidad económica. Los Carabinieri y la Guardia di Finanza empezaron a indagar sobre los orígenes de este patrimonio y lo descubrieron todo. En primer lugar, que «la increíble provisión del padre proviene, casi en su totalidad, de fondos aportados por los armadores D'Amico». Tras analizar las cuentas corrientes del IOR, los investigadores comprendieron que Paolo, Cesare, Maurizio y Maria Cristina

D'Amico hacían llegar dinero al sacerdote. Por término medio se ingresaban unos 100.000 euros al mes, bien como bonificaciones personales, bien a través de sociedades *offshore* como la Keats Trading y la Interbroker de las Islas Vírgenes británicas, o la Lennox Maritime y la Cherry Blosom, dos sociedades fantasma «cuya existencia desconocía totalmente el Estado, pues no figuraban en las principales bases de datos de sociedades a nivel mundial», afirmaron los jueces en 2014: «De ahí que no sólo no sepamos nada de su estructura, sino que en realidad desconocemos su existencia». Se sospecha que D'Amico, que en diez años ha transferido a las cuentas de Don 500 euros unos 3,2 millones, usaba la cuenta de Scarano, no para obras de beneficencia, como ha intentado justificarse, sino para blanquear dinero fruto de la evasión fiscal. A título informativo, cada vez que llegaba un ingreso sospechoso, Nunzio le decía al funcionario encargado del IOR: «El dinero proviene de un primo mío de América». Con eso bastaba para tranquilizar al funcionario y saltarse los controles.

La Guardia di Finanza ha descubierto, en efecto, no sólo el intento (fallido) del sacerdote de transferir de cuentas suizas 20 millones de euros, cuyos titulares eran los empresarios, sino también el blanqueo de 588.000 euros que el religioso retiró en efectivo de la misma cuenta y que utilizó para pagar un crédito hipotecario que una sociedad suya había contratado con Unicredit dos años antes. Un préstamo, está claro, acordado para acumular más propiedades y ampliar, así, su patrimonio inmobiliario.

Para blanquear el botín, Scarano, según la acusación, acudió a una cincuentena de amigos y conocidos, entre ellos baronesas, empresarios del sector lácteo, familiares y comerciantes de congelados, que están siendo investigados por blanqueo de dinero. Nunzio pagaba a cada uno 10.000 euros en metálico, mientras que ellos le entregaban un cheque por el mismo valor, a modo de certificado de la donación. Se trataba de una especie de giro: las falsas «donaciones» llegaban luego al IOR, a la cuenta gestionada por Nunzio, denominada «Fondo ancianos». La acusación también está considerando las adquisiciones de las propiedades como operaciones de lavado dinero.

Don 500 euros lo ha perdido todo. Se ha puesto fin a su triunfante escalada social y ahora, con 61 años, se encuentra en lo más bajo de la pirámide. Los viejos amigos de Salerno le hacen el vacío («No hablo con él desde 2004, se hacía pasar por nieto mío», afirma el arzobispo Moretti), sus cuentas del IOR (donde Nunzio conocía bien tanto al director Cipriani como al vicedirector Tulli) han sido congeladas, la APSA lo ha cesado de su cargo. Los nobles romanos y los poderosos, de quienes recibió ayuda y halagos, le vuelven la espalda. «Jamás he blanqueado dinero sucio ni robado, sólo he intentado ayudar a quien lo necesitaba», explica al papa en una carta desde la cárcel, en la que relata que sus ahorros en el IOR han servido para «construir un centro para enfermos terminales». Bergoglio no le cree y –por lo que sabemos– jamás le ha respondido. Mientras tanto, en abril de 2015, los jueces de la sección segunda del Tribunal Penal han revocado su arresto domiciliario, admitiendo la petición avanzada por la defensa. En espera del fallo definitivo, la única obligación que ha de cumplir Scarano es la de no salir de Salerno.

El lado oscuro del héroe

Si Scarano es el emblema mediático del sacerdote corrupto, Carlo Mario Viganò es, en lenguaje llano, un superhéroe. Un monseñor sin mácula ni temor, el purpurado que en el verano de 2011 tuvo el coraje de desafiar al todopoderoso Tarcisio Bertone y denunciar la corrupción rampante dentro del Vaticano con graves acusaciones vertidas en dos cartas, dirigidas al secretario de Estado y a Benedicto XVI, que se hicieron públicas gracias a los «cuervos» que entregaron una copia a los periodistas en algún momento entre finales de 2011 e inicios de 2012. Se trata de alegaciones –véase el capítulo precedente– que relataban con detalle maquinaciones en perjuicio suyo, contratos inflados, facturas falsas y malversaciones de colegas y enemigos, en vez de elogios y aplausos le han costado a Viganò un exilio forzoso en Estados Unidos, donde todavía hoy monseñor es nuncio apostólico; una prestigiosa poltrona en una sede importante, aunque Viganò, entonces secretario general del Governatorato, esperaba que su trabajo fuese premiado con su nombramiento como gobernador (en sustitución de Giovanni Lajolo), paso previo a la promoción a cardenal. Con objeto de convencer al papa para que cambiara de idea e impidiese su marcha, que le comunicó Bertone, el 7 de julio de 2011 el arzobispo tomó lápiz y papel, y le escribió palabras muy sentidas a Benedicto XVI: «Santísimo Padre, [...] en otras circunstancias esta elección habría sido motivo de alegría y señal de gran estima y confianza en mi persona, pero en el contexto actual será percibida como un juicio de condena de mi conducta y, por tanto, como un castigo [...]. Luego, teniendo que hacerme cargo yo mismo de un hermano sacerdote más anciano, muy afectado por un ictus que lo está debilitando de forma progresiva, también en lo mental, me angustia mucho tener que marcharme precisamente ahora, cuando pensaba que en pocos meses resolvería este problema familiar que tanto me preocupa». La solicitud no fue atendida y algunas semanas después Viganò fue obligado a tomar un vuelo de ida a Washington. Para sustituir a Lajolo, Ratzinger eligió a monseñor Giuseppe Bertello, a quien también Francisco confirmó como gobernador del Estado de la Ciudad del Vaticano.

Ahora bien, como el hábito no hace al monje, nuestro moralista solitario no es lo que parece. «Viganò tiene un lado oscuro y un pasado turbio», repiten los más allegados a Bergoglio, a quien desaconsejan que lo vuelva a llamar a los santos palacios romanos. Son demasiadas, según le han explicado al papa, las incongruencias de sus antiguas denuncias, archivadas por una comisión especial como falsas e indemostrables. Resulta inquietante, sobre todo, que el hermano de Viganò, Lorenzo, el jesuita enfermo del que el cardenal asegura debía ocuparse, lo haya desmentido de manera clamorosa. «Mi hermano ha dado falso testimonio al papa», explica el anciano biblista en una entrevista al *Corriere della Sera* en marzo de 2013, en la que subrayaba que reside desde hace décadas en Chicago y que desde 2009 no tiene relación alguna con su hermano. «Es cierto que en 1996 sufrí un ictus, pero poco tiempo después me recuperé. Carlo Maria no sólo no se ocupó de mí "personalmente", sino que además nuestra relación ya llevaba rota un tiempo» a causa de disputas en torno a la herencia, que condujeron a un cruce de denuncias penales y civiles. «Tras la muerte de mi hermano Giorgio, que gestionaba correctamente el patrimonio de los Viganò, he descubierto que Carlo Maria había cedido propiedades comunes y que a mí me había dejado las migajas, la calderilla», afirma don Lorenzo en una segunda entrevista concedida al periódico *Il Giornale*. «Mi hermano me ha robado varios millones de euros, aprovechándose de un antiguo poder notarial, y ha hecho y deshecho a su gusto.» Si monseñor había denunciado a la hermana preferida de Lorenzo, Rosanna, por circunvención de incapaz[*] (una acusación archivada poco después), Lorenzo a su vez lo denunció por extorsión y apropiación indebida (también archivada), abriendo una causa civil en el Tribunal de Milán, cuyo trámite sigue en curso. «Me parece muy grave que Carlo Maria haya mentido al papa y que me haya instrumentalizado con fines personales: nunca he estado en Roma con él, excepto tres meses en 1998.» El nuncio hasta ahora jamás ha contestado a las declaraciones del hermano, ni a la investigación que el vaticanista Ingrao publicara en *Panorama* en marzo de 2014, donde resultaban evidentes otros profundos desacuerdos entre Carlo Maria y su hermana Rosanna, también en este caso por cuestiones relacionadas con el vil dinero.

«Pero ¡ay de vosotros, los ricos!, porque habéis recibido vuestro consuelo. ¡Ay de vosotros, los que ahora estáis hartos!, porque tendréis hambre. ¡Ay de los que reís ahora!, porque tendréis aflicción y llanto», dice Jesús en el Evangelio de San Lucas. El dinero,

---

[*] Fraude cometido sobre menores o personas con discapacidad necesitadas de especial protección. *[N. de los T.]*

para los Viganò, en verdad parece haber sido una maldición. Descendientes de una riquísima familia de Varese que poseía negocios en el sector del acero, los ocho hermanos le encargan, primero, a Giorgio y, luego, a Carlo Maria la gestión del dinero *pro indiviso*. Se trata de decenas de millones de euros. Durante los primeros años, todo parece ir sobre ruedas, hasta que una serie de decisiones del arzobispo levantan las sospechas de algunos familiares. Se pusieron en contra del moralista, en primer lugar, Lorenzo («Mi hermano quería que hiciera testamento a favor de mi sobrino, monseñor Polvano. Otra veces quería ponerlo todo a nombre de una sociedad, porque, según decía, "si me hacen cardenal, no está bien que se sepa que tenemos todo este dinero"») y, luego, Rosanna, la hermana, que en octubre de 2012 decide querellarse contra él ante los magistrados de la Fiscalía de los Grisones, en Suiza.

La historia parece increíble. En el transcurso de los años, Viganò habría recibido de su hermana cerca de 900 millones de liras de una herencia paterna, dinero con el que el prelado habría comprado un apartamento en la ciudad de San Bernardino, por el que pagó 430.000 francos suizos. El inmueble fue puesto a nombre de Carlo Maria Viganò, con el consenso de su hermana: si, como ciudadano del vaticano, monseñor Viganò no habría pagado impuestos, por otra parte Rosanna pudo ocultarlo a la Hacienda italiana. De forma repentina, en 2012, Viganò decide, sin embargo, sin decírselo a nadie, vender la casa y quedarse con el dinero. En ese momento, Rosanna y su abogado, Roberto Keller, se dirigen a los jueces para denunciar al arzobispo.

«Carlo Maria Viganò es nombrado, hacia 1973, secretario de la nunciatura en Bagdad», explica el 12 de noviembre de 2013 Rosanna Viganò, según consta en las actas. «Desde entonces disponía de pasaporte diplomático. En Italia corrían los tiempos de las Brigadas Rojas, por lo que habíamos decidido transferir nuestro capital a Suiza. En presencia de mi madre, le he dado dinero mío a Carlo Maria, quien lo ha introducido en una vieja cartera para depositarlo luego en el Credit Suisse, en Lugano, en una cuenta denominada "Omnes". Le he dado en total 500 millones de liras. Luego le fui dando sucesivamente montos de 200 millones de liras. En total cerca de 900 millones. Carlo Maria me dijo que mi dinero sería depositado en una cuenta llamada "Cioppì", el apelativo cariñoso con que se refiere a mi hija. Los recibos del dinero se los quedaría el banco, según lo acordado entre los hermanos. Sé que Carlo Maria ingresó dinero en una cuenta en UBS. Se trata del dinero, o de parte del dinero, que nuestros hermanos transfirieron del Banco Ambrosiano a la Banca del Gottardo.»

El abogado Keller, el 18 de octubre de 2012, explica con todo lujo de detalles el sistema puesto en marcha por los Viganò para proteger lo mejor posible su patrimonio: «Carlo Maria Viganò realizaba transferencias bancarias al extranjero y, para ser más concretos, a Suiza. De este modo sirvió de "contrabandista", ayudándose de su pasado diplomático, y así es como Rosanna Viganò le confió ingentes sumas. Carlo Maria Viganò llevó a cabo una actividad febril, transfiriendo ingentes sumas de Italia a Suiza. En efecto, aprovechándose del correo diplomático, Carlo Maria Viganò hacía confluir conspicuas sumas en cuentas cifradas de los bancos UBS y Credit Suisse de Lugano. A Rosanna, Carlo Maria Viganò no le dio indicaciones precisas sobre estos depósitos "saco", sobre su consistencia o siquiera sobre su clara subdivisión». En una memoria defensiva del 31 de julio de 2013, el nuncio de Estados Unidos contesta a las acusaciones, alegando que ha vendido «bienes inmobiliarios de su exclusiva propiedad, sobre los cuales Rosanna Viganò no ha tenido nunca (no podía alegarlo) derecho alguno».

Sin embargo, el desencuentro concluye con una transacción en febrero de 2014: Carlo Maria ha pagado 180.000 francos suizos a su abogado Keller, quien a su vez los ha entregado a la beneficencia, a un hospital en Tanzania donde trabaja como voluntaria una de las hijas de Rosanna, que ha retirado la denuncia. La pasión por las transferencias millonarias por parte uno de los monseñores más ricos del Vaticano ha sido el centro de uno de los últimos escándalos en los que ha estado implicado el IOR: en 2010, tras una denuncia de la UIF, la Fiscalía de Roma bloqueó de forma preventiva 23 millones de euros que el instituto vaticano había apartado en una cuenta del Credito Valtellinese, cuyo destino final serían una filial alemana de la J. P. Morgan en Fráncfort y, en menor grado, la Banca del Fucino. Bankitalia había llamado la atención sobre las operaciones porque no parecían respetar el decreto legislativo de 2007, el cual impone obligaciones de transparencia y de control adecuado a los sujetos que realizan transacciones y pagos. El caso causó estragos, ya que el ministerio fiscal investigó por presunta violación de las normas antiblanqueo al entonces presidente del IOR, Gotti Tedeschi (indultado a principios de 2014), y a los dirigentes Paolo Cipriani y Massimo Tulli, cuyo proceso de primer grado está aún por concluir en el momento de la publicación de este libro.

En noviembre de 2014, los 23 millones se desbloquean y vuelven al Vaticano. No sólo, como ha reivindicado el nuevo presidente del IOR, gracias a De Franssu y a la introducción por parte de la Santa Sede de un «sólido sistema de prevención y lucha contra el blanqueo, reconocido por el Comité Moneyval del Consejo de Europa», sino también porque el IOR hizo públicos los nombres de los clientes de esa cuenta: además de la Conferencia Episcopal Italiana, había también transferencias –por valor de casi 3,8 millones de euros– de monseñor Viganò. Cuando lo contactaron mientras preparaba la visita del papa Francisco a Washington, a finales de septiembre de 2015, monseñor –que a principios de 2016 se retirará– explicó que nunca había hablado con los periodistas: «Esta vez, sin embargo, quiero responder a todas las preguntas».

### La versión de Viganò

Para empezar, el sacerdote habla de las disputas millonarias con su hermano. «A lo largo de nuestra vida, mi hermano y yo lo hemos compartido todo, desde nuestra vocación sacerdotal hasta los bienes materiales. Desgraciadamente, en 1996 mi hermano sufrió un grave ictus cerebral que le causó una hemiplejia de modo permanente, y que también afectó a sus emociones y a la percepción psicológica de su relación con sus familiares y amigos. Poco a poco, afortunadamente, ha ido recuperándose y ha querido, en esas condiciones, volver a Chicago.» En 60 años, explica, no ha habido ningún problema entre ellos, hasta finales de 2008, «cuando de forma repentina me entero de que Lorenzo, ayudado por Rosanna, ha huido aterrorizado de casa y ha vuelto a Chicago; un gesto que luego ha explicado con una sorprendente acusación: le gritó a un magistrado que tenía miedo de ser "encadenado", afirmando que yo quería secuestrarlo. Mi hermana, a la que siempre se ha sentido muy unido, a su vez ha contado a muchos esta absurda teoría. Esto ocurrió aproximadamente un año y medio después de que entrara en la familia de mi hermana Rosanna un joven abogado con el que luego se ha casado la más joven de sus hijas».

Según Viganò, el desencuentro familiar se agudiza precisamente debido a este abogado, que, «obteniendo de Lorenzo una autorización notarial, se ha puesto al frente de la gestión de la parte de los bienes de mi hermano, abriendo un proceso en torno a la separación de bienes. De hecho, desde finales de 2008, Lorenzo ha sido aislado completamente, no he podido hablar con él ni ha contestado nunca ni a mis cartas ni a mis llamadas. Estos hechos increíbles hablan por sí solos y cualquiera podría sacar conclusiones».

Viganò sostiene que se ha visto obligado a abrir una causa «en su defensa», la de la circunvención de incapaz, también porque, según dice, en su apartamento habían desaparecido documentos que justificaban los gastos de Lorenzo. «Es cierto que la causa fue archivada por un error de forma de quien la había presentado. Pero la investigación de la policía demuestra que de las cuentas de las que aún éramos titulares mi hermano y yo fue retirado cerca de un millón de euros, un dinero que Lorenzo, en dichas condiciones psíquicas de las que hablaba, le ha entregado a mi hermana. Con ese dinero se le ha comprado una farmacia a la hija de Rosanna, que se ha casado con ese joven abogado, hijo a su vez del titular del despacho legal que desde hace años me persigue. Como ve, hay en juego enormes intereses privados, por lo que no entiendo por qué la justicia italiana no lo ve así. Sobre mí y mi relación con mis hermanos Lorenzo y Rosanna en estos años se han publicado muchas noticias fruto de los ataques a mi persona, a los que he preferido no responder, porque, a pesar de todo siento por ellos un gran afecto y considero que son sólo parcialmente responsables de sus acciones y declaraciones».

A pesar de que para acabar con la discordia haya pagado a la hermana, Viganò se declara inocente también sobre la disputa en torno a la casa en Suiza, asunto al que se refiere como «absurdo». Según explica, Lorenzo y él eran propietarios en San Bernardino cada uno de un apartamento, y «el mío se lo he dejado en usufructo a mi hermana durante años. Esa casa me pertenecía sólo a mí, suyos eran sólo los muebles, por los que ha sido de sobra recompensada. He aceptado pagarle, en primer lugar, para pacificar al menos un frente y, luego, porque el dinero de la transacción se entregaría a la beneficencia, a un hospital en Tanzania que yo he visitado, donde trabaja como misionera laica mi nieta. Desgraciadamente, mi hermana no ha respetado su palabra ante el juez suizo y, pese a la transacción, ha seguido calumniándome en los periódicos. Yo, ¿monseñor y contrabandista? En aquella época, yo estaba en Iraq. ¿Usted cree que tenía tiempo de hacer estas operaciones en Suiza? Son acusaciones gratuitas y difamatorias, trabadas para denigrar mi persona».

Los 3,8 millones de su cuenta transferidos del Credito Valtellinese al IOR, al final se entregaron, según sostiene, a la beneficencia. Por teléfono, monseñor dice que los ha donado para construir un monasterio en Burundi, sin especificar la cifra. Algunos días después, sin embargo, otro correo electrónico precisa que con su donación se habrían realizado otras obras. «Mi hermano Lorenzo y yo queríamos que los bienes que teníamos en común fueran destinados a obras religiosas y de caridad. Y así ha sido. Por eso la suma fue transferida al IOR. Ese dinero ha servido para construir un monasterio en Burundi para las monjas carmelitas, en la ciudad de Gitega, y también ha sido destinado al seminario Saint Charles Borromeo de la diócesis de Kafanchán, en el norte de

Nigeria, y a un noviciado en Vietnam de las Trabajadoras Misioneras de la Inmaculada. Sobre cada una de estas obras, puede preguntar a los responsables si es cierto o no que he hecho beneficencia.»

Mientras que, en efecto, un sacerdote nos confirma lo que Viganò ha donado en Burundi, «con toda seguridad más de un millón de euros», monseñor no habla ni de cifras ni de pagos concretos, y no todos tienen claro que en sus cuentas del IOR no haya dinero de sus familiares. Es más, los abogados de Lorenzo han pedido a la Fiscalía de Roma todos los documentos de la investigación sobre los 23 millones devueltos recientemente; para averiguar si la herencia del biblista se ha ocultado o no en Oltretevere.

# CAPÍTULO V
## Su Sanidad

> No es posible que un monje, que cediendo al deseo de dinero haya acogido en la propia alma ese primer germen, no se sienta cautivo de forma inmediata por la llama de un deseo aún mayor.
>
> San Juan Casiano, *Institutiones Coenobiticae*

Las finanzas vaticanas funcionan exactamente como un *merchant bank* que –desde siempre– ha hecho negocios a través de la diversificación de sus intereses. Los principales son el ladrillo y las inversiones financieras en todo el mundo, aunque también ostenta una posición dominante la industria de la Sanidad: desde hace décadas, una de las actividades más rentables de la Santa Sede. Además de las decenas de centros de salud y clínicas de congregaciones y diócesis, el palacio apostólico controla directa o indirectamente cuatro grandes hospitales, tres en Roma y uno en Puglia: el Bambin Gesù, el Istituto Dermopatico dell'Immacolata (IDI), el Gemelli y la Casa Sollievo della Sofferenza en San Giovanni Rotondo.

Hasta ahora, de los cuatro hospitales no se conocían bienes ni patrimonio. Aparte del IDI, las instancias vaticanas tampoco habían sido protagonistas de escándalos que hubieran socavado su buen nombre. Cuando era papa Benedicto XVI, los hospitales de Dios saltaron a la primera página por ser protagonistas del sueño del cardinal Tarcisio Bertone, que deseaba dar vida, de acuerdo con su amigo y gerente Giuseppe Profiti, a un gran centro sanitario vaticano. Una hipótesis que nace en el contexto del fracaso de la Fundación Monte Tabor, que controlaba el San Raffaele de Milán, el gran hospital lombardo fundado por don Luigi Verzé en

1958 y que, casi sesenta años después, acabó al borde de la ruina a causa de las operaciones fraudulentas realizadas mediante contratos y gastos desorbitados efectuados por don Verzé y sus estrechos colaboradores entre 2005 y 2011.

Los procesos judiciales (algunos de ellos aún abiertos) han revelado que el sacerdote y algunos administradores de su confianza habrían robado y disipado una cincuentena de millones de fondos negros en *jet* privados (al fundador del hospital San Raffaele no le gustaba perder tiempo en el *check-in* como hace el común de los mortales), desatinadas inversiones inmobiliarias, fincas, villas con piscina y gastos de gestión absurdos, entre ellos el de la enorme jaula llena de papagayos que decoraba las oficinas de don Verzé, el sacerdote amigo de Silvio Berlusconi que falleció el último día de 2011.

Antes de que comprara el hospital el grupo San Donato, del empresario Giuseppe Rotelli, por 405 millones de euros, también el Vaticano había intentado entrar ilegalmente en la partida. El rescate habría sido el primer paso de una operación más compleja que implicaba la creación del enorme centro sanitario católico. La operación, denominada Bertone-Profiti, finalmente se suspendió, entre otras cosas porque el entonces presidente del IOR, Gotti Tedeschi, no la consideró factible desde el punto de vista financiero.

Sin embargo, las batallas para meter mano en los hospitales del papa (el hospital Gemelli, propiedad de una fundación milanesa, está estrechamente relacionado por estatuto con la curia romana) no han conocido tregua alguna, ni siquiera con la llegada del papa Francisco: los intereses económicos son enormes, las cuestiones en juego de peso, y explosivos los escándalos que revelan los documentos de los auditores enviados por el Vaticano al Bambin Gesù y a la Casa Sollievo della Sofferenza inaugurada por el Padre Pio.

Obras en la casa de Bertone

Comencemos por el Bambin Gesù o, mejor, por una fundación regulada y creada en 2008 para recaudar fondos destinados a los enfermos más pequeños. Las investigaciones de la empresa de auditoría PricewaterhouseCoopers (PwC), en un borrador del informe entregado al Vaticano el 21 de marzo de 2014, dedican a la ONG italiana con sede en el Vaticano algunos pasajes de sus *due diligence*, y señalan con el «semáforo rojo» la necesidad de intervenir inmediatamente a causa de la extraña contabilidad y organización, así como a unos gastos cuanto menos singulares.

Se sacan a la luz, por ejemplo, las compensaciones (en total, 145.000 euros al año) del secretario general y del tesorero, por aquel entonces y respectivamente Marco Simeon, persona de confianza de Bertone y con anterioridad jefe de relaciones institucionales de la RAI, y Massimo Spina, así como el alquiler de un helicóptero, en febrero de 2012, por la nada desdeñable cifra de 23.800 euros, pagados por la Fondazione del Bambin Gesù «a una empresa de chárter para llevar a monseñor Bertone del Vaticano a Basilicata con objeto de desarrollar actividades de *marketing* a cuenta del hospital». En realidad, el 24 de febrero de 2012 se inauguraba en el sur de Italia una unidad pediátrica del Bambin Gesù en el hospital público San Carlo de Potenza: en vez de viajar en coche o en tren y ahorrar así dinero para destinarlo a la investigación clínica y a los niños enfermos (el Vaticano tiene a su disposición numerosos vehículos, como es sabido), Profiti decide que el cardenal se desplace por aire a un precio altísimo. «Instituciones como éstas son importantes, porque reducen el sufrimiento de los más pequeños y de sus padres, que han de desplazarse desde todos los lugares de Italia», explicó ese mismo día su eminencia a quienes se habían congregado para aplaudirle, antes de subir de nuevo al helicóptero para volver al Vaticano.

Hay constancia, además, de otro gasto de la fundación, recogido en el informe de PwC que podría poner en un aprieto al papa y al Vaticano. Se trata del pago de las obras de la casa de Bertone en el palacio de San Carlos. Efectivamente, la fundación, definida por PwC como «vehículo para la recaudación de fondos destinados a la atención sanitaria, la investigación y las actividades humanitarias del Bambin Gesù», ha pagado las facturas de las obras, por un total de 200.000 euros, a la sociedad Casteli Real Estate del empresario Gianantonio Bandera, amigo personal del cardenal y exmiembro del Magistrato di Misericordia, una obra pía fundada en el siglo xv que administra la herencia de inmuebles y, por estatuo, está presidida por el arzobispo de Génova, cargo ocupado por el propio Bertone de 2002 a 2006.

Resulta difícil creer que el dinero de la Fondazione del Bambin Gesù se haya utilizado para realizar obras en el nuevo piso del cardenal. El exsecretario de Estado ni lo desmiente ni lo confirma. «Estimado señor Fittipaldi», precisa Bertone en un correo electrónico, «a sus preguntas respondo que, independientemente del hecho de que el piso donde resido es propiedad del Governatorato del Estado de la Ciudad del Vaticano, el que suscribe ha pagado al mismísimo Governatorato la suma solicitada correspondiente a las obras de reforma. No tengo nada que ver con el resto de los asuntos.»

Profiti, hasta 2015 presidente tanto del Bambin Gesù como del consejo de dirección de la fundación homónima (del que también formaban parte en la época el banquero Cesare Geronzi, el *gentiluomo* de Su Santidad Emilio Acerna y el caballero Piero Melazzini) confirma, sin embargo, el gasto autorizado a favor del piso de Bertone, quien ya estaba metido de lleno en el escándalo. La factura, explica Profiti, estaría justificada por el hecho de que la casa del cardenal se habría puesto luego a disposición de la propia fundación para organizar eventuales reuniones con empresas y otros sujetos, de modo que se pudiera recaudar dinero para el hospital. «La idea de fondo era la de promover reuniones con empresas, personajes, digamos, institucionales, con quienes departir sobre las actividades del Bambin Gesù con vistas a recaudar fondos. Es cierto que se ha utilizado una parte de ese dinero para hacer reformas en la casa del cardenal Bertone, con objeto de obtener a cambio la posibilidad de poder después disponer del piso.» Una decisión, la del consejo de la fundación, cuando menos discutible. Profiti admite haber recibido facturas de la empresa de Bandera y añade, además, que recuerda la existencia de una «carta en la que esta sociedad se comprometía a hacer una donación al Bambin

Gesù por un importe correspondiente. Creo que esa carta existe. Lo que haya pasado después no lo sé, porque yo ya no estaba...».

Más allá de que exista o no la carta donde se manifestaban estas intenciones, a la pregunta sin tapujos sobre si el cardenal sabía si la Fondazione del Bambin Gesù había pagado parte de la reforma, Profiti responde lo siguiente: «Confieso que no recuerdo si se le comunicó. Creo que pregunté al cardenal si existía esta disponibilidad para organizar reuniones institucionales, también culturales, y que, en tal caso, podíamos realizar una contribución... Creo que él respondió que sí».

Volvamos a los gastos revelados por el informe de PwC. Además de salarios exorbitantes y del alquiler de helicópteros, los auditores revelan también los «costes de los servicios de 2011 en relación a un evento, un concierto musical, celebrado cada dos años, *La luce dei bambini*», creado en 2009 con la idea de ayudar al hospital. En 2011, en el aula Pablo VI actuó Giovanni Allevi, y en 2013 el Vaticano se deleitó con la voz de Andrea Bocelli: «Sugerimos la introducción de un modelo organizativo que defina las normas de liquidez que deberán mantenerse en la Fondazione del Bambin Gesù (incluido su perfil de riesgo) y los tipos de gastos que podrán realizarse, y que considere, asimismo, la división de funciones en el proceso de autorización y controles internos adecuados», comentan los auditores en la parte final del informe de auditoría, poniendo, además, de manifiesto la ausencia de un documento formal del Reglamento organizativo que, según el estatuto, debería «gobernar» el funcionamiento de la entidad. Asimismo, subrayan que ese año se han conseguido más donaciones que nunca: en el transcurso de 2012, gracias a los donativos realizados por empresas e individuos (Telecom Italia donó 250.000 euros, Unicredit 50.000 euros, Green Network 129.000, la fundación vaticana Spes Viva 145.000, y 173.000 euros llegaron vía sms solidarios), se ha alcanzado la cifra de 1,5 millones de euros, recaudados a través de cuentas corrientes y cuentas del IOR.

«Las donaciones recibidas por la fundación son deducibles de la renta imponible», dice el informe. «La liquidez de la fundación, 5,3 millones a 31 de diciembre de 2012, se ha invertido en instrumentos financieros a través de las actividades de gestión patrimonial del IOR (en las que se han invertido 2,2 millones) y en depósitos de la APSA (2,7 millones)». Otro documento de la Cosea, que resume los resultados de la investigación de PwC, pone un epitafio a la gestión del organismo creado por voluntad de Profiti: «En vista de la visibilidad pública de la fundación y de su actividad de recaudación de fondos, la actual estructura de gobierno debe ser revisada y adaptada a un modelo organizativo que defina claramente la división de deberes y las jerarquías de aprobación. Es muy probable que esta gran debilidad en el control interno sea la razón por la que se han registrado gastos no documentados (la información relativa a dichas transacciones ha sido enviadas a la AIF) y el motivo de que haya sumas significativas no destinadas a actividades del Bambin Gesù». Todavía no se sabe, sin embargo, si la AIF ha tomado medidas o si ha considerado justificables los gastos –incluido el del helicóptero.

Exxon, Dubai y demasiadas asesorías

Además de la gestión de la fundación, se cuentan por decenas las alarmas rojas lanzadas por los auditores sobre el hospital fundado en 1924 en la colina del Gianicolo y considerado desde entonces entidad vaticana extraterritorial, un estatus que permite a la Santa Sede no pagar impuestos, pese a que sus fondos proceden casi exclusivamente del Servizio Sanitario Nazionale y de algunas leyes *ad hoc* que le conceden decenas de millones al año. En cualquier caso, se trata siempre de dinero público. Todavía hay más: los auditores señalan directamente algunas actividades comerciales que «no resultan coherentes» con la misión por la que se define el hospital, y describen los enormes recursos financieros acumulados en algunas cuentas asociadas al Bambin Gesù abiertas en el IOR y la APSA. Los auditores subrayan, además, la excesiva acumulación (centenares de miles de euros) de asesorías relacionadas con proyectos jamás realizados, incluso donaciones (además de la fundación, el hospital también recibió sumas que, en 2012, ascendieron a 3,6 millones) provenientes de bancos extranjeros en 2011, 2012 y 2013, mediante una serie de transferencias que luego se enviaron a la AIF para someterlas a ulteriores controles.

Un estupor similar provocan las inversiones en bolsa: aunque el papa Francisco se pronuncie a menudo contra «el capitalismo salvaje que introduce la lógica del beneficio a toda costa, del dar para obtener, de la explotación sin consideración alguna hacia las personas», el Bambin Gesù ha invertido en acciones de Exxon, la multinacional del petróleo obligada recientemente a pagar millones de dólares de multa por fraude financiero y desastres ecológicos como el del petrolero *Exxon Valdez* en Alaska, y en títulos de la empresa Dow Chemical, coloso americano del sector químico sometido a varias investigaciones por incidentes graves. Se trata de negocios cuya ética social está en las antípodas de lo que promulga la Santa Sede. A título informativo, el hospital vaticano ha adquirido también títulos de Baxter, Pepsi y 3M.

El negocio del hospital pediátrico, de excelencia absoluta en el panorama nacional, es enorme: alcanza los 270 millones de euros al año, de los que 184 provienen de la Región del Lazio y del Servizio Sanitario Nazionale, mientras que otros 80 derivan de una norma contemplada por la Ley de Estabilidad aprobada en 2005, que plantea una partida de 50 millones de euros anuales para el hospital, a los que habría que añadir 30 millones adicionales en 2012, casi 12,5 en 2013, y 300 en 2014. Además, el Estado destina otros 6 millones al año a la investigación. Sin embargo, el grueso de estas cantidades no parece haberse invertido en actividades de gestión del hospital vaticano: el Bambin Gesù tiene a su disposición un patrimonio financiero de casi 427 millones de euros en metálico, acciones y títulos del Estado, dato actualizado a fines del 2013; toda una montaña de dinero que se ha multiplicado por dos en poco más de dos lustros: en 2001, el hospital gestionaba fondos de «apenas» 253 millones. Este tesoro es administrado

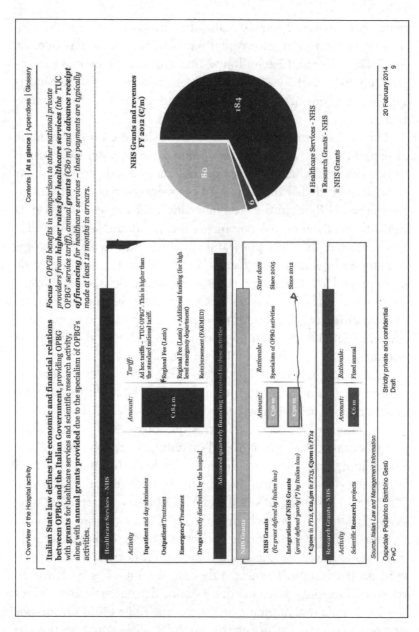

Fondos que el Estado italiano destina cada año al Bambin Gesù.

## 3 Historical Balance Sheet

### Overview of the Hospital financial position over the period 2008- 30 November 2013

**Focus** – *OPBG's financial investments are managed through Vatican State banks (IOR and APSA). Italian Government bonds are due in 2016. Shares in more than 20 US entities (Exxon, Dow Chemical, Baxter, Pepsico and 3M among others). We have been informed by Management that OPBG doesn't hold any bank accounts overseas.*

#### OPBG – Financial Position

| € in thousand | 31 Dec 08 Act | 31 Dec 09 Act | 31 Dec 10 Act | 31 Dec 11 Act | 31 Dec 12 Act | 30 Nov 13 Draft |
|---|---|---|---|---|---|---|
| **Non current** | | | | | | |
| Asset management (IOR) (*) | 5,715 | 217,981 | 280,962 | 276,063 | 276,063 | 232,563 |
| Investment funds (US corporate bonds and shares) | - | - | - | 39,673 | 20,840 | 32,408 |
| Investment funds (EU corporate bonds and shares) | 3,019 | 2,985 | 3,375 | 3,721 | 4,011 | 4,298 |
| Italian Government Bonds | - | - | - | - | 20,000 | 10,260 |
| Shares (mainly US entities) | 4,636 | 4,516 | 4,471 | 4,510 | 5,093 | 5,208 |
| Corporate Bonds (Italian banks) | - | - | - | 20,000 | 300 | - |
| Corporate Bonds (Foreign banks) | - | 115,410 | 65,000 | - | - | 5,524 |
| Other | 90 | 58 | 57 | - | - | - |
| **Non current** | 13,459 | 340,951 | 353,865 | 343,966 | 326,307 | 290,261 |
| Time deposits (IOR & APSA extr.) | 356,836 | 126,000 | 78,000 | 31,230 | 40,600 | 113,600 |
| Corporate Bonds (Italian banks) | - | - | 50,000 | 35,021 | 20,000 | - |
| Corporate Bonds (Foreign banks) | - | 10,094 | 4,387 | 5,740 | 31,047 | 27,998 |
| Bank accounts (IOR & APSA extr.) | 27,872 | 1,470 | 1,683 | 5,334 | 9,880 | 3,480 |
| Cash and bank accounts (Italian banks) (**) | 1,032 | 1,368 | - | - | - | - |
| **Current** | 385,739 | 138,932 | 134,070 | 77,325 | 101,527 | 145,078 |
| **Financial Position** | 399,199 | 479,884 | 487,935 | 421,291 | 427,834 | 435,339 |

(*) We point out that asset management (GPM) as at 31Dic11,12,13 has been valuated at the fair value as at 31Dec10 net w ithdraw
(**) Unicredit for the current activities; MPS and Poste for donation
Source: Financial statements as at 31 Dec 12; Financial assets detail as at 30 Nov 13

Inversiones bursátiles del Bambin Gesù, entre ellas en Exxon y Dow Chemical.

145

por el IOR y la APSA, y se destina, como hemos visto, a inversiones bursátiles, obligaciones y títulos del Estado italiano.

Los auditores de PricewaterhouseCoopers se muestran preocupados por la brecha que separa la misión con la que se fundó el Bambin Gesù, atender a los niños más necesitados de Roma y de la provincia, y el imperio en que se ha convertido: el hospital cuenta con cinco sedes en el Lazio que colaboran con otras clínicas italianas y centros internacionales de 17 países, y controla, además, dos sociedades comerciales. Se trata de Clinical & Reseach Services srl y Xellbiogene srl, esta última una empresa de biotecnología gestionada junto a la Università Cattolica y especializada en la investigación genética con la que se esperaba facturar hasta 9,5 millones al año en 2020. Creada en 2013, Xellbiogene ha sido liquidada en abril de 2015 por la nueva cúpula que ha sustituido a Profiti.

Las sociedades comerciales pueden crear problemas respecto a la misión y al estatus del hospital: aunque esté legalmente establecido en Italia y financiado por los contribuyentes italianos, el Bambin Gesù no está sometido a impuestos ni al IMU (impuesto sobre bienes inmuebles), y sus empleados no pagan el IRPF. Privilegios justificados, según el Estado católico, por los artículos 16 y 17 de los Pactos Lateranenses. En la práctica, la extraterritorialidad del hospital le exime de pagar contribución alguna, lo cual ha sido severamente criticado por los auditores de la multinacional y sintetizado del siguiente modo por los comisarios de la Cosea, en un epígrafe de una nota confidencial titulado «Interpretación muy amplia de los beneficios de los Pactos Lateranenses»: «La administración del hospital Bambin Gesù sostiene que, en consideración de su condición de entidad extraterritorial, cualquier actividad desarrollada por el hospital y sus empleados, independientemente de la naturaleza de dicha actividad o del lugar donde se desarrolle, goza de los beneficios de los Pactos Lateranenses y, por tanto, no está sujeta al sistema tributario italiano», comenta la pontificia Comisión referente. «Aun así, para comprender los riesgos de reputación que se podrían derivar de esta interpretación de los Pactos, es necesario un análisis más detallado de la posición fiscal, incluidos el IVA y los impuestos sobre bienes inmuebles, en relación a las actividades comerciales cada vez más diversificadas que el Bambin Gesù y sus empleados vienen desempeñando fuera del territorio del Vaticano.»

Los auditores norteamericanos sugieren que se actualice el estatuto de 1924 de manera urgente, y que se defina claramente «el papel, la responsabilidad y los poderes del consejo de administración y del presidente (que tiene pleno control sobre las operaciones ordinarias y extraordinarias, puesto que todas las iniciativas propuestas por él se aprueban con independencia de lo que piensen los otros miembros del consejo), y que haya una clara división de las obligaciones y los niveles de autorización». Quizá los inspectores se muestran duros para que no se repitan en el futuro los despilfarros y para que se analicen como se debe proyectos «como el de Cerdeña y otro en Brasil», otros dos casos examinados con todo lujo de detalles por los estadounidenses.

El primer proyecto sometido a examen por parte de los expertos contables de PwC fue el de la adquisición del hospital San Raffaele de Olbia, que perteneció al imperio de don Verzé. Profiti intentó desembarcar en la isla mediante un acuerdo comercial entre el Bambin Gesù, propietario de un 25 por ciento de la sociedad que rescataría la clínica sarda junto con el grupo Malacalza (25 por ciento), y la Qatar Foundation, que habría entrado con un 50 por ciento de participación. El negocio no terminó luego como se había planeado inicialmente, así que el hospital del Gianicolo desaparece de la escena, siendo sustituido, como veremos, por otro hospital próximo al Vaticano. Antes de eso, sin embargo, se habrán perdido cientos de miles de euros en asesorías: «El Bambin Gesù ha firmado un acuerdo con dos sociedades asesoras (TmfGroup y el bufete de abogados Norton Rose) para que le asistan en la operación, por unos honorarios de 725.000 euros», se lee en la *due diligence*. Se trata de una suma a la que habría que añadir los 89.000 euros acordados en el contrato con Bain & Co. por la creación de un plan de negocios y los 130.000 euros pagados a la consultora

Contents | **At a glance** | Report | Selected information | Glossary | Appendices

## At a glance – HR related matters

**Key**
● Required immediate action
● Medium term action required
● Low priority

| Topic | Comments and observations | Next steps / Other comments |
|---|---|---|
| Art. 17 of the Lateran Treaty<br><br>●○○ | • Management's view of Article 17 of the Lateran Treaty ("Art. 17") is that all types of employees paid by OPBG are **exempted from Italian income taxes**. Management does not distinguish between activities performed by its employees (commercial and non commercial) within or outside the Italian territory. In addition, note that the Italian Law (DPR601/73) confirms such exemption for all payments made by Vatican entities.<br>• Due to this favourable tax regime we noted that OPBG pays **higher average net salaries to its employees** compared to other Italian hospitals.<br>• The BoD discussed in several meetings the implications of the expanded operating model in relation to Art. 17, in particular with reference to activities in the National Network, Intramoenia or seconded employees to its subsidiaries and/or to other Italian hospitals. | OPBG activities have significantly changed (OPBG System). For this reason a deeper **analysis of the correct interpretation of Article 17 of the Lateran Treaty** by Management is advisable.<br><br>We recommend to **set up a remuneration committee** to review the currently HR policies in particular with respect to the level of salary applied to each professional category, and where applicable considering also the activities performed to third parties. |

Dudas de los auditores sobre la aplicación de los Pactos Lateranenses al Bambin Gesù (véase traducción en pp. 228-229).

1.2 Significant new projects

**Sardinia project** – There is a new project in. Sardinia with a feasibility study submitted to the State Secretariat for approval

**Focus** – Even in the lack of clarity of the governance, the Sardinia project may qualify as an extraordinary administrative act that require approval from the BoD. In late 2012 OPBG entered into agreements to support the feasibility study (actual fees amounting to €0.6m). In May 2013 this project has been presented for the first time to the BoD creating significant discrepancies

## Project Sardinia

| | |
|---|---|
| **Structure** | • **Hospital San Raffaele Olbia (Sardinia – Italy )**.<br>• Regional centre of excellence for post-acute patient assistance<br>• 269 beds (of which 116 post acute and 18 under payment) and 5 operating theatres<br>• Hospital is inactive |
| **Subject** | • Completion of the construction and management of the hospital |
| **Proposed structure** | • **2 Legal Entities:**<br>• **PropCo (real estate/property company)**: Qatar Foundation Endowment (Leader) + Malacalza Group (leader) + OPBG<br>• **OpCo (hospital operating company)**: OPBG (Leader) + Qatar Foundation Endowment + Malacalza Group + other clinic partners (Gemelli, Tor Vergata, Besta, IEO) |
| **Proposed model** | • **PropCo**: a real estate and financial role for the acquisition and realization of the structure and technological equipment<br>• **OpCo**: management of the hospital (leadership OPBG) together with other clinic partners |
| **External costs for the project**<br><br>External costs - PJ Sardinia FY13 OPBG<br>€ in thousands  Invoice  portion<br>TMF/Norton Rose  461  130<br>Bain & Co.  49  12<br>EAM Advisory  130  33<br>Total  641  175<br>Source: Management Information | • On November 2012 OPBG entered into an agreement with two consultancy firms (TMF Group and Norton Rose legal firm) (defined as the "**Agreement**") to be assisted in the transaction process from signing a Memorandum of understanding ("MoU") up to the implement the proposed structure for a total fees of €725k.<br>• On 19 December 2012 OPBG signed the MoU which highlights that the costs of expenses of the project, regardless of whether it completes, will be born by each parties proportionately, on the basis of the respective participation in the JV. The MoU states also that OPBG has already incurred fees for €89k from Bain&Co in respect to a draft business plan.<br>• Management informed us that in FY13 costs for a total amount of €641k have been incurred (and paid) by OPBG for this project, of which €465k to be reimbursed by the JV partners as per the MoU terms. On the basis of the Agreement, the total costs to be sustained for the structuring of the financing with EAM Advisory FZG, a Dubai advisory firm, would range between €150k and €250k. |

*Source: Brochure " Progetto BAMBINO GESÙ SARDEGNA", Mémorandum of Understanding and letter of engagement between OPBG and Norton Rose Studio Legale and TMF Group dated November 2012*

Ospedale Pediatrico Bambino Gesù
PwC

Gastos en asesorías asumidos por el Bambin Gesù en relación al proyecto del hospital San Raffaele en Olbia, sin realizar (véase traducción en pp. 229-230).

149

Eam Advisory, con sede en Dubai. «La dirección [es decir, Profiti y sus hombres] nos ha informado de que en 2013 los costes totales pagados por el hospital por este proyecto ascienden a 641.000 de euros, de los que 465.000 han de ser reembolsados por los socios de la *joint venture*», que se disolvería meses después.

Mientras que la aventura en la Costa Esmeralda tomará otra dirección, la idea de fundar un hospital en Río de Janeiro junto a la fundación brasileña Pró Criança será abortada debido al escepticismo de algunos miembros del consejo de administración del hospital, que no estaban dispuestos a reunir 5 millones para crear un negocio al otro lado del océano Atlántico. En este caso no se produjeron pagos. Profiti, que en marzo de 2014 fue confirmado en su sillón como presidente pese a sus estrechas relaciones con la vieja guardia bertoniana, habría podido permanecer en su cargo hasta 2016, pero prefirió presentar su dimisión ante el secretario de Estado Parolin el 13 de enero de 2015. Ha sido sustituido por una mujer, Mariella Enoc, vicepresidenta de la Fundación Cariplo y próxima al banquero de las «finanzas blancas» Giuseppe Guzzetti. «Nuestra función», explica a *Avvenire* tras su nombramiento, «es la de atender lo mejor posible a los niños, cuidar de las personas que trabajan allí, garantizar la transparencia, para que el hospital sea de verdad una casa de cristal donde todos puedan ver y valorar lo que hacemos.» Hasta el momento ha anunciado que es necesario centrarse en la misión para la que fue creado el hospital, la de atender a los menores pobres, y cambiar el estatuto de la fundación asediada por los escándalos. Los informes de PwC eran quizá demasiado vergonzosos para hacerlos públicos: igual que ocurrió con el IOR, los hombres nuevos del papa prefieren lavar la ropa sucia lejos de miradas indiscretas.

Los milagros de Padre Pio

El Vaticano ha mandado inspectores no sólo al Gianicolo, sino también a San Giovanni Rotondo, lugar que ocupa uno de los hospitales más grandes de Italia, la Casa Sollievo della Sofferenza, fundada por Padre Pio, y que se ha convertido en un coloso de la Sanidad en la región de Puglia. Un centro de excelencia (recientemente ha sido abierto también un futurible centro para la investigación de las células madre) que dispone de un enorme patrimonio inmobiliario y financiero. Esta vez ha sido Deloitte quien ha examinado las cuentas del hospital, cuyas cifras son impresionantes: 1.080 camas, 2.400 empleados y 40 salas de operaciones. El hospital creado por el santo factura 274 millones al año (procedentes la mayor parte del Servizio Sanitario Nazionale), y controla un imperio económico millonario, cuyas unidades de negocio se dividen entre el hospital, la sociedad inmobiliaria (un 28,1 por ciento del patrimonio) y las donaciones: Padre Pio es uno de los santos más queridos de Italia y no hay semana que no se reciban fondos a su favor. Sólo en 2012 se recibieron donaciones por 6,5 millones de euros.

Los inmuebles y edificios gestionados por la Casa Sollievo della Sofferenza a través de una sociedad denominada Immobiliare spa, son en total 37, «14 de los cuales son utilizados por la fundación», una entidad que se ocupa de los servicios del hospital, la oficina de Donaciones y legados, un periódico, un geriátrico y también un negocio agrícola en Castel del Piano, cerca de Perugia, sin olvidar la residencia espiritual Santa Clara. Entre ventas de productos agrícolas y alquileres, los ingresos en 2013 han superado los 5,7 millones de euros, pero el valor en el mercado de los inmuebles –según Deloitte– alcanza los 80 millones. Una cifra considerable, aunque según las estimaciones de la Cosea, su patrimonio real es de 190 millones de euros. Aún le podría ir mejor al hospital si ganase el contencioso abierto en 2004 contra la Región de Puglia. Según los responsables del hospital, a las arcas del hospital les faltan 148 millones de euros de fondos públicos prometidos pero que nunca llegaron. Un importe que no aparece en la contabilidad «porque no puede preverse el resultado del contencioso».

Lo que enseguida pone de manifiesto la *due diligence* es que los semáforos con que se señala el eventual nivel de criticidad son verdes. El único semáforo rojo es el que se refiere a una situación contable al parecer preocupante: «En 2013, el IOR ha informado a la fundación de que existen cinco cuentas por un valor total de 996.000 euros registradas a nombre de la fundación misma. Antes de esta comunicación, la fundación ignoraba la existencia de estos fondos, cuya procedencia es aún desconocida». Se trata, pues, de una cuenta fantasma que, según Deloitte, ha de someterse a un «profundo análisis», de modo que pueda averiguarse si ha habido «transacciones irregulares». En realidad, semanas después se ha resuelto el misterio, gracias a una carta enviada por el director del hospital, Domenico Crupi. «Son fondos de donaciones de fieles del Padre Pio que han estado siempre ahí», explica el vicepresidente, que fue férreo bertoniano pero estimado también por Parolin y el cardenal Pell por sus resultados operativos. «Se trata de fondos sin movimiento, como he aclarado a Deloitte, que ha certificado toda la contabilidad. Estoy a favor de la transparencia absoluta. Hay rumores falsos de que vamos hacia la ruina, completamente infundados, puestos en circulación por personajes mezquinos del Vaticano con objeto de causar daño a mí y a la entidad.» En efecto, Padre Pio parece haber realizado otro milagro: según el informe, el imperio sanitario de San Giovanni Rotondo es rico y, sobre todo, sin mácula.

### Las cargas del Gemelli

El sueño de Bertone preveía que también el hospital Gemelli de Roma se convirtiese en un elemento central del centro sanitario de la Santa Sede. Si el policlínico está ciertamente vinculado históricamente al Vaticano, la propiedad pertenece a la Università Cattolica de Milán, a su vez controlada por una entidad semidesconocida por el gran público: el Instituto Toniolo. Fundado en Milán en 1919 y establecido como una «entidad moral» mediante Real Decreto al año siguiente, la organización milanesa nace por voluntad de Giuseppe Toniolo, economista y sociólogo que durante el siglo XIX había llevado a cabo célebres estudios sobre la relación entre los católicos y la democracia, además de lanzar la *Rivista internazionale di scienze sociali e discipline ausiliarie*. Un futuro beato (su beatificación tuvo lugar en 2012) que en el lecho de muerte pidió al franciscano Agostino Gemelli, colaborador e íntimo amigo, que realizara el sueño de toda su vida: la construcción de la primera universidad católica italiana. El padre Gemelli, licenciado en medicina y especializado en psicología, ferviente socialista antes de convertirse en religioso en 1903, logró cumplir su promesa y dos años más tarde fundó el instituto dedicado al amigo fallecido y en 1920 colocó la primera piedra de la Università Cattolica del Sacro Cuore de Milán.

El hospital Gemelli se inauguró en 1964, en Roma, en la ladera del monte Mario, en un terreno de unas treinta hectáreas que el papa Pío XI había regalado en 1934 al nuevo instituto para que se construyera el primer hospital del Vaticano. En medio siglo de vida, el hospital ha tenido un desarrollo extraordinario hasta convertirse en uno de los mejores hospitales de Italia, célebre en todo el mundo por ser el favorito de todos los pontífices, fuente de intereses económicos y de poder y, por consiguiente, de luchas por hacerse con el mando de su gestión. Sin embargo, para conquistar el Gemelli es necesario llegar a la cima, a la caja fuerte que lo controla: el Instituto Toniolo, que en sus inicios, hace casi cien años, contaba con un capital de 200.000 liras («equivalentes», se lee sin ironía en el nuevo estatuto, que hasta ahora no se había publicado, «a 103,29 euros»), y hoy se ha convertido en un imperio por valor de cientos de millones de euros en inmuebles y patrimonio financiero que factura (indirectamente) más de mil millones de euros al año.

Se entiende, entonces, que en 2011 Tarcisio Bertone y Giuseppe Profiti intentaran «asaltar» la fundación, una maniobra que sabían difícil porque el Instituto Toniolo tiene una posición jurídica única, desvinculada de la Santa Sede, ya que está configurado como una entidad de derecho privado sujeta al código civil italiano. Según informó en primicia Marco Lillo en *Il Fatto Quotidiano*,

Bertone, el 11 de marzo de ese año, intenta una *blitzkrieg* para destituir al entonces presidente Dionigi Tettamanzi, arzobispo de Milán a quien Juan Pablo II había puesto al frente del Instituto en 2003, después de que su predecesor, el senador democristiano Emilio Colombo, fuera investigado por consumo de cocaína y prostitución (el exprimer ministro y padre constituyente admitió delante de los jueces que consumía droga por «motivos terapéuticos», por lo que salió libre de cargos de la investigación).

Según las numerosas informaciones de la prensa, para Bertone el Instituto está demasiado cerca de la Iglesia italiana y sus obispos, demasiado indisciplinados y reacios a los dictados de la Santa Sede: sin el nombramiento de una persona de suma confianza para sustituir a Tettamanzi (Bertone habría querido nombrar al expresidente del consejo Giovanni Maria Flick), el proyecto de crear un gran centro sanitario en el Vaticano resulta irrealizable

Así, el 24 de marzo de 2011 el brazo derecho de Joseph Ratzinger decide que la suerte está echada, que ya no hay tiempo que perder, y fuerza la dimisión del entonces arzobispo, mandándole por fax dos breves páginas: «Señor cardenal [...] Como usted sabe, según una práctica que se remonta a los inicios del Instituto, es la Secretaría de Estado la encargada de señalar el nombre de quien debe desempeñar el papel de presidente del Toniolo, ya que el Instituto no es una fundación privada cualquiera sino una emanación de la Iglesia, como enfatizara el 27 de octubre de 1962 el entonces cardenal Giovanni Battista Montini. De hecho, el quehacer de Su Eminencia como servidor del Instituto Toniolo se ha prolongado mucho más allá de lo previsto inicialmente, a costa de sacrificios perfectamente imaginables. En consideración de todo lo anterior, el Santo Padre me ha pedido que le agradezca a Su Eminencia su profusa dedicación al servicio de una institución tan importante para la Iglesia y la sociedad italiana. Ahora, habiendo caído en desgracia algunos miembros del comité permanente, el Santo Padre quisiera proceder a una renovación, en relación a lo cual Su Eminencia queda libre de los deberes de este oneroso cargo».

Tettamanzi, recibida la misiva, casi se cae de la silla de estupor y de rabia. No sólo faltaban dos años para finalizar su mandato, sino que el cardenal sabe que no existe ningún subterfugio legal que permita a Bertone esa estrategia. Así que no dimite, no se deja intimidar y decide cuatro días después responder muy duramente, no al secretario de Estado, sino directamente a Benedicto XVI: «Su Santidad, durante el último año el Instituto Toniolo ha sido objeto de ataques calumniosos, también mediáticos, debido a presuntas aunque no demostrables ineficiencias administrativas y de gestión. ¡No ha habido nada de eso!», escribe, enumerando los motivos por los que no quiere dejar su cargo. «Dirigir el Instituto no es una empresa fácil y seguir haciéndolo significaría no dejarse intimidar por una tarea tan gravosa y por resistencias actuales; no obstante, disponer de ese tiempo permitiría finalizar el trabajo de saneamiento y recuperación, que ya está dando sus primeros frutos.»

Tettamanzi sabe jugar la partida. Cuenta con aliados poderosos, como el rector Lorenzo Ornaghi y, sobre todo, los cardenales Camillo Ruini y Angelo Bagnasco, que siempre han pensado que la caja fuerte del Instituto debe ser una prerrogativa de la Conferencia Episcopal Italiana. El papa decide dilatar el asunto, ya que no quiere que se recrudezca la lucha institucional. Un mes más tarde, convoca a un cara a cara en el palacio apostólico a Bertone y al cardenal milanés: este último tiene a su favor la independencia formal del Toniolo y del pacto establecido con un gran adversario del secretario de Estado, Angelo Scola, en aquel tiempo designado como su sucesor en la diócesis de Milán, que siempre ha tenido una enorme influencia sobre el Instituto. Bertone se ve obligado a retroceder. Un año más tarde, en marzo de 2012, Tettamanzi anuncia *urbi et orbi* el futuro de la fundación. «Propongo que mi sucesor sea el arzobispo Scola», les comunica a los miembros del comité permanente. La propuesta recibe una cálida acogida. El secretario de Estado es derrotado en toda regla.

Pero la guerra santa no acaba ahí. Dos meses después, Giuseppe Profiti, el hombre de la Sanidad y fidelísimo a Bertone, quien imaginara la quimera de un gran centro de salud católico, manda al secretario de Estado un informe de contenido inequívoco que, atacando indirectamente a Tettamanzi, cuenta en primicia las enormes dimensiones del agujero del Gemelli. Una carta que al mismo tiempo es puesta en conocimiento del papa Ratzinger.

El área sanitaria de la Università Cattolica del Sacro Cuore, sobre la que recae la contabilidad del hospital, tiene una deuda que se acerca a los mil millones (750 millones a los bancos y 170 a los acreedores), así que el riesgo de quiebra es extremadamente alto. La nota está fechada el 17 de mayo de 2012. Este agujero monstruoso habría sido provocado, según la dirección del hospital, por la mala gestión y por el hecho de que los créditos que le ha prometido la Región del Lazio (cerca de 820 millones, que en teoría saldarían las deudas) serían en su mayoría inexigibles. Si la cifra estuviera registrada en la contabilidad total de la Università Cattolica, continúa Profiti, las consecuencias podrían ser desastrosas: «La imposibilidad de acceso a la financiación bancaria estructurada y la exposición a posibles causas en el Tribunal de Milán por parte de los acreedores, o bien, si la situación de la universidad se pusiera en conocimiento del juez, la apertura de un procedimiento de quiebra *ex officio*. Parece justo señalar que el Tribunal de Milán se ha mostrado muy agresivo». Como demuestra, en efecto, el caso del San Raffaele de Milán.

Pese a que, según recuerdan los sindicatos, los problemas del Gemelli comenzaron en 2006, cuando el hospital siguió expandiéndose y aumentando sus gastos –aunque los nuevos acuerdos preveían que la Región del Lazio saldase sólo las prestaciones sanitarias realizadas–, el informe explicita que la universidad registró en la contabilidad de su hospital (que no es un documento público, sino que está «comprendido» en el de la universidad) créditos que «representan más bien solicitudes de reembolso de los gastos anuales del policlínico». Un desastre que para Profiti sólo puede resolverse mediante una «operación de racionalización de costes y de incremento de la productividad», además de una inmediata sustitución de la cúpula, que ha demostrado una «absoluta carencia de visión y comprensión de los sistemas de negociación a nivel institucional con la consecuente ineficacia, casi total, de resultados en las negociaciones con la Región y el ministerio».

En 2011, el Gemelli se convirtió en un pozo sin fondo, con pérdidas de decenas de millones al año. Es difícil saber quién es responsable. El hospital es propiedad de la universidad, cuyo consejo de administración fue presidido de 2002 a 2012 por el exrector Ornaghi, que dimitió tras ser llamado por el entonces primer ministro Mario Monti para ocupar el puesto de ministro de Cultura. Asimismo, las decisiones de Ornaghi y del exdirector administrativo Antonio Cicchetti, *gentiluomo* de Su Santidad, figura clave en el Gemelli hasta 2010, fueron siempre secundadas por Tettamanzi y por la gran mayoría del consejo del Instituto Toniolo.

Una vez que toman el mando tras imponerse a los seguidores de Bertone, Scola y el sucesor de Ornaghi, Franco Anelli, cambian de estrategia y se ponen en manos del nuevo director administrativo, Marco Elefanti, a quien se confían para solucionar el agujero a finales de 2010. En cinco años, el profesor, que da clases en la Università Cattolica y en la Bocconi, logra cerrar un pacto con la Región del Lazio y el Gobierno italiano: a cambio de la renuncia a todos los créditos contraídos con anterioridad, muchos de los cuales el mismo Profiti consideraba inexigibles, en 2014 el hospital obtiene 427 millones, 77 de la Región del Lazio y 400 del Estado (divididos en once pagos anuales de 2014 a 2024) gracias a la Ley de Estabilidad Financiera. «Hemos reducido el agujero a menos de la mitad», razona Elefanti, profesor titular de Economía de la empresa, «gracias al flujo que garantiza el Estado para la próxima década, hemos reestructurado las deudas a medio plazo con los bancos, mientras que las deudas a corto plazo, un centenar de millones a día de hoy, son coherentes con lo facturado». Los anticlericales, por otro lado, fruncen el ceño: la deuda de un hospital privado se ha pagado con dinero público de los italianos, sin esperar siquiera a que las disputas económicas entre el Gemelli y la Región del Lazio fueran llevadas a juicio.

En 2014, los negocios del Gemelli han generado casi 600 millones de euros. Recortes de salarios de los médicos, enfermeras, dirigentes/directivos y empleados (un médico del Gemelli ganaba mucho más que un colega en otro hospital público) y una caída consistente de los intereses financieros sobre la deuda han mejorado también la contabilidad: si en 2011 el hospital perdía más de 60 millones al año, el agujero se redujo al año siguiente a 40 millones, mientras que «2014 se cerró con una pérdida económica de 10 millones», admite Elefanti. «Esperamos cerrar 2015 a la par.»

Pero el cardenal Scola y el consejo del Toniolo saben que pueden volver tiempos difíciles, así que han decidido, tras medio siglo, separar el destino del Gemelli del de la universidad, de modo que los problemas financieros del hospital no recaigan sobre la Università Cattolica, que siempre ha contado con una balance positivo. Pocos saben, en efecto, que, para hacer frente a las deudas anuales, el ateneo ha sido obligado a dilapidar un tesoro de 600 a 700 millones de euros, lo que supone un reguero de fondos que Ornaghi había ahorrado durante una década y que deseaba expresamente destinar a la adquisición y restauración de un cuartel del Estado situado a pocos metros de distancia de los edificios del Gemelli. El dinero necesario para esa ampliación también se lo ha tragado el agujero negro del policlínico, pero el deseo del Instituto y del rector Anelli es que el hospital, que a día de hoy es el primero en oncología y está entre los cinco primeros hospitales nacionales, siga creciendo.

La gestión del Gemelli se ha cedido, pues, en agosto de 2015 a una nueva entidad autónoma, controlada a partes iguales por el Toniolo y por la universidad. Mientras escribimos este libro, Scola está buscando fondos *ad hoc* para que la entidad disponga de independencia financiera. «Un centenar de millones serían suficientes», admite Elefanti. Hasta la fecha se han reunido cerca de 60, aunque todavía no se han hecho efectivos: la mitad de ellos vendrían de la Conferencia Episcopal Italiana, dirigida por el cardenal Angelo Bagnasco, aunque se ciernen numerosas dudas sobre cómo serán utilizados. En principio, la Conferencia Episcopal tenía intención de transferir fondos provenientes del 8 por mil, pero, según un miembro del comité de dirección del Toniolo, «la operación es muy arriesgada, ya que la ley que instruye el 8 por mil determina también los capítulos de gasto, que no prevén que la Iglesia utilice dinero de los italianos para invertirlos en la industria sanitaria».

Hasta ahora, Scola ha buscado financiación en todas partes: ha solicitado fondos a los potentísimos Caballeros de Colón, a empresarios italianos, ha cooptado para el consejo, asimismo, a banqueros próximos a Comunión y Liberación (CL), como el presidente del Banco Popolare, Carlo Fratta Pasini. Ninguno ha soltado un euro. Tampoco Domenico Calcagno, el número uno de la APSA, ha querido contribuir ni con un céntimo al nuevo fondo del hospital vaticano. En este caso, también cuentan las relaciones personales. Scola y Calcagno no tienen relaciones idílicas, mientras que el papa no ve con buenos ojos al arzobispo de Milán desde los tiempos del cónclave, cuando el expatriarca de Venecia le disputó la Cátedra de San Pedro.

Sea como fuere, al mismo tiempo que buscaba financiación, Scola se ha preocupado de proteger su hegemonía sobre el Toniolo de futuros ataques de la curia: Bertone ya está retirado, pero son muchos en la Santa Sede los que quisieran meter mano en el complejo sanitario que hoy factura, entre la universidad y el hospital, más de mil millones de euros al año (la cuota para estudiar en la Università Cattolica, que tiene cerca de 40.000 estudiantes, es de aproximadamente 10.000 euros). El arzobispo ha dejado en el comité de dirección seguidores de Camillo Ruini, fieles a la Conferencia Episcopal, como Dino Boffo y Lorenzo Ornaghi, y el 5 de diciembre de 2013 incorporó al consejo dos fieles de Comunión y Liberación, como son el banquero Pasini y la profesora Eugenia Scabini, figura histórica de la Università Cattolica y amiga personal del fundador de CL Luigi Giussani. El nombramiento más sorprendente ha sido el de Gianni Letta, exsubsecretario de la presidencia del consejo, muy cercano a Silvio Berlusconi, *gentiluomo* de Su Santidad, considerado por Scola una pieza clave por sus contactos con el mundo de la política y por sus relaciones con parte de la curia romana.

El 10 de diciembre de 2012, antes de asegurar su mayoría en el consejo de dirección, Scola modificó también el estatuto casi centenario del Toniolo: el nuevo artículo 7 dice que el presidente del comité de dirección sea, por definición, «el arzobispo *pro tempore* de la diócesis de Milán» y que –entre los otros doce miembros– uno «sea designado por la Secretaría de Estado de la Santa Sede y otro por la presidencia de la Conferencia Episcopal Italiana», mientras que los otros «diez miembros sean cooptados por el propio comité entre personalidades del mundo católico de fama evidente». De este modo, Scola ha cerrado la puerta a cualquier veleidad de conquista, impidiendo eventuales asedios a su sillón. Al menos hasta la próxima batalla.

¿Hospital o cajero?

El hermano Franco Decaminada, el 8 de diciembre de cada año va a misa para renovar sus votos a la Virgen, como dicta la ley de la congregación a la que pertenece, los Hijos de la Inmaculada Concepción: castidad, obediencia y pobreza. Decaminada ha sido siempre un padre espiritual, un sólido guía que ha indicado la vía recta a sus hermanos, no sólo en el ámbito del espíritu sino también en la intricada jungla de los negocios: la congregación es, de hecho, una de las más ricas de la capital, habiéndosele asignado la gestión de sus bienes más preciosos, es decir, el hospital San Carlo di Nancy de Roma y el IDI, el Istituto Dermopatico dell'Immacolata, uno de los centros dermatológicos más importantes de Europa.

«Castidad, obediencia, pobreza», reza el reglamento de los miembros de la congregación. Decaminada no ha conseguido nunca aprendérselo de memoria, al menos a juzgar por sus actos y por su singular relación con la caja del hospital. Todo se inicia –según indican los documentos de la investigación que ha abierto la Fiscalía de Roma– en 2006, cuando, al retirar 8.900 euros, el sacerdote decide empezar a utilizar el IDI como un cajero para sus gastos. En el fondo, piensa, el hospital es de mi congregación, y nadie se dará cuenta de un «reembolso de gastos» tan modesto, aunque no haya facturas ni recibos. Nadie, en efecto, parece tener nada que decir. Así, en 2007, el «reembolso de gastos» alcanza los 11.000 euros y, al año siguiente, 33.600. En 2009 la cifra adquiere mayor tamaño: 84.550 euros. Para justificar la retirada de esos fondos, don Franco no presenta recibo alguno, ni factura ni explicación: Decaminada es el jefe y hace lo que quiere. «¡Reembolso de gastos!», le basta proferir para que la caja se abra como la puerta mágica de Alí Babá. Las semanas se fueron sucediendo y con ellas aumentaron también las cantidades retiradas de manera tan desproporcionada: en 2010 el sacerdote retira 116.000 euros, en 2011 las «notas de gastos» alcanzan los 155.000 euros. El sacerdote a veces se olvida incluso de explicar que se trata de reembolsos personales y retira dinero sin justificación alguna. En 2011, se mete en el bolsillo un total de 987.000 euros y en 2012 otros 746.000 euros, invertidos en parte –como he denunciado a finales del 2011– en la adquisición de una villa de nombre «Ombrellino» («Paragüitas»), 18 habitaciones superlujosas en la Toscana, en Magliano, rodeadas de 23.000 metros cuadrados de terrenos y prados al estilo inglés.

Nacidos en 1857, año en el que don Luigi Maria Monti funda la congregación, y célebres a principios del siglo xx gracias a sus pomadas milagrosas para curar la tiña de los campesinos, estos sacerdotes laicos han amasado una fortuna con los años, llegando a controlar dos grandes hospitales romanos y también el centro Villa Paola en la provincia de Viterbo, además de una docena de centros de salud y orfanatos por toda Italia, una sociedad farmacéutica que facturaba 20 millones de euros al año, el centro oncológico de Nerviano, cerca de Milán, y la Elea, una empresa fundada por Olivetti especializada en formación.

Los «concepcionistas» son, pues, muy conocidos, sobre todo en la capital, donde son reverenciados y homenajeados; para empezar, por los políticos. Mientras que, con la mano izquierda, Decaminada gasta y amplía el negocio, con la derecha se dedica a llamar a diputados y a los grandes del partido para que asistan a encuentros en los que se departe sobre fe, política, televisión, crisis internacional y el Evangelio, reuniones conocidas como «Cernobbio a orillas del Tíber». Todos asisten a la corte de los concepcionistas, desde los exministros Franco Frattini y Giulio Tremonti hasta el presidente de Pirelli Marco Tronchetti Provera, pasando por la actriz Vittoria Puccini (que leyó a los asistentes poemas de Prévert) y también monseñor Rino Fisichella y el exsecretario del PD Pier Luigi Bersanni.

La adquisición de la mansión toscana es un paso en falso, el primero del hermano Decaminada: después de publicarse un artículo en *L'Espresso*, algunos enfurecidos empleados del hospital que hacía meses que no cobraban deciden dirigirse a la Fiscalía de Roma. A los magistrados les huele mal y se ponen a investigar a Decaminada y su gestión del hospital: tras dos años de búsquedas, la investigación «Todo Modo» arroja luz sobre un asunto que, según la acusación, habría producido «distracciones» de sumas por valor de 82 millones de euros, una malversación de fondos públicos de otros 6 millones, con irregularidades de todo tipo que han conducido al IDI a un pasivo patrimonial de 845 millones de euros y a una evasión fiscal de 450 millones: hoy son 40 los investigados, acusados de apropiación indebida, bancarrota fraudulenta, facturas falsas y ocultamiento de escrituras contables.

La operación habría sido ideada por Decaminada, quien, al parecer, ha exprimido como a una vaca no sólo al hospital dermatológico, una verdadera máquina de guerra que llega a facturar 100.000 euros en metálico al día, sino a la misma congregación, de la que se supone era mentor y guía espiritual. Una depredación organizada en torno al uso libertino de la caja de la oficina de administración (según los análisis de la Guardia di Finanza, el sacerdote se habría hecho con más de 2,1 millones de euros en efectivo entre 2006 y 2012, mientras que su cómplice Domenico Temperini acaparó 350.000), con un sistema de facturas falsas organizado en torno a profesionales y sociedades interpuestas que hacían de pantalla y que a menudo reconducían a Decaminada, al empresario Temperini y a otros hombres de su confianza. Estos negocios habrían transferido, en primer lugar, decenas de millones a la entidad religiosa en virtud de prestaciones que no llegaron a realizarse, y que luego acabarían, en parte, en manos de Decaminada y Temperini, en algunas ocasiones a través de triangulaciones con el extranjero: una sociedad gestionada por Temperini, la Elea spa, ha recibido furgones de dinero con más de 3 millones de euros únicamente en 2009, provenientes no sólo de la «Provincia Italiana» de la congregación, sino también de la India y de la Latinoamericana, que asimismo controlan los «concepcionistas». Habría ocurrido de la siguiente manera: empresas pequeñas de amigos habrían mandado al IDI durante lustros documentos sobre «actividades de análisis técnicos-financieros» no efectuadas, «prestaciones de servicio de sociedades de gestión crediticia» totalmente inexistentes, y fantasmagóricas «competencias por estudios de mercado». Al examinar las bonificaciones bancarias se descubrió que la Gi.Esse Info Service srl había cobrado 2,9 millones por un «proyecto de web e investigación logística» que, al parecer, nunca llegó a hacerse. Sí que son tangibles, en cambio, los fondos que algunas sociedades transfirieron a las cuentas de la exmujer de Temperini, Emanuela Gismondi, y de Decaminada. Al final, el grupo se habría hecho con 14 millones en números redondos procedentes de la caja de los «hermanos».

«No sé nada de lo que pasó, todo ha ocurrido sin que yo lo supiera», declara don Franco al ministerio fiscal, sosteniendo que es inocente. Sobre la propiedad de superlujo en Maremma, por valor de dos millones de euros en efectivo, afirma: «Ha sido una inversión que hicimos el cardenal Pio Laghi y yo para ofrecer un lugar de reposo y meditación a los hermanos». Nadie le ha creído, y Decaminada y sus cómplices están siendo procesados en el momento de redacción de este libro.

Las compras del cardenal

El escándalo del IDI no ha afectado directamente al Vaticano. La congregación es una entidad religiosa autónoma y ningún exponente de la curia (aparte de Laghi, que no puede responder a las palabras de don Franco, ya que murió en 2009) se ha visto implicado en el «asalto» al hospital dermatológico. Sin embargo, y de forma paradójica, este caso, que conmocionó a la congregación, ofreció al Vaticano una oportunidad inesperada. Sin Decaminada, con el hospital a un paso de la quiebra y 1.500 empleados en peligro, los cardenales se dan cuenta de que hay una posibilidad para abatirse sobre una presa que desde hacía tiempo deseaban y en la que Bertone ya había puesto el ojo en 2010.

Antes de abdicar, Benedicto XVI, siguiendo el consejo de su mano derecha, decide nombrar al cardenal Giuseppe Versaldi delegado pontificio del Instituto (un poder que el Vaticano puede ejercitar sobre cualquier congregación en caso de ruina financiera) para que llevara a cabo la tarea de saneamiento del hospital, y encomienda a Profiti la gestión de la nueva administración extraordinaria.

El objetivo final es evitar que otros grupos privados compren el hospital. «No queremos crear un gran centro sanitario», declara Versaldi a Radio Vaticano en abril de 2013. «Quien así lo afirme, deforma la realidad. Es sólo una señal de cercanía de la Santa Sede, que no quiere reemplazar a la congregación de los Hijos de la Inmaculada Concepción, sino apoyarla de alguna forma.» En realidad, un año después, cuando el IDI y el San Carlo terminan por ser subastados, la única propuesta que llegará a la mesa de los comisarios del Gobierno italiano reunidos tras la detención de Decaminada y de los directivos es la de una fundación completamente nueva, la Luigi Maria Monti, una entidad constituida a propósito por la congregación, pero en realidad presidida por el propio Versaldi, quien se ha rodeado de seis consejeros, de los cuales dos han sido nombrados por los concepcionistas y cuatro son figuras cercanas a la Santa Sede, entre ellos los fiscalistas Gianluca Piredda y Paolo Ceruzzi y el nuevo asesor de la APSA Franco Dalla Sega.

Si los aliados del grupo privado Sansavini han tomado las riendas del San Carlo di Nancy con una inversión inicial de una veintena de millones, el Vaticano, para participar en la subasta de adquisición del IDI, ha desembolsado 50 millones de euros. No ha sido fácil reunirlos y algunas escuchas telefónicas (y docenas de documentos internos) revelan no sólo el procedimiento seguido en la operación, sino también las luchas intestinas entre los cardenales por la gestión del asunto. En 2013, Versaldi había obtenido del expresidente del IOR Ernst von Freyberg la promesa de concesión de un crédito de 50 millones, un «pagaré» que se había formalizado mediante decreto oficial. Sin embargo, con la llegada del papa Francisco y una vez renovado el gobierno del banco, las cosas cambian. El nuevo presidente, De Franssu, tal vez aconsejado por el cardenal Pell y por Zahra, decide que el dinero prometido por su predecesor no debe salir de la caja del banco, e incluso dirige una misiva a Versaldi en la que le manifiesta claramente que los 50 millones «no serían administrados de acuerdo con el buen criterio de un padre de familia». La carta casi le provoca a Versaldi un infarto, no sólo por la ofensa personal, sino también por el riesgo de perder el IDI para siempre a favor de cualquier grupo privado. Una aberración.

En este contexto hay que situar el extracto de una escucha telefónica entre Versaldi y Profiti, una llamada del 26 de febrero de 2014 registrada por magistrados de Trani que están investigando el agujero de otro hospital católico, la Casa della Divina Provvidenza de Bisceglie. Los dos buscan a toda costa el dinero que necesitan para hacerse con el IDI, fondos que los nuevos dueños del IOR no quieren concederles, y se proponen «transferir» 30 millones que el Estado había destinado expresamente al Bambin Gesù gracias a la Ley de Estabilidad. Se trata de una operación que se «oculta» al papa.

GIUSEPPE PROFITI: «¿Diga? Don Giuseppe al habla».
CARDENAL VERSALDI: «Hola, mira, esta tarde nos recibe el papa a las siete».

Profiti: «¿Quién?».
Versaldi: «El papa».
Profiti: «¡Aaah! ¡Dios mío...!».
Versaldi: «¿Puedes venir?».
Profiti: «¡Claro! Faltaría más».
Versaldi: «Bien. Nos vemos... sí».
Profiti: «¿Y qué debo...».
Versaldi: «Pase...».
Profiti: «... decir? ¿Hacer? ¿Llevar?».
Versaldi: «No. Yo hago las presentaciones como delegado. Y luego tú dices lo que dijiste ayer por la noche».
Profiti: «Ah, ¿qué es lo que no tengo que decir? Me estoy volviendo paranoico...».
Versaldi: «Decía... ¡no! Me parecía... me parece... ¿no?».
Profiti: «¡Ah!».
Versaldi: «... debes callarte lo de los 30 millones».
Profiti: «Sí, sí, sí. Lo de la operación, sí».
Versaldi: «Es dinero del IDI y hay que decir simplemente que, como cada año, además de los 50, han dado 30 para el Bambin Gesù, sin... ah... un...».
Profiti: «Obligación de destino».
Versaldi: «… un... un... un destino, ¿no?»
Profiti: «Entiendo, sí».
Versaldi: «Claro».
Profiti: «Sí, si no, habría que explicar... es mejor así como tú dices».
Versaldi: «Podemos decir eso, a menos que él lo sepa, que sepa otras cosas. Luego ya veremos».

Cuando en junio de 2015 se publica en los periódicos esta conversación, que pone al Vaticano en el ojo del huracán, muchos piensan que Versaldi y Profiti desviaron fondos del dinero público destinados al Bambin Gesù y los invirtieron en el rescate del IDI. Una sospecha que surge de forma natural si se tiene en cuenta que en 2014, además de los 50 millones de rigor que recibe el hospital pediátrico por ley desde 2005, Profiti había logrado obtener del Parlamento una prebenda adicional, equivalente a 30 millones, la misma cifra de la que se habla en la conversación interceptada.

Con algunas semanas de distancia de la llamada telefónica y del encuentro con Bergoglio, el delegado pontificio y su vicario se dan cuenta de que comprar el IDI con dinero del Bambin Gesù iba a resultar altamente arriesgado, e impracticable, así que vuelven a recurrir a las arcas del Vaticano. Versaldi logra convencer a Francisco de las bondades del rescate, pero ni siquiera el papa consigue imponerse enseguida: De Franssu y Pell piden que –pese al antiguo acuerdo– del IOR no salga ni un euro. «El cardenal australiano teme que la Santa Sede pierda esos millones», explica Pietro Parolin a los colegas de la comisión cardenalicia de la APSA reunidos el 12 de septiembre de 2014 para intentar encontrar una solución.

Además de Parolin, sentados a la mesa están el neocamarlengo Jean-Louis Tauran, Calcagno, Battista Re, Versaldi, Attilio Nicora y otros miembros de la entidad. El grupúsculo, de acuerdo con Francisco, decide ese mismo día forzar las cosas y saltarse el *diktat* de Pell: los 50 millones no los pondrá el IOR sino la APSA, una administración fuera del ámbito de influencia del «*Ranger*» de Sidney. Si el IDI tuviera que afrontar la quiebra, razona el cardenal Agostino Vallini, «serían demasiados los daños en la imagen, las relaciones políticas, diplomáticas, jurídicas, y los problemas con los empleados». El vicario de la diócesis de Roma añade que tiene, además, dudas acerca de que el préstamo de la APSA sea garantizado por otro hospital: la presencia de «una tercera parte, que es el Bambin Gesù», afirma, puede hacer que «esta operación que parece lineal, clara y urgente», fuera interpretada como «poco clara». «Por culpa de Pell nos enfrentamos al enésimo lío vaticano», observa Nicora al final de la reunión. Sea como fuere, el grupo de eminencias decide al final ignorar las indicaciones de Pell e invertir fondos (garantizados por el Bambin Gesù, que ha «congelado» 50 millones, y que espera la devolución de 10 millones al año durante un lustro) para participar en la subasta y adquirir el IDI: la nueva joya de la colección. Versaldi ha sido declarado inocente por la Fiscalía de Roma de todas las acusaciones y Francisco le concede una promoción: en marzo de 2015, el que fuera fiel de Bertone deja la presidencia de la Prefectura de Asuntos Económicos y asume el cargo de ministro de la influyente Congregación para la Educación Católica, que supervisa todas las universidades pontificias, las facultades, los institutos superiores, las escuelas y los institutos de formación dependientes de una autoridad eclesiástica.

Pero el cardenal también tendrá tiempo para dedicarse a su nuevo *hobby* en Costa Esmeralda, donde pronto el IDI gestionará, junto a la Qatar Foundation, un nuevo hospital, el Mater Olbia, ubicado en el antiguo San Raffaele de don Verzé, en el que Profiti había puesto las miras cuando era presidente del Bambin Gesù. Un negocio de 140 millones de euros, aportados por los de Qatar, que han querido invertir en Porto Cervo y sus alrededores 1.200 millones de euros, ya que futuros clientes de lujo necesitaban un hospital a la altura en la zona.

Cuando la nueva presidenta del Bambin Gesù, Mariella Enoc, destroza el viejo proyecto de Profiti (les dice a los suyos que no habrá acuerdo y que, como mucho, se harán cargo de la gestión clínica de la unidad de pediatría), los cardenales se dan cuenta de que había sido una forma de meterse en el negocio, utilizando el IDI como caballo de Troya: según el sustituto de Asuntos Generales de la Secretaría de Estado, Giovanni Angelo Becciu, oriundo de la provincia de Sassari y muy vinculado a su tierra, Versaldi y sus hombres habrían cerrado un acuerdo con los emires musulmanes mediante la Fundación Luigi Maria Monti. Cuando finalicen las obras, el nuevo Mater Olbia será propiedad de la Qatar Foundation, aunque la sociedad de gestión del hospital se dividirá de la siguiente manera: 40 por ciento del Vaticano y 60 por ciento de los hombres el emir Al-Thani. Una alianza entre radicales suníes y la Santa Sede que sorprende sólo a los más inocentes, pero que promete negocios áureos y contratos para todos.

El Vaticano se ocupará de la contratación de las obras del edificio sanitario en la periferia de la ciudad. En Olbia temen la repetición de experiencias pasadas y toman cartas en el asunto: «Teniendo en cuenta los importantes recursos financieros públicos que serán invertidos», escriben en un comunicado a finales de julio de 2015 los jefes del consejo municipal, «nos preocupan las voces de alarma sobre el procedimiento de contratación, una situación que nos parece similar a otras experiencias, como el G8 de la Maddalena». Los qataríes han cerrado el asunto con una respuesta que parece una cortina de humo: «Si bien tenemos acuerdos precisos con las autoridades», rebate el directivo de la Qatar Foundation, Lucio Rispo, «eso no quiere decir que no podamos hacer lo que queramos con nuestro dinero. El Estado italiano no ha invertido aquí ni un euro, por lo que somos nosotros quienes reformamos, compramos equipamiento, contratamos personal y pagamos los sueldos». Somos los jefes y hacemos lo que nos place.

Monjas, amantes y algunos miles de millones

El grupo de poder del Vaticano que depende de Profiti es protagonista también de otra batalla, la de la conquista del hospital de la Divina Provvidenza, un enorme centro psiquiátrico de la región de Puglia, con sedes en Bisceglie, Foggia, Potenza y Paraná (en Argentina), fundado por don Pasquale Uva en 1922 y que se ha convertido en unas décadas en uno de los centros psiquiátricos más importantes y ricos del sur de Italia, gracias al trabajo de las monjas de la congregación que lo dirige, las Siervas de la Divina Providencia.

Aunque los presuntos abusos a los pacientes y las desastrosas condiciones sanitarias del Instituto ya habían escandalizado a escritores y periodistas en el pasado, en la primavera de 2015 la Fiscalía de Trani abrió la caja de Pandora y reveló que don Uva, más que ejemplo extraordinario de solidaridad cristiana, ha sido protagonista de un «asunto increíble» en torno al desvío de fondos públicos, clientelismo, contabilidad falsa, sueldos y asesorías de oro, con dinero público (destinado teóricamente al tratamiento de enfermos) que ha acabado depositado en cuentas del IOR cuyos titulares eran monjas y anteriores gerentes. Estos últimos han sido los primeros en ser investigados, además de algunas religiosas y políticos de primer nivel, en relación a la quiebra de la congregación y del hospital, sometido hoy a administración extraordinaria debido a un agujero de aproximadamente 500 millones, de los cuales al menos 350 son deudas contraídas con el Estado italiano.

También el Vaticano forma parte de la investigación: en 2013 se había puesto a la congregación bajo la administración de la Santa Sede, que había nombrado como delegado pontificio al obispo de Molfetta, Luigi Martella. Como mano derecha, el monseñor llamó a Puglia al omnipresente Profiti. «Después de cuarenta años de estar en poder de los vietnamitas, por fin hemos liberado la colina», explicaba Giuseppe a un colaborador festejando el nombramiento. «Lo que vayamos a hacer con la colina no lo sabemos.» El objetivo del gerente y de los prelados en Roma, según las actas de los magistrados, es el mismo: igual que el IDI, también la Divina Provvidenza es una entidad eclesiástica en estado de insolvencia que afronta la crisis mediante el procedimiento de administración extraordinaria. El ambicioso proyecto, escriben los jueces, era «el de tomar posesión definitivamente una vez depurados los inmensos problemas económicos, de los cuales se haría cargo la ciudadanía». Para alcanzar este objetivo, se cubren las espaldas con el Gobierno y la Santa Sede. Sólo así puede explicarse, según los magistrados, los contactos continuos de Profiti con Versaldi, Bertone y otros dirigentes del Ministerio de Desarrollo Económico, por no mencionar el eje de hierro constituido por Profiti y Antonio Azzolini, el político que al parecer ha montado todo el sistema delictivo puesto en pie en la Divina Provvidenza.

Senador del Nuovo Centrodestra (Nuevo Centroderecha) y durante quince años presidente de la comisión Bilancio en el palacio Madama (dimitió del cargo el 8 de julio de 2015 después de que los jueces de Puglia solicitasen su detención, solicitud posteriormente rechazada por la sala), desde 2009 Antonio Azzollini es, según la acusación, el sátrapa indiscutible del instituto, el hombre que mejor ha logrado combinar los intereses de la política con los de la cúpula de la congregación (han sufrido detenciones domiciliarias sor Consolata, la administradora, y sor Marcella, representante legal de la Obra), habiendo rechazado la relación «sinalagmática», un contrato donde cada parte contrayente hace un favor a la otra a cambio de una contraprestación.

«De ahora en adelante mando yo. Si no, os meo en la boca», gritaba Azzollini a las monjitas en julio de 2009, un insulto recogido por un testigo ocular que fue desmentido por el amigo de Angelino Alfano. Con esa frase inicia un reinado sin contrapeso alguno, a partir de un «golpe de Estado» que conducirá a la incorporación de hombres de confianza en el hospital y al nacimiento de la asociación delictiva que controlará la Divina Provvidenza durante al menos un lustro. Son años en los que Azzollini habría logrado incluso obtener la prórroga de la ley financiera de suspensión de las obligaciones fiscales y contribuciones concedidas a las monjas por primera vez en 2004; en la práctica, se ha consentido que no pagasen impuestos al Estado italiano.

Esta vez, sin embargo, Profiti y el Vaticano parecen haber llegado demasiado tarde. No sólo porque la investigación penal había comenzado, sino porque el hospital ya ha sido saqueado. Si, gracias a los créditos con la Región de Puglia y Basilicata, la Divina Provvidenza ingresa entre reembolsos de gastos y prestaciones sanitarias casi 90 millones al año, en el periodo que va de 2009 a 2014 los centros de don Uva acumulan pérdidas totales que ascienden a 170 millones de euros, mientras directivos y políticos compran la contratación de familiares, amantes y enchufados, por no mencionar el reclutamiento en masa de personas fundamental para el consenso político de Azzollini, ya alcalde de Molfetta, que considera la zona de Bisceglie su personal feudo electoral.

Todas las resoluciones y los contratos fueron firmados por las monjas, que vieron cómo se desarrollaba todo este lío delante de sus narices. ¿Cómo es posible que nadie supiera nada antes de que intervinieran los magistrados? «El único denominador común inmutable durante años ha sido el silencio», explican los funcionarios que desde 2012, mediante análisis financieros y escuchas telefónicas, han trabajado en los oscuros balances del centro de salud. «Gracias al silencio cómplice de todos, a todos los niveles, se ha alimentado e instaurado un verdadero "coágulo de poder", extendido por todo el hospital. Nada ha roto el velo de *omertá* sobre la entidad religiosa, donde hace veinte años trabajaban más de 3.000 personas, y que se parecía más a una caja fuerte que a una entidad de naturaleza caritativa.»

Hasta 1998, las monjas habían acumulado de forma ilícita en cuentas del IOR y del Banco de Roma títulos y dinero en efectivo equivalentes a 55.000 millones de liras, pero nadie denunció jamás irregularidad o extrañeza alguna. Un documento manuscrito encontrado en los cajones de la congregación, presentado hace diecisiete años a la asamblea de las religiosas, explica que a disposición de las pensiones de las monjitas había 7.700 millones de liras y títulos por valor de 2.700 millones, mientras que en el IOR, además de algunos millones de marcos alemanes, francos suizos, dólares canadienses y estadounidenses, había depositados otros 36,5 millones de liras italianas en cuentas gestionadas durante años por el *commendatore* Lorenzo Leone, vicepresidente de la Casa della Divina Provvidenza desde 1972 hasta 1994. Leone, despedido tras el nombramiento del nuevo comisario apostólico, en una misiva autógrafa aclaró que las monjas disponían en el Vaticano de una cuenta de más de 60.000 millones de liras, «de la que sacar los fondos para financiar la construcción de la Obra en Paraná».

Se sospecha que hayan atesorado la fortuna directamente de las arcas de la entidad, y reteniendo miles de millones de los pagos del Estado destinados a cubrir las prestaciones sanitarias de los enfermos; una cifra desorbitada que, en vez de ponerse a disposición del hospital y sus acreedores (el erario italiano, en primer lugar), se escondía, en cambio, en el Torreón de Nicolás V. Eso no es todo: además de la cuenta «oficial», en el IOR se ha descubierto otra cuenta de 27,5 millones de euros a nombre de una inexistente Casa di Procura Istituto Suore Ancelle della Divina Provvidenza, otra entidad fundada por la congregación en 1999. Un organismo ficticio, según los investigadores, constituido y luego utilizado con el objetivo de ocultar las fortunas de las monjas al Estado italiano y a otros acreedores.

¿Cómo lograban las monjas y algunos de sus gerentes hacer desaparecer el dinero desde inicios de los años setenta? Los magistrados todavía lo están investigando. Hace algunos años, en el ámbito de otro proceso penal contra el *commendatore* Leone, iniciado en 1995 y cerrado tras su fallecimiento tres años después, la entonces vicaria general de la congregación, sor Grazia Santoro, hizo unas declaraciones que arrojan cierta luz al respecto: «He visto en diferentes ocasiones cómo Pappolla [al que la monja se refiere como la mano derecha de Leone] sacaba dinero en metálico a petición de Leone Lorenzo y lo metía delante de mí en cajas de zapatos para entregárselas a alguien. Las cajas las colocaban en el coche de Leone, que al día siguiente se acercaba a Roma, donde tenía contactos permanentes en el IOR. Viajaba en un Fiat Croma y con anterioridad en un Mercedes. Leone posee enormes riquezas, injustificadas, ya que siempre ha sostenido que no recibe nada de la Casa».

En el IOR, el *dominus* del manicomio, gran amigo de monseñor Donato De Bonis, gestiona no sólo las cuentas de las monjas, sino también una cuenta que únicamente está a su nombre. Una circunstancia sobre la que el antiguo chófer del vicepresidente dice lo siguiente: «En varias ocasiones he depositado dinero por orden de Leone en cuentas a nombre de su sobrino Procacci Leone Pasquale por valor de varios cientos de millones. El dinero me lo daba Leone en su oficina», explica a Domenico Seccia, magistrado que investigaba por blanqueo de dinero, apropiación indebida y malversación.

El *commendatore* murió en 1998, con la consiguiente extinción del proceso penal que pesaba sobre él, y sus familiares también salieron indemnes de la investigación, ya que los delitos que se les atribuían prescribieron definitivamente en el Tribunal de Trani en 2003. Sin embargo, continúa la sospecha de que la extraordinaria fortuna de Leone provenía de los hurtos que durante años llevó a cabo en el hospital: otra cuenta en el IOR a nombre del gerente alcanza los 16.000 millones de liras, dinero que no ha salido del Torreón incluso después de su muerte. Hoy son más de 8,3 millones de euros y están a nombre de los nietos Lorenzo y Pasquale Leone Procacci, que los han heredado de su madre, hija del *commendatore*. Sorprendentemente, el dinero permanece allí a buen recaudo pese a que las nuevas reglas impuestas por Francisco en 2013 dictaminan que los clientes que no tuvieran derecho, fueran expulsados del banco. Gracias a las nuevas normas de la denominada *voluntary disclosure* (instrumento adoptado por el gobierno de Renzi por el que los contribuyentes con patrimonio ilícito en el extranjero pueden regularizar su situación mediante una libre denuncia de la violación de las obligaciones de supervisión a las autoridades financieras) los nietos han informado en Italia del «botín» acumulado por el *commendatore* pagando sólo una multa. Ni los magistrados de Trani ni los de Roma ni el Vaticano ni Banca d'Italia han podido impedirlo: a pesar de que el centro de salud esté casi en la ruina y de que se haya despedido a cientos de personas, los Leone podrán seguir disfrutando por la gracia de Dios del dinero de la familia.

Tras los presuntos robos en los noventa, el hospital ha seguido siendo saqueado ya entrado el nuevo milenio. Llegan nuevos gerentes, cambia el método, pero no la melodía. La investigación, que se cerró con diez detenciones en junio de 2015, ha identificado –con la ayuda de las respuestas a las rogatorias internacionales facilitadas por la banca vaticana– no sólo las entidades ficticias (además de la fantasmagórica Casa di Procura, las monjas han abierto también la ONG Istituto Don Pasquale Uva en Bisceglie y un Istituto Don Uva en Potenza, ambos inoperantes y con grandes depósitos bancarios), sino también una falsa cuenta para pagar los gastos de la causa de canonización de don Uva. Los magistrados han descubierto casi medio millón de euros en una filial del Banco di Napoli, en Andria, que no se usaron para la beatificación: el postulador oficial ha explicado que no sabe nada y que para ese propósito existe otra cuenta del IOR. Lo más importante de la investigación es que el antiguo manicomio convertido en instituto de rehabilitación se ha transformado en un enorme centro de poder del grupo dirigido por el senador Azzollini: «El administrador de facto del negocio», aclara el magistrado, que identifica a Rocco Di Terlizzi y a Angelo Belsito (este último cercano a Forza Italia y expresidente del consejo municipal de Bisceglie) como los dos gerentes de confianza del sátrapa. Ellos lo deciden todo: la contratación del personal, las relaciones con los bancos, la contratación de los proveedores amigos. Entre tanto, el hospital se hunde, mientras que el director Dario Rizzi (también investigado) puede continuar cobrando 15.000 euros brutos al mes y dar empleo a su amante Adrijana Vasiljevic en la nueva oficina de prensa y relaciones exteriores, creada *ad hoc* para ella y su hermano Roberto. Si sor Marcella en 2010 contrató a su primo Francesco Coluccino como directivo, Angelo Belsito firmó un contrato para su hija Teresa, mientras que la hija de otro dignatario, Raffaele Di Gioia, del PSI, sería contratada como coordinadora administrativa de la sede de Foggia. También fueron contratados la hija del sindicalista de la CISL FPS en Puglia, Nicola Leggiei, y la del representante del sindicato (siempre de la CISL), Michele Perrone, además de un familiar de Mario Morlacco, director de la Agencia Regional para la Sanidad de Puglia. Pese a estar prácticamente en la ruina, la congregación, entre 2007 y 2011, ha dado trabajo a 298 personas. Se trata de contrataciones salvajes y sin control alguno que, según el directivo arrepentido Lo Gatto, se sucedieron una tras otra incluso tras el «golpe de Estado» de Azzollini: «Después de que llegara él, las cosas no cambiaron, no... Todos los que venían de parte de Rizzi, de Angelo Belsito y del senador Azzollini enseguida eran aceptados y contratados. Se les obsequiaba porque así lo quería el senador Azzollini». Los jueces lo acusan de haber inducido a la dirección de la congregación a que contratara entre mayo de 2009 y diciembre de 2011 unos 57 empleados.

2° punto dell'O.d.G. – RICHIESTA DI FINANZIAMENTO ALLA CONGREGAZIONE
'FIGLI DELL'IMMACOLATA CONCEZIONE'

Nell'introdurre l'argomento l'Em.mo Card. Calcagno dice che la questione riguarda il subentro da parte dell'A.P.S.A. in un contratto che lo I.O.R. aveva siglato con la Congregazione 'Figli dell'Immacolata Concezione' per fornire una somma di denaro pari a euro cinquanta milioni, al fine di recuperare le proprietà ospedaliere e non solo ospedaliere messe all'asta a seguito dell'insolvenza che è stata dichiarata. Nel frattempo sono stati compiuti degli atti, non dall'A.P.S.A., ma dalla Congregazione e dal Delegato pontificio, il Card. Versaldi, con il Ministero dello Sviluppo Economico del Governo italiano. Queste trattative sono arrivate ad un punto tale per cui è veramente difficile adesso sottrarsi dagli impegni che sono già stati sottoscritti quando lo I.O.R. aveva dato la sua disponibilità. Le conseguenze che potrebbero derivarne sono molto pesanti oltre a quelle legate alla non conclusione del rapporto con i dipendenti. La indicazione della Segreteria di Stato e della Santa Sede è quella di non lasciare in questo momento la questione incompiuta, data anche la ristrettezza di tempo per arrivare alla conclusione. Probabilmente si potranno avere anche rapporti ulteriori e più approfonditi con i commissari governativi, ma arrivati al punto in cui siamo è davvero problematico fare marcia indietro. Invita quindi l'Em.mo Card. Parolin a prendere la parola. Il Segretario di Stato conferma che per quanto è a conoscenza e ha potuto seguire la cosa è fatta; non c'è possibilità di tornare indietro nel senso che è stato firmato un accordo con il Governo italiano e il retrocedere comporterebbe delle conseguenze a vari livelli. A suo parere occorre ora trovare il modo per proseguire nella maniera più corretta possibile questa operazione. Non si può più tornare indietro e su questo è d'accordo anche il Card. Pell con il quale si è sentito nella mattinata: c'è un contratto firmato che non si può semplicemente rescindere. E' scaturita la proposta che i cinquanta milioni non siano forniti dallo I.O.R., ma dall'A.P.S.A. con la garanzia dell'Ospedale Bambino Gesù. Interviene l'Em.mo Card. Versaldi facendo una sintetica cronistoria. Nel febbraio 2013 ancora Pontefice Benedetto XVI è stato chiamato ad essere il Delegato pontificio per la Congregazione dei 'Figli dell'Immacolata Concezione' i cui dipendenti da tempo lavoravano senza stipendio e si recavano tutte le domeniche all'Angelus a chiedere l'intervento della Santa Sede. La provincia italiana della Congregazione, con l'avvallo, in buona fede si pensa, dei superiori, si era intestata tutti gli ospedali, ma aveva accumulato debiti per più di settecento milioni per truffe e inganni da parte di P. Decaminada, ora agli arresti domiciliari. Era quindi in stato di insolvenza di fronte ai fornitori oltre che non pagare gli stipendi per sei o sette mesi. Benedetto XVI, attraverso la Segreteria di Stato, risponde nominando un Delegato e ovviamente destituisce e sostituisce tutti gli organismi centrali della Congregazione, per cui il

Segunda parte de la minuta del acta del colegio cardenalicio de la APSA de septiembre de 2014 (véase traducción en pp. 230-243).

delegato diventa nel contempo il superiore esistendo problemi anche nel campo religioso. I problemi urgenti, gravi e di giustizia, che creavano scandalo verso i dipendenti e il mondo laico erano soprattutto quelli economico-amministrativi degli ospedali. Non essendo il Card. Versaldi competente nella gestione degli ospedali, fu autorizzato dal Santo Padre ad essere affiancato dai tecnici del Bambino Gesù per gli aspetti economico-amministrativi degli ospedali e da Mons. Iannone, vicegerente, come vicario per gli aspetti religiosi. Tutto questo però ad una condizione: la Santa Sede non voleva coinvolgersi in un aiuto materiale, non prometteva cioè di coprire i debiti. I tecnici, conoscendo bene le leggi italiane in materia, videro come via migliore la richiesta del commissariamento della gestione degli ospedali ricorrendo al Governo italiano e precisamente al Ministero dello Sviluppo Economico il quale nominò tre commissari che presero la gestione e fecero l'analisi dello *status quo* perché non esistevano bilanci credibili. Si riscontrò un disavanzo incolmabile; la stima dei beni, compresi gli immobili, era di duecento milioni mentre i debiti ammontavano a settecento milioni. Allora dichiararono lo stato di insolvenza per cui, in base alla procedura italiana, si va all'asta e quindi si riduce di molto il debito. Tutto ciò si protrasse sino allo scorso agosto. Ad un bando di asta presentammo una nostra proposta globale per evitare lo 'spezzatino' cioè che vengano presi vari pezzi lasciando il peggio insoluto. La Santa Sede è stata l'unica a presentare la proposta di concordato preventivo. Nel frattempo, grazie ai tecnici del Bambino Gesù, le attività che erano state ridotte sino al 50%, diminuendosi così anche gli introiti per pagare gli stipendi, ha raggiunto il 100%. Da Pasqua del 2013 si cominciò di nuovo a pagare gli stipendi tanto che i dipendenti si recarono in piazza all'Angelus per ringraziare il Papa. L'attività è tale che rende e permette di pagare gli stipendi. Rìmane ora la necessità di evitare che arrivino speculatori perché il commissariamento finisce e qualcuno deve prendere questi beni che sono sotto il Governo italiano e non la Congregazione e tanto meno la Santa Sede. Alla domanda dell'Em.mo Card. **Vallini** se i beni sono di proprietà dell'ospedale, l'Em.mo Card. **Versaldi** risponde che la questione è dibattuta perché c'è il tentativo da parte di qualcuno nel governo, di approfittare dell'errore che i superiori avevano fatto di mettere come rappresentante legale il codice fiscale della provincia italiana della congregazione. Quindi comprenderebbero di per sé tutti i beni. Ci si è battuti attraverso i nostri avvocati per fare un perimetro distinguendo i beni produttivi, commerciali, quali gli ospedali che ricevono soldi pubblici e questi vanno certamente messi all'asta, dalle altre proprietà quale ad esempio la casa generalizia e le comunità in Italia che svolgono opere caritative, che non sono produttive. Mentre si faceva il risanamento delle attività di questi ospedali si è operato per la proposta di concordato che è giunta a questo punto. Questi cinquanta milioni dovrebbero essere sufficienti per recuperare i beni ospedalieri e gli altri che non sono commerciali e cominciare le attività di gestione. L'Em.mo Porporato precisa di essere destinatario di un mandato del Santo Padre di aiutare per rimediare agli errori scandalosi commessi da alcuni religiosi, ma senza assumere da parte della Santa Sede alcun impegno economico. Si è andati quindi alla ricerca di questi cinquanta milioni che si assommano ad altri trenta milioni forniti dal Credito Cooperativo Italiano. Siccome presso lo I.O.R. il Bambino Gesù ha un conto corrente nutrito, si è chiesto allo I.O.R. di fare un contratto con la Congregazione con la garanzia di cinquanta milioni del Bambino Gesù bloccati come conto presso lo I.O.R.. Il contratto prevede a tre anni dall'inizio del prestito la restituzione rateale della somma da parte della Congregazione. Ovviamente il Bambino Gesù ha voluto la garanzia a sua volta onde non correre il rischio di perdere i cinquanta milioni. A garanzia c'è una lettera al Bambino Gesù a firma dell'Em.mo Delegato pontificio in cui si dice che in caso di mancato pagamento il Bambino Gesù diventa proprietario degli immobili che tornano in possesso della Congregazione e che assommano a ottanta o novanta milioni secondo una stima che è stata fatta dai commissari: si è quindi in presenza di una garanzia costituzionale in favore del Bambino Gesù. Questi documenti furono presentati allo I.O.R. prima dell'estate essendo ancora Presidente l'avv. von Freyberg, furono esaminati dai suoi legali e dall'A.I.F. e il 22 maggio ebbe luogo la firma del contratto tra lo I.O.R. e la Congregazione in cui si dice: *"Vi confermiamo l'impegno irrevocabile del nostro Istituto all'erogazione a vostro favore [...] di Euro cinquanta milioni [...] da utilizzarsi per il compimento dell'operazione sopra menzionata"*. In altre parole la somma è garantita dal conto dell'Ospedale Bambino Gesù che a sua volta è contro-garantito dagli immobili della Congregazione. Questo "pacchetto" sottoscritto dal legale rappresentante dello I.O.R., l'Avv. von Freyberg e dal Delegato pontificio, l'Em.mo Card. Versaldi, viene consegnato il 3 giugno al Ministero dello Sviluppo Economico come richiesta di autorizzazione al deposito di una proposta di concordato. Si riprende tutto salvando i posti dei dipendenti, l'identità religiosa, molto importante anche per l'eccellenza professionale essendo l'I.D.I. un Istituto di avanzata ricerca. Ora c'è un tempo ristretto in cui il Governo deciderà se aderire alla richiesta o ripetere l'asta, essendo la prima andata deserta. Nel frattempo è cambiato il vertice dello I.O.R. che decide di sospendere il decreto irrevocabile, precedentemente siglato, chiedendo molta altra documentazione in merito. Il 3 settembre si tiene una riunione con l'Em.mo Card. Segretario di Stato presenti il Dott. De Franssu, il dott. Brülhart (AIF), il dott. Casey (Segreteria per l'Economia) e il Card. Versaldi in cui si è preso atto che la cosa è fatta. L'Em.mo **Card. Calcagno** informa di essere stato convocato anche lui a quella riunione senza però che gli sia stata fornita in precedenza alcuna documentazione. L'Em.mo **Card. Versaldi** puntualizza che esiste un contratto dello I.O.R. e se questo decide di cambiare deve rispondere l'ente e non il delegato pontificio. In quella riunione si è deciso concordemente di andare alla soluzione e cioè che alle stesse condizioni dello I.O.R. l'operazione venga fatta dall'A.P.S.A.. A parere dell'Em.mo Card. Versaldi, anche se la situazione è molto confusa e nebulosa, lo I.O.R. si sarebbe impegnato a livello europeo ad eliminare gradualmente le attività di prestito, in modo da concentrarsi sui servizi di gestione investimenti per la propria clientela e ha ritenuto opportuno che la transazione fosse fatta dall' A.P.S.A., rimanendo invariate le condizioni. L'A.P.S.A. non corre nessun rischio, come non lo correva lo I.O.R. perché nel contratto che passa da un ente all'altro è scritto che i soldi sono garantiti dall'O.B.G. e sono bloccati presso l'A.P.S.A. e in caso di insolvenza la perdita della somma sarebbe da parte del Bambino Gesù che a sua volta non li perdrebbe perché ha la garanzia dei beni immobili della Congregazione. Tutto questo è, a suo parere, un circolo virtuoso al quale, nella contingenza dei tempi ristretti non dà adito ad effettuare un'altra soluzione. Ci si potrebbe rivolgere anche ad una banca italiana per avere – alle medesime condizioni - la somma richiesta, ma non c'è tempo e d'altra parte ne deriverebbe un'immagine negativa per la Santa Sede che, dopo aver firmato un contratto dichiarando il suo impegno a far avere la somma necessaria, si ritirasse. L'Em.mo Card. Versaldi ribadisce essere questa, al punto in cui si è arrivati, l'unica soluzione possibile da lui individuata pur se tecnicamente non è forse la migliore. Se non ci fosse stata la complicazione causata dalla nuova *governance* dello I.O.R., l'A.PS.A. non sarebbe stata coinvolta. Il Delegato pontificio subisce un cambiamento *post contractum* irrevocabile. Chiede che in mancanza di anomalie giuridiche e politiche e di tempo si vada in questa direzione confermando la disponibilità dei tecnici suoi collaboratori nel caso si senta la necessità ad avere ulteriori informazioni. Dal punto di vista tecnico-bancario l'operazione genera per l'A.P.S.A. gli interessi delle rateazioni. Prima di passare alla discussione l'Em.mo **Card. Calcagno** chiede al **Prof. Dalla Sega**, avendo studiato la documentazione ed essendo professionalmente competente in merito, se desidera aggiungere qualche altra delucidazione. Il **Prof. Dalla Sega** ribadisce trattarsi di una vicenda complicata che arriva all'ultimo minuto e che presenta grossi rischi qualora non andasse a buon fine. Si tratta di una procedura a evidenza pubblica in quanto siamo di fronte ad una amministrazione straordinaria di una grande impresa in crisi che in questo momento è sotto controllo da parte di tre commissari nominati dal Ministero dello Sviluppo Economico, sono professionisti abituati a gestire situazioni complesse, e questa è una situazione complessa. I rischi sono stati ricordati qualora non si andasse a buon fine. Il rischio maggiore è probabilmente quello di vedersi imputare una turbativa per cui in questo momento è tutto congelato in quanto è stata ufficialmente presentata una proposta di concordato con annessa anche la provvista finanziaria e precisamente i cinquanta milioni che tecnicamente lo I.O.R. ha deliberato; è un'operazione 'bancabile' in termini tecnici. Per quanto riguarda i cinquanta milioni essi sono pienamente garantiti con un tasso d'interesse dignitoso in quanto, a suo parere, i soggetti in campo richiedono una certa considerazione, viste le circostanze. E' un'operazione che potrebbe, come ricordava l'Em.mo Card. Presidente, qualificare ancora di più l'A.P.S.A. nelle funzioni che pare, anche nel processo di riforma, ci si appresta ad attribuirle. Sarebbe tecnicamente un subentro in un contratto che c'è già e come ricordava l'Em.mo Card. Segretario di Stato non si può tornare indietro in quanto è già stata presentata formalmente davanti a pubblici ufficiali una proposta che ha una provvista finanziaria. A suo avviso, entrando a pieno titolo la Santa Sede rappresentata dall'A.P.S.A. con la *moral suasion* della Segreteria di Stato, è bene che anche da un punto di vista professionale i commissari possano interloquire non solo con il rappresentante di chi ha presentato la proposta di concordato ma anche con un professionista che sia esperto in materia fallimentare e specificamente complessa come questa a tutela degli interessi generali della Santa Sede. Sente di dover raccomandare questo come già ricordato sia dal Presidente che dal Delegato pontificio, nel senso che è qualcosa che va al di là dell'ospedale o della Congregazione, ma che a questo punto coinvolge sicuramente la Santa Sede anche a livello "morale". Nel suo intervento l'Em.mo **Card. Re** esprime la sua grande perplessità dopo aver letto la documentazione fattagli pervenire, d'altra parte vede la necessità di salvare la faccia. A suo parere quanto richiesto non rientra nelle competenze dell'A.P.S.A. bensì *in primis* in quelle dello I.O.R.. L'A.P.S.A. è richiesta di fare un passo che non ha mai fatto esprimendo il timore che non ci sia la competenza. Si chiede se non sarebbe competenza della Segreteria per l'Economia. Quanto alla convenienza tutti i motivi che lui vede sono di non convenienza, dall'altro lato il motivo di convenienza è che essendo già stati fatti dei passi occorre salvare almeno l'I.D.I., visto che il S. Carlo è già perso. Chiede la parola l'Em.mo **Card. Versaldi** per chiarire che se il Governo italiano ridà l'ospedale questo non viene gestito dalla Congregazione come tale, cioè non ritorna ai Padri, ma è prevista una fondazione con tre membri nominati dalla Santa Sede e dal Delegato pontificio e con la rappresentanza di due padri. Quindi la gestione non torna più ai padri, mentre alla Congregazione resta la proprietà. Precisa inoltre che il passaggio dallo I.O.R. all'A.P.S.A. non è stato subìto dalla Segreteria per l'Economia, ma è stato voluto da loro. Nell'incontro del 3 settembre ci si è sentiti dire unanimemente dai dottori de Franssu, Brülhart e Casey secondo la nuova configurazione della riforma tra I.O.R. e A.P.S.A. sarà quest'ultima d'ora in poi a fare operazioni di questa portata. E questa sarebbe appunto la prima operazione. L'Em.mo **Card. Calcagno** rende noto che quando è stato convocato alla riunione del 3 settembre e si è sentito fare questa ipotesi ha comunicato che avrebbe convocato la Commissione Cardinalizia preposta all'A.P.S.A. solo se la Segreteria di Stato avesse detto di farlo negli interessi della Santa Sede. E questo ha espresso anche al Santo Padre. L'Em.mo

Card. Parolin chiarisce che non sono state date ragioni per cui si è fatta richiesta di questo passaggio; sono state date ragioni solo per lo I.O.R. nel senso che non avrebbe potuto assumersi questa operazione. Semplicemente si è detto che se non lo può fare lo I.O.R. lo farà l'A.P.S.A.. Il problema posto dall'Em.mo Card. Re è quello della competenza; bisognerebbe saper rispondere. Ci si chiede se l'A.P.S.A. è competente o no per assumersi questa operazione. L'Em.mo Card. Presidente precisa che il contenuto della *e-mail* del Card. Pell non era a proposito di questa operazione, ma in generale e il Santo Padre ha confermato che l'A.P.S.A. va avanti e fa il suo lavoro aggiungendo che Egli desidera la dualità. L'Em.mo Card. Parolin informa che il Card. Pell non è mai stato favorevole sin dall'inizio a questa operazione e anche questa mattina gli ha detto che prima di dare l'ok si dovrà sentire il Consiglio per l'Economia; quindi è ancora *sub judice* la cosa. La principale obiezione posta dal Card. Pell era di questo tipo: 'siamo sicuri che la Santa Sede non perderà questi cinquanta milioni?'. Anche se c'è la garanzia del Bambino Gesù, lui desidera delle garanzie scritte. A questo proposito l'Em.mo Card. Versaldi ribadisce che c'è una lettera sottoscritta dal Delegato pontificio indirizzata al Presidente del Bambino Gesù a garanzia che in caso di non solvenza della rateazione gli immobili valutati più di ottanta milioni vanno al Bambino Gesù. Esiste una firma legale, autorevole, garantita per cui si chiede con quale criterio si mette in dubbio una lettera di garanzia di un cardinale nella funzione di Delegato pontificio. All'obiezione dell'Em.mo Card. De Paolis come mai la Santa Sede vuole la garanzia del Bambino Gesù, mentre può farlo direttamente, l'Em.mo Card. Versaldi replica che i soldi sono sul conto del Bambino Gesù che è proprietà della Santa Sede. L'Em.mo Card. De Paolis puntualizza che il problema non è la Santa Sede, ma è il soggetto che perde i beni in quanto all'interno della Santa Sede vi sono diverse soggettività. L'Em.mo Card. Versaldi ribadisce che c'è una garanzia di ottanta milioni su un prestito di cinquanta milioni. L'Em.mo Card. Vallini dice di comprendere che al punto in cui si è arrivati per ragioni di immagine e di sostanza, per rispetto di un'opera che è comunque ecclesiastica, trattandosi di un istituto religioso, per il bene della gente, per tutti i "martiri" subiti dal Card. Versaldi in questo tempo bisogna dare una mano per ritornare nella proprietà e quindi dare un futuro. Forse se non avessero fatto l'operazione S. Carlo sarebbe stato meglio. Gli fa un po' problema non da un punto di vista di sostanza, ma di immagine e cioè di come potrà essere letto tutto questo da certa stampa che vede sempre maneggi e imbrogli per attaccare la Santa Sede. Dalla descrizione del Card. Versaldi, indubbiamente tutto è lineare, adesso è impegnata la Segreteria di Stato. Gli faceva un po' problema la questione riguardante la competenza dell'A.P.S.A.; lo I.O.R. avrebbe potuto farlo, ma non lo fa perché ritiene che i prestiti non li farà più. Il punto vero è vedere se questa operazione che sembra lineare, chiara e urgente in qualche modo non venga letta per la presenza

10

di un soggetto terzo che è il Bambino Gesù come un'operazione poco chiara. Questa è la sua preoccupazione. Ci fosse stata una soluzione più interna quale la Santa Sede, forse era da preferire; però forse per certi versi è meglio questa. Oltre il punto posto dal Card. Re che dice di condividere, si è competenti per questa operazione? La competenza la dà il Santo Padre perché ha approvato l'operazione e allora va bene l'A.P.S.A. come "banca centrale", peraltro non rischia direttamente i propri soldi perché è pienamente garantita da un altro ente, se pure di proprietà della Santa Sede. A questo punto rimane solo da chiedersi se è o no opportuno, ma qui sembra si sia costretti a farlo, ormai non si può tornare indietro. I danni di immagine, di rapporto politico, diplomatico, giuridico, il problema dei dipendenti sarebbero notevoli da quanto è stato esposto. In questo senso se proprio non c'è altra via e a parere della maggioranza si ritiene che l'operazione non comprometta la Santa Sede sotto ogni profilo, dice di esprimersi favorevolmente. A parere dell'Em.mo Card. Parolin l'operazione non dovrebbe compromettere la Santa Sede da un punto di vista finanziario; l'A.P.S.A. riceverà i soldi che dà con l'interesse in quanto c'è la garanzia del Bambino Gesù il quale a sua volta si rifarà sui beni della Congregazione. Forse c'è qualche rischio dal punto di vista mediatico. A questo proposito l'Em.mo Card. Versaldi assicura che da quando sono entrati hanno dalla loro parte tutti i dipendenti, tutti i sindacati, e la maggior parte degli organismi di stampa. Ribadisce che ha ricevuto da Papa Benedetto XVI, confermato da Papa Francesco, il compito di aiutare senza far perdere soldi alla Santa Sede. Il 3 settembre si sente dire che lo I.O.R. smentisce un accordo irrevocabile per cui ha chiesto a loro cosa fare a questo punto. L'Em.mo Card. De Paolis dice di essere venuto alla riunione con l'idea di dire di sì perché non si può tornare indietro e rimane tuttora dello stesso parere, ma si chiede il perché è sorto questo problema. *Pacta sunt servanda*. Inoltre mentre si chiede all'A.P.S.A. di procedere viene contestata la competenza e altro problema è il fare un giro più lungo invece che più breve. Se i soldi sono garantiti, invece di introdurre il Bambino Gesù, la Santa Sede tramite lo I.O.R. dava i soldi e si garantiva dei beni. A suo parere l'aver introdotto il Bambino Gesù espone a possibili dicerie da parte della stampa. L'Em.mo Card. Versaldi precisa che la proposta inviata è riservata al Governo italiano; non è che appaia un contratto tra il Bambino Gesù e la Congregazione; il contratto è tra I.O.R. – in futuro A.P.S.A. – e Congregazione, quindi formalmente nessuno può dire che il Bambino Gesù sta acquistando l'I.D.I.. Il **Prof. Dalla Sega** puntualizza che nei documenti consegnati ai commissari c'è già l'impegno dello I.O.R., quindi se qualcuno volesse costruire un teorema gli elementi ci sono già perché i commissari sono a conoscenza che c'è un impegno dello I.O.R. da questo punto di vista. Forse ha una maggiore reputazione l'A.P.S.A. che non lo I.O.R., se alla fine parteciperà all'operazione. Per quanto riguarda la domanda di come mai lo I.O.R. non lo fa,

11

è molto difficile interpretare questi cambiamenti così repentini. Lo I.O.R. presumibilmente sempre meno sarà un ente che fa operazioni di credito, ma sempre più sarà una sorta di gestore di patrimoni direttamente o indirettamente. Se rimane un'entità all'interno che può fare anche attività di finanziamento a favore di enti istituzionali questa è l'A.P.S.A..

Alle ore 17,15, come preannunciato, il Card. Vallini lascia la riunione a causa di un impegno. Si assenta anche Mons. Mistò.

A parere dell'Em.mo Card. Tauran il fatto che lo I.O.R. non voglia fare questo tipo di operazione è per una questione di immagine e concorda che l'unica soluzione è quella prospettata. L'Em.mo Card. Nicora ritiene si sia di fronte all'ennesimo caso di "pasticcio vaticano" esprimendo il suo dispiacere poiché questo non è il sistema che ordinariamente dovrebbe assicurare il buon andamento degli enti della Santa Sede. Non si capisce perché se qualcuno deve perdere la faccia questa sia l'A.P.S.A., mentre di per sé dovrebbe essere la Congregazione. L'Em.mo Card. Versaldi ribadisce di aver ricevuto un mandato dal Santo Padre ad aiutare una Congregazione che si era macchiata di truffe verso istituzioni come il Governo dal quale ha avuto fondi e li ha spesi per altri scopi e in secondo luogo verso i quasi 1.500 dipendenti. Dice di non capire il perché ci si riferisca all'aspetto mediatico in negativo; a suo parere i sindacati hanno un grosso potere sui mezzi di comunicazione. Non gli pare una brutta faccia aiutare 1.500 famiglie che vengono a chiedere aiuto al Santo Padre e salvare una istituzione eccellente senza far perdere un euro alla Santa Sede, anzi facendo guadagnare qualcosa a perfetta garanzia. Desiderando capire meglio l'Em.mo Card. De Paolis sostiene che, essendo il Bambino Gesù di proprietà della Santa Sede, non si può dire che la Santa Sede non ci metta i soldi, almeno indirettamente. Interviene il Prof. Dalla Sega precisando che, se tutto va a buon fine come ci si augura, la gestione dell'azienda ospedaliera dovrebbe generare delle risorse per ripagare il debito, anche alla luce del piano industriale sottostante all'operazione. Quindi nello scenario positivo i cinquanta milioni di adesso, compresi gli interessi che via via andranno a maturare nei prossimi anni, saranno restituiti all'AP.S.A.. Se si verificasse lo scenario catastrofico ossia se l'operazione non andasse a buon fine in quanto non si generano le risorse per ripagare il debito, l'A.P.S.A. si rivale sui fondi del Bambino Gesù a garanzia e quindi non perde il capitale. L'Em.mo Card. Versaldi puntualizza che l'ipotesi che il Bambino Gesù metta i soldi è solo se la Congregazione, attraverso la sua attività, non riuscirà da qui a tre anni a versare le rate. Non vengono presi soldi dalla Santa Sede, cinquanta milioni sono bloccati a garanzia e si utilizzeranno solo nel caso in cui la Congregazione non sarà in grado di pagare le rate. Nell'ipotesi che lui auspica normale, i soldi sono presi dall'attività degli ospedali che sono ritornati alla Congregazione. L'operazione, se va a buon fine, non usa i soldi della Santa Sede, ma della Congregazione. L'Em.mo Card. Parolin, esprime da parte sua la convenienza che l'operazione vada in porto, essendo partecipe sin dall'inizio. Riferendosi alle perplessità espresse dal Card. De Paolis e all'intervento del Card. Nicora anche lui si chiede perché lo I.O.R. o l'A.P.S.A. non hanno offerto direttamente i soldi rifacendosi come garanzia sui beni della Congregazione senza il passaggio del Bambino Gesù. A parere dell'Em.mo Card. Harvey questo rende l'operazione più sicura perché gestita da persone competenti. L'Em.mo Card. Parolin precisa che è entrato il Bambino Gesù ad offrire i soldi. A parere dell'Em.mo Card. De Paolis è encomiabile il lavoro fatto, ma non corrisponde a verità l'affermazione che non vi sia stato aiuto economico. Che poi questo aiuto economico possa risultare utile anche a chi l'ha fatto, è un'altra questione. L'Em.mo Card. Versaldi puntualizza che il Bambino Gesù diventa titolare degli immobili e il suo patrimonio risulta essere investito non solo in titoli come adesso, ma anche in beni immobili.

Alle ore 18.30 l'Em.mo Card. Versaldi lascia la riunione.

L'Em.mo Card. Re propone di rivolgersi nuovamente allo I.O.R. dal momento che c'è un impegno sottoscritto in base al quale sono stati assunti degli impegni con il Governo italiano; sono tenuti quindi a rispettare gli impegni presi a livello istituzionale assumendone tutta la responsabilità. Aveva firmato l'avv. von Freyberg nella veste di presidente dello I.O.R. e non a nome proprio e quindi lo I.O.R. si trova con questo impegno preso al quale deve ora far fronte. Aveva preso l'impegno e l'impegno obbliga. L'Em.mo Card. Tauran ribadisce che il motivo per lo I.O.R. è solo una questione di immagine. Anche l'Em.mo Card. Parolin si chiede quali sono le ragioni, oltre a quella che lo I.O.R. non fa più prestiti. L'Em.mo Card. Parolin ricorda che lo I.O.R. ha dato le sue ragioni che sono motivi di immagine. Precisa che c'è la competenza, data dal Papa in questo caso, e non essendovi alcun rischio da un punto di vista finanziario, perché l'A.P.S.A. non perderebbe i suoi soldi - anche se il Card. Pell vorrebbe una garanzia scritta che peraltro il Card. Versaldi afferma di averla già data - ma si prevede un rischio mediatico che pare minimo, chiede perché allora non si può procedere con l'A.P.S.A. A parere dell'Em.mo Card. Re è la fisionomia dell'A.P.S.A. che ci perde un po'. Inoltre un domani la Santa Sede oltre che avere due ospedali: il Bambino Gesù e quello a S. Giovanni Rotondo finirà per averne un terzo e la Santa Sede non è competente per provvedere alla sanità in Italia oltre al fatto che gli ospedali sono tutti in deficit. Se fosse stato per salvare il Gemelli converrebbe di più. L'Em.mo Card. Parolin precisa di aver chiesto assicurazioni sin dall'inizio cioè che questa operazione non significa che l'ospedale entri in possesso né della Santa Sede, né del Bambino Gesù che deve concentrarsi sulle sue funzioni attuali. Assicura di aver espresso parere contrario ad un allargamento del Bambino Gesù. Gli è stato chiarito che l'ospedale rientra in possesso della Congregazione e gestito dalla fondazione. Dovrebbe esserci certezza su questo punto. L'Em.mo Card. Re conviene che questo è un aspetto positivo. In merito alla perplessità che la gestione verrà fatta dal Bambino Gesù il **Prof. Dalla Sega** puntualizza che se nella Fondazione la Santa Sede ha la maggioranza potrà anche dare delle direttive che rispondano a questi orientamenti. L'Em.mo Card. **De Paolis** dice di essere convinto che non ci sono effetti negativi, ma se lo I.O.R. e la Segreteria per l'Economia non ha più voluto proseguire questa operazione si chiede quali sono le perplessità da loro riscontrate. A fronte del fatto che non è possibile tornare indietro, l'Em.mo **Card Re** ribadisce che avendo lo I.O.R. firmato il contratto deve mantenere l'impegno preso. L'Em.mo Card. **Parolin** ricorda che lo I.O.R. ha specificato di non poter compiere l'operazione, non che non vogliono, mentre l'A.P.S.A. la può fare; è questa la differenza. L'Em.mo Card. **Tauran** chiarisce che un motivo è soprattutto perché non vogliono che il primo atto che fanno sia questo. L'Em.mo Card. **De Paolis** replica che se hanno inizialmente firmato il contratto e se questo è valido significa che lo potevano fare. L'Em.mo Card. **Parolin** fa presente che si è in un processo di cambiamento ed anche lo I.O.R. stesso sta subendo tante modifiche per quanto riguarda la sua natura e le sue attività. Esprimendo parere favorevole, l'Em.mo Card. **De Paolis** ritiene utile fare una riflessione sulla vicenda perché non si verifichi più una cosa del genere. L'Em.mo Card. **Calcagno** puntualizza che l'A.P.S.A. non si è offerta, ma interviene perché è stata coinvolta. Ha chiesto anche al Santo Padre il suo pensiero e lui ha risposto che, come aveva detto allo I.O.R., lui desidera che la questione sia risolta; non ha voluto andare oltre perché lascia la libertà alla Commissione Cardinalizia preposta all'A.P.S.A. di esprimere il proprio parere. Il Card. **Presidente** ritiene trattarsi di un problema che deve essere risolto. L'Em.mo Card. **Re** si dice d'accordo sul fatto che il problema vada risolto; circa la soluzione reitererebbe la richiesta allo I.O.R. di mantenere gli impegni presi perché l'impegno è stato preso a nome dell'istituzione anche se è cambiata la classe dirigente. Se proprio la risposta è negativa allo subentra l'A.P.S.A., L'Em.mo Card. **Calcagno** fa presente ancora che se si è arrivati col Cardinale Segretario di Stato a convocare la Commissione Cardinalizia è perché si è valutato che non è possibile insistere con lo I.O.R.. L'Em.mo Card. **Parolin** ripete che questa è stata la conclusione in quanto da parte dello I.O.R. si è manifestata l'indisponibilità assoluta. Alla proposta dell'Em.mo Card. **Calcagno** se non è possibile obbligarli a mantenere l'impegno preso o riferirsi alla Segreteria per l'Economia, l'Em.mo Card. **Parolin** dice che potrebbe farlo solo il Santo Padre. Ci si trova in questa situazione per le ragioni date dallo I.O.R.; a questo punto vale la pena di riflettere se ci siano rischi per l'A.P.S.A. e, pare non ce ne siano, per cui è bene procedere in questo modo, come una formula di emergenza altrimenti non se ne viene fuori. L'Em.mo Card. **Calcagno** assicura che, per quanto si è potuto

14

verificare, rischi finanziari non ce ne sono; ci potrebbe essere qualche altro rischio. Ribadisce che l'A.P.S.A. non ha chiesto questo subentro, è stato chiesto dalla Superiore Autorità la quale ritiene che l'A.P.S.A. debba fare questa operazione. L'Em.mo **Card. Parolin** assicura che ripresenterà la richiesta allo I.O.R. certo di ricevere un altro diniego. L'Em.mo **Card. Calcagno** conclude la discussione assumendo la proposta del Card. Re: il Segretario di Stato farà ancora un tentativo con lo I.O.R.; di fronte ad una ulteriore risposta negativa subentrerà l'A.P.S.A.. Gli Em.mi Porporati si dicono d'accordo.

La riunione termina alle ore 18.00 con una preghiera.

# CAPÍTULO VI
En el nombre del dinero

> Así puedes ver, hijo, cuán fugaces
> son los bienes que alarga la fortuna,
> y de que son los hombres tan rapaces.
> Todo el oro que está bajo la Luna,
> y el que esa grey de sombras retenía,
> la paz no le dará, siquiera a una.
>
> Dante, *Infierno*, Canto VII

La diócesis de Terni tiene un agujero de 25 millones de euros. Al borde de la quiebra financiera, en 2014 Francisco solicita al IOR que ponga orden en la maltrecha administración de la endeudada curia, rescatándola con 12 millones de euros. El papa espera que esta suma sea suficiente, aunque hoy sigue con aprensión los acontecimientos en la población de Umbría: la fiscalía está investigando una presunta asociación delictiva que implica al vicario episcopal Francesco De Santis, al presidente del Instituto Diocesano para el Sostenimiento del Clero, Giampaolo Cianchetta, y al execónomo Paolo Zappelli. En cuanto al exobispo Vincenzo Paglia, su caso ha sido archivado («Creo en la justicia terrenal», ha afirmado satisfecho), pero los hombres que han trabajado para él durante años siguen acusados de falsedad documental, licitación colusoria, fraude y apropiación indebida, por haber comprado con dinero de la Iglesia un castillo que había sido propiedad del municipio de Narni. Una compraventa amañada, según los investigadores, y una operación de especulación inmobiliaria enorme.

El caso de Terni no es infrecuente. De Trapani a América, de Campania a Eslovenia, las diócesis esparcidas por el globo son miles, pero las indecencias financieras que han llegado a oídos de

Francisco superan los cálculos más generosos. En Estados Unidos, aparte de las vicisitudes relacionadas con los casos multimillonarios contra los sacerdotes pedófilos de la Iglesia norteamericana, en los últimos años el poder del dinero ha arruinado la carrera de prometedores eclesiásticos. En 2013, monseñor Kevin Walin fue acusado por la Fiscalía Federal del estado de Connecticut no sólo por consumo de metanfetaminas, sino también por haberse dedicado a su venta gracias a la cual ingresó cerca de 300.000 dólares, que luego invertiría (entre los delitos está también el de blanqueo de dinero) en una tienda de artículos para adultos. La diócesis de Bridgeport, en la que decía misa, lo ha suspendido del cargo, y no es la primera vez que la Iglesia de la ciudad más grande del estado ha tenido que intervenir en asuntos relacionados con sus sacerdotes: en 2012, el reverendo Michael Moynihan fue arrestado por haber utilizado dinero de la Iglesia para sus gastos personales, mientras que su colega Michael Jude Fay (ya fallecido) fue condenado por haber robado de la iglesia de Darien 1,3 millones de dólares, en su mayoría ingresados en una cuenta a su nombre e invertidos en pagarse limusina, sastres, joyas de Cartier, hoteles de cinco estrella, sofás, muebles de diseño de Ethan Allen y una televisión de pantalla plana. No sabemos, sin embargo, lo que le gustaba ver en la tele.

Es probable, en cambio, que la película preferida del arzobispo de Atlanta, en el estado de Georgia, fuera *Lo que el viento se llevó*. Wilton Daniel Gregory no ha sido nunca un cinéfilo, pero en 2011 comprendió que, gracias al éxito de Rossella O'Hara y Rhett Butler, se haría realidad su idea de construirse la casa de sus sueños. Aquel año, de hecho, Joseph Mitchell, nieto y heredero de Margaret, la autora de la novela homónima de la que se extrajo la obra maestra de Victor Fleming, decidió dejar una parte importante de sus haberes a la iglesia de su ciudad, en total cerca de 15 millones de dólares. En el testamento, como hombre justo y precavido que era, Joseph había escrito que esos fondos debían invertirse sólo «con fines religiosos y caritativos».

El sacerdote, en cambio, ha hecho lo que le ha parecido. En primer lugar, vendió su casa a algunos funcionarios y sacerdotes de su parroquia. Luego, decidió mudarse al chalet del pío Joseph, que también había sido legado a la curia, un complejo residencial en el exclusivo barrio de Buckhead, el más elitista de una ciudad asolada por la pobreza y el crimen. Pero, poco tiempo después, al arzobispo se le queda pequeña también esta morada y decide que necesita modernizarla, por lo que la manda demoler y se construye una mansión de lujo de 600 metros cuadrados con parte de los fondos heredados: por las fotografías del interior de la casa y del proyecto del arquitecto, el lujoso megachalet, rodeado de árboles y prados, hace gala de todo el confort imaginable: una *panic room* tecnológica para protegerse de eventuales intrusos, una cocina industrial con una placa de ocho fuegos, varios dormitorios, dos salones comedor con decoración estilo Tudor, algunas habitaciones habilitadas como oficinas personales, un ascensor interno por si nuestro sacerdote estuviera fatigado. Una reforma que, en total, costó 2,1 millones de euros. El proyecto inicial preveía también la construcción de una bodega y la adquisición de una lámpara antigua para el vestíbulo. Los parroquianos se han dado cuenta de que a su pastor no le había convencido la *nouvelle vague* de Francisco y han denunciado la vulgaridad del sacerdote: «Estoy desilusionado conmigo mismo, he perdido credibilidad, integridad personal y pastoral», declaró monseñor Wilton, quien ha anunciado su intención de vender el chalet, donar a la beneficencia lo recabado y mudarse a una estancia más modesta.

El sacerdote que tenía agujeros en las manos

La locura financiera del obispo de la ciudad de Limburg, en Hesse, de 30.000 habitantes, obligó en 2004 a la Gesellschaft für die deutsche Sprache (Sociedad de la Lengua Alemana, la versión teutónica de la Academia de la Lengua) a acoger un nuevo término, «Protz-Bischof» («obispo fanfarrón»), que quedó en segundo lugar en la votación de la institución para elegir la palabra del año, que fue «GroKo», abreviación periodística de «Grosse Koalition» («gran coalición»), desde hace años al frente del Gobierno alemán. Para convertirse en vocablo, el sacerdote Franz-Peter Tebartz-van Elst ha hecho lo contrario de lo que Francisco había pedido a sus monseñores: ha invertido 31 millones de euros en la ampliación y reforma de la sede arzobispal, el centro diocesano St. Nikolaus, cuyas obras deberían haber costado inicialmente 5 millones, cantidad considerada ya excesiva por los fieles. El prelado había hecho oídos sordos y aprobado presupuestos para una capilla privada, una sala para reliquias y el jardín, además de facturas por valor de 2,9 millones para su residencia privada (que contaba con un comedor de 63 metros cuadrados y una bañera tamaño *king-size* de 15.000 euros). Los fondos, según el *Süddeutsche Zeitung*, habrían sido desviados de la caja de la Obra de San Giorgio, fundación destinada a obras sociales, sobre todo a la asistencia de las familias numerosas más necesitadas de la ciudad.

Tras lo publicado en los medios de comunicación, también Francisco ha tomado cartas, primero, cesando de sus cargos al sacerdote y, luego, creando una comisión para investigar por qué se habían multiplicado por seis de los gastos del nuevo centro. «La elaboración de un proyecto constructivo de este valor responde a los deseos del obispo, que ha evitado dar detalles sobre los costes de manera deliberada», explica la comisión en uno de sus informes. En realidad, la construcción de la sala capitular de la catedral «había sido planificada y se habían comunicado gastos poco realistas», es decir, demasiado bajos, antes de la llegada del obispo despilfarrador. En vez de dar marcha atrás, Tebartz-van Elst se ha aprovechado y ha comunicado a los fieles costes que en los presupuestos eran mucho menores que las cifras que en realidad ha gastado. También los componentes del consejo administrativo, una especie de comité de control, serían culpables por no haber examinado con más atención los gastos del obispo. En Alemania la transparencia es una utopía: *Der Spiegel* ha contactado 27 diócesis alemanas para que se hicieran públicos los gastos e ingresos de las iglesias. Excepto dos, las demás se han negado a facilitar información sobre su estado patrimonial. También la Fiscalía de

Hamburgo ha estado detrás de Tebartz-van Elst, con motivo de un caso paralelo sobre un presunto delito de falso testimonio bajo juramento: durante una declaración al juez, monseñor aseguró haber viajado en primera clase, donde sirven champán y aperitivos, en un vuelo directo a India para visitar a una comunidad de pobres, utilizando las millas acumuladas por su vicario general Franz Kaspar. Los jueces han archivado el caso después de que el sacerdote pagara una multa de 20.000 euros.

Para Francisco fue la gota que colmó el vaso: el 26 de marzo «aceptó la dimisión» del «Protz-Bischof», a quien los fieles también acusaron de tener «un estilo autoritario». Pero el obispo no ha terminado en un convento perdido como se esperaban muchos en Alemania: desde abril de 2015 vive en Roma, en la Santa Sede, y es miembro del Consejo Pontificio para la Promoción de la Nueva Evangelización como delegado. Un cargo que no existía y que ha sido creado *ad hoc*. «Van Elst trabajará con el secretario y el subsecretario, y tendrá que gestionar los contactos con las conferencias episcopales de varios países y ocuparse de los catecismos, sin tener que firmar él los textos», ha declarado el presidente del ministerio Rino Fisichella, lo cual no ha conseguido aplacar la ira de los alemanes: el obispo es el número tres del ministerio pontificio.

### Televisión porno en Eslovenia

Los escándalos teutónicos, sin embargo, son insignificantes al lado de lo sucedido en una pequeña diócesis eslovena. La basílica que preocupa a Francisco y a sus hombres de confianza, sobre todo George Pell y Pietro Parolin, es la de Máribor, pequeña ciudad del norte de Eslovenia, famosa por acoger pruebas de eslalon de la Copa del Mundo de esquí.

La ciudad se ha hecho famosa en el Vaticano gracias a uno de los escándalos financieros más graves de la historia de la Iglesia: la archidiócesis, además de cumplir con su misión pastoral en una comunidad de poco más de 100.000 fieles, en los últimos años se ha lanzado a realizar inversiones de riesgo. Bien por incompetencia del obispo, bien por la crisis económica mundial, unida a un golpe de mala suerte, la Iglesia y las sociedades que controlaba han logrado generar la impresionante deuda de más de 800 millones de euros, un agujero monstruoso que no saben cómo tapar y que representa el 2 por ciento del PIB esloveno, siendo tres veces superior a los ingresos registrados en el último balance del Vaticano. Para evitar la quiebra, en 2014 el IOR pagó 40 millones de euros a la diócesis, por voluntad del papa mismo, aunque el gesto equivale a intentar tapar con un dedo el agujero del *Titanic*. ¿Cómo es posible que una minúscula archidiócesis haya acumulado en unos veinte años deudas dignas de una multinacional? Los documentos confidenciales consultados para la redacción de este libro y las entrevistas con numerosas fuentes eslovenas describen una situación catastrófica. Pero vayamos por partes y empecemos por el final, por el momento en que en San Pedro advierten, casi por casualidad, las voluminosas dimensiones del tumor causado por las aventuras financieras del arzobispo Franc Kramberger, cuando a finales de 2007 una televisión controlada por la Iglesia eslovena comienza a emitir programas pornográficos. Los periódicos locales se vuelven locos y en Roma comienzan a ponerse nerviosos, sobre todo porque por esas mismas fechas el arzobispo de Máribor manda una extraña solicitud al Vaticano: desea una autorización para abrir dos créditos de 5 millones de euros cada uno.

Al Vaticano le huele mal, así que pide explicaciones al nuncio apostólico en Eslovenia. El embajador del papa empieza a sospechar que algo se esconde tras los vídeos tan subidos de tono que la televisión de los sacerdotes emite para aumentar su cuota de pantalla, y hay quien rumorea sobre pérdidas millonarias e inversiones estrambóticas. Monseñor Mauro Piacenza, entonces secretario de la Congregación para el Clero, solicita a la diócesis información más detallada. Las respuestas llegan meses más tarde (primero sobre la sociedad de comunicación T-2, la que controla la televisión, y, luego, sobre cuentas y varios *holdings* de la diócesis) y no son satisfactorias: Piacenza advierte al secretario de Estado Bertone, y el Vaticano decide mandar a Máribor a un inspector de confianza para estudiar el caso más de cerca. Gianluca Piredda, experto en análisis de balances y actualmente mano derecha de Versaldi en el IDI, llega a Eslovenia a inicios de 2010 con el título de «visitante apostólico». No tarda mucho en darse cuenta de que la ruina de la archidiócesis ha adquirido proporciones bíblicas.

El experto manda un informe a Roma con sus conclusiones. La pequeña Iglesia eslovena se ha extralimitado y ha creado un imperio económico de cartón piedra. La aventura se inicia a principios de 1990, cuando la diócesis de Máribor funda el banco Krek (que en diez años se convertiría en la décima institución del país, vendido en 2002) y una sociedad comercial (Gospodarstvo Rast). Algunos años más tarde, nacen dos *holdings* de inversiones y diversos negocios, Zvon 1 y Zvon 2, controlados por la Rast.

Estas sociedades compraron inmuebles, otras sociedades por acciones, negociaron hipotecas con los bancos que les prestaron decenas de millones, que invirtieron no sólo en las finanzas y en empresas seguras, sino también en sectores tecnológicos como la fibra óptica y las telecomunicaciones. El *holding* Zvon 1 ha realizado «inversiones a largo plazo equivalentes a 416 millones de euros», según el informe, y tiene «deudas fuera de balance equivalentes a 524 millones». Nada ha salido según lo previsto: «Existe la posibilidad real», concluye el dosier, «de que todas estas sociedades quiebren. Las consecuencias serían graves».

Entre las inversiones de la Iglesia eslovena hay de todo: 94 millones en acciones del banco Abanka, 72 millones en la empresa Helios, especializada en materiales de construcción, 13 millones en la sociedad de gestión Krek, 18,8 en Petrol (energía, gas y petróleo), otros 22 en la misteriosa Cinkarna, cuyo negocio principal es la producción y la distribución de «pigmentos de dióxido de titanio». Hay también empresas en el extranjero, en Croacia, como Sole Orto, que recibió 20 millones de euros.

La inversión «más crítica», según el informe, es la de T-2 (120 millones en total), una sociedad que por internet se define, sin modestia alguna, como «el futuro», controlada casi completamente por los dos *holding* eclesiásticos y cuya actividad se concentra en servicios de telefonía, internet y televisión gracias a la creación *ad hoc* de una red de fibra óptica para sus clientes. Entre el pasivo financiero y el hecho de que son necesarios otros 200 millones de euros para finalizar la red, «el futuro», sin embargo, no llegará. Además, las deudas a corto plazo son nueve veces superiores a lo que genera el negocio. La consultora KPMG, a la que el Vaticano ha encargado un informe, da por perdido más del 70 por ciento del capital invertido: el valor estimado en junio de 2010 oscilaba entre los 24,6 y los 28,6 millones de euros. Una limosna. «En este momento», explicaba el técnico del Vaticano, «no hay nadie interesado en adquirir la T-2 que pudiera ofrecer un importe más elevado».

El efecto dominó del colapso podría iniciarse precisamente aquí: se necesita un milagro para salvar la T-2 y la Zvon 1. La supervivencia de la hermana Zvon 2 (en manos del mercado en un 35 por ciento, porcentaje repartido entre 30.000 pequeños ahorradores) pende de un hilo: las deudas fuera de balance en este caso superan los 189 millones de euros. Si quebraran los dos *holdings*, tampoco el grupo al que pertenecen, Gospodarstvo Rast, tendría mejor fortuna.

Tras el informe de Piredda, la primera cabeza en caer ha sido la del arzobispo de Máribor Frac Kramberger, a quien Benedicto XVI sustituyó por monseñor Turnšek. El otro coautor del desastre también ha sido identificado: el director de la administración económica de la Iglesia de Máribor, el hombre de negocios Mirko Krasovec, ecónomo de la diócesis desde 1985. «Creo firmemente que nuestra buena fe nos ayudará a superar también esta prueba, con espíritu fraterno y ayuda mutua», escribe Krasovec al Vaticano en una relación antes de ser retirado del cargo. No sabemos si las oraciones ayudarán a salvar la Iglesia eslovena, pero lo cierto es que la exposición de los hechos describe bien la impericia de los hombres del clero esloveno y de sus colaboradores. Para expandir la «actividad pastoral» y la «actividad de carácter humanitario y

## 1. Introduzione

L'analisi finanziaria dell'Arcidiocesi di Maribor è stata effettuata in base alla documentazione presentata da parte dei responsabili dell'Arcidiocesi. L'Arcidiocesi di Maribor non è obbligata a presentare relazioni in conformità con la legislazione slovena. Nonostante questo la contabilità dell'Arcidiocesi di Maribor è organizzata rispettando i principi contabili sloveni in vigore dal 2006.

Per il fatto che non sono obbligati alla revisione ne alla presentazione delle relazioni, alcune voci di bilancio risultano poco chiare, ciò è poco importante però per la comprensione di questa relazione.

La contabilità dell'Arcidiocesi di Maribor ci ha permesso di comprendere lo stato patrimoniale al 31.8.2010. Il nostro compito è stato quello di verificare con la massima attenzione quale fosse la reale situazione patrimoniale dell'Arcidiocesi di Maribor. In particolare abbiamo concentrato la nostra attenzione sui seguenti argomenti:
- immobili
- investimenti finanziari a lungo termine
- passività finanziarie
- passività fuori bilancio (passività potenziali)

Ancora una volta sottolineiamo che la nostra analisi si basa sulla documentazione presentata dai responsabili dell'Arcidiocesi di Maribor.

## 2. Sintesi dell'analisi dell'Arcidiocesi di Maribor

- L'Arcidiocesi di Maribor è in serie difficoltà finanziarie a causa delle difficoltà della sua parte commerciale, che fa parte del gruppo della società Gospodarstvo Rast d.o.o..
- Se in breve tempo non arrivano nuove garanzie, apporti di capitale o altri elementi finanziari utili per salvare le società Zvon ena holding d.d., Zvon dva holding d.d., T-2 d.o.o. e Gospodarstvo Rast d.o.o. c'è la possibilità reale che tutte le società indicate vadano in fallimento, le conseguenze per l'Arcidiocesi di Maribor sarebbero pesanti: mancato rimborso dei prestiti e la conseguente perdita degli immobili ipotecati da parte delle banche commerciali e altri elementi del patrimonio utilizzati come garanzia per il rimborso dei prestiti.
- In base alla revisione notiamo che l'investimento finanziario fatto nella società controllata Gospodarstvo Rast d.o.o. non ha, in questo momento, nessun valore e di conseguenza il capitale indicato è maggiorato di questo valore.
- Il prestito a breve termine concesso alla società Gospodarstvo Rast d.o.o., in questo momento non è restituibile pertanto si dovrebbe correggere il suo valore.
- E' molto probabile, che la garanzia concessa in solido alla Raiffeisen banca, dove alcune persone fisiche hanno richiesto (ed ottenuto) prestiti per la costituzione delle società Betnava d.o.o. e Dom Studenice d.o.o., si trasformerà alla scadenza, nel 2013, in debito per l'Arcidiocesi di Maribor proprio per la natura stessa del contratto di garanzia.
- I punti elencati hanno un effetto sul capitale pari a 22.894 TEUR[1], di questo la svalutazione degli investimenti nella società Gospodarstvo Rast d.o.o. è pari a 15.329 TEUR, la svalutazione degli investimenti finanziari a breve termine indicati come indebolimento dei prestiti concessi alla società Gospodarstvo Rast d.o.o. è pari a:

---
[1] Tutti gli importi sono indicati in migliaia di Euro

La crisis de la archidiócesis de Máribor en el informe del visitador apostólico (véase traducción en pp. 243-245).

3.622 TEUR e le passività indicate come progetti Betnava d.o.o. e Dom Studenice d.o.o. sono pari a: 3.943 TEUR, tali investimenti, a causa delle circostanze non favorevoli, non hanno nessun valore anche se diventassero diretta proprietà dell'Arcidiocesi di Maribor. Per questo motivo riteniamo che il capitale dell'Arcidiocesi di Maribor al 31.8.2010 è pari a 6.094 TEUR e solo a condizione che non ci siano ulteriori passività potenziali.

- L'Arcidiocesi di Maribor ha delle passività fuori bilancio (conti d'ordine) estremamente elevate, una parte importante di queste è rappresentata dalle lettere di Patronage. Dall'analisi è evidente che le dichiarazioni sono più moralmente vincolanti che giuridicamente. Tenendone conto le passività fuori bilancio si riducono notevolmente.

### 3. Presentazione dell'Arcidiocesi di Maribor

L'Arcidiocesi di Maribor nasce nel 2006 dalla divisione della Diocesi di Maribor con circa 800.000 abitanti in tre diocesi, vale a dire nell'Arcidiocesi di Maribor con il 51,74%, nella Diocesi di Celje con il 34,43% e nella Diocesi di Murska Sobota con 13,83% dei credenti dell'ex Diocesi di Maribor. Con questa divisione la Diocesi di Maribor è diventata Arcidiocesi e sede Patriarcale ed il patrimonio della Diocesi di Maribor è stato suddiviso proporzionalmente in base alla percentuale dei credenti.
Nell'anno 1992 la Diocesi di Maribor ha costituito la banca pan-slovena che dopo dieci anni ha raggiunto il decimo posto nel paese. Accanto alla banca Krek è stata costituita anche una società per le privatizzazioni, da qui sorgono Zvon ena holding d.d. e Zvon dva holding d.d., che svolgono l'attività delle holding.
A Zvon ena holding è stata trasferita la maggior parte dei beni, a Zvon dva holding invece la parte meno prestigiosa e in minor quantità.
Nel 2002 l'Arcidiocesi di Maribor ha venduto la Banca Krek alla Raiffeisen Zentral Bank di Vienna.
La maggior parte del denaro ricevuto dalla vendita, è stato investito dalla Diocesi di Maribor per l'acquisizione di beni nell'ambito della società di gestione Krek. Nel 2005 in base a questa proprietà e con un indebitamento pari a 27.221 TEUR, attraverso la società Gospodarstvo Rast, ha acquisito il 53% di Zvon ena holding.
Una parte importante delle attività dell'Arcidiocesi di Maribor è legata anche con la gestione degli immobili.

### 4. Bilancio dell'Arcidiocesi di Maribor

Bilancio al 31.8.2010 in TEUR

| Voci di bilancio | 31.8.2010 |
|---|---|
| **Risorse** | 70.290 |
| **Immobilizzazioni** | 64.613 |
| Immobilizzazioni immateriali | 1.883 |
| Immobilizzazioni materiali | 38.547 |

caritativo» y para crear «nuevos institutos de formación» se han hecho operaciones millonarias ingenuas y poco prudentes. Los negocios han continuado de esta manera durante lustros, sin que jamás lo advirtiese el Vaticano: sólo a finales de 2007 se pidió el permiso para solicitar dos créditos. La Santa Sede, para cualquier operación superior al millón de euros, debe dar autorización por escrito. Durante su exposición de los hechos, el ecónomo defenestrado baja de las nubes: «No sabía que se requería una autorización [...], sino que se aplicaba sólo a los préstamos personales, no a las deudas acumuladas, y que dichos límites únicamente eran de aplicación en el caso de las diócesis, no de las sociedades de propiedad o vinculadas a ellas».

En caso de quiebra de las diversas sociedades y de responsabilidad por las deudas, la línea de defensa del Vaticano se basará en que no se han respetado las normas: sin una autorización de Roma, todas las operaciones de la diócesis eslovena, según la Santa Sede, deben ser consideradas irregulares desde el punto de vista jurídico. En la práctica, en caso de impago, los 30.000 ahorradores, los bancos y otros acreedores podrán solicitar indemnización al Estado Pontificio, ya que los contratos con la Iglesia de Máribor no tendrán ningún valor. Quien invirtió dinero en las sociedades del clero esloveno lo más seguro es que lo pierda, y los que más tienen que perder son los pequeños inversores.

Aunque no sólo ellos, también instituciones importantes: Nova Ljubljanska Banka, primer banco de Eslovenia, con oficinas también en Italia, ha prestado para la creación de la televisión digital implicada en el escándalo porno casi 85 millones de euros; las pérdidas potenciales de otros bancos se cuentan por decenas de millones. También la Iglesia de Máribor podría perder casi todas sus propiedades y bienes dados en garantía: mientras que la Raiffeisen Banka, a cambio de la concesión de tres préstamos, ha obtenido acciones, la cesión de los cánones de arrendamiento de algunas oficinas de propiedad del clero, terrenos y pisos; Unicredit, por su parte, ha prestado a la Iglesia 11,2 millones y como aval se ha asegurado – además de acciones del *holding* Zvon 1– la hipoteca del estupendo monasterio de Studenice, del siglo xii, y la de un taller de órganos musicales. Además de haber prestado 40 millones a través del IOR, Francisco ha cortado otras cabezas. Marjan Turnšek, hombre de Benedicto XVI, fue cesado dos años después de su nombramiento, y la misma suerte corrió el obispo de Lubliana Anton Stres, culpable, según el Vaticano, de la falta de supervisión de las operaciones de los desenvueltos prelados. El sustituto, como en el caso de la diócesis de Terni, es un franciscano. Bergoglio espera que siga los dictados enunciados en la primera regla (la no bulada) que compusiera san Francisco en 1221: «Ninguno de los hermanos, dondequiera que esté y adondequiera que vaya, en modo alguno tome ni reciba ni haga que se reciba pecunia o dinero, ni con ocasión del vestido ni de libros, ni como precio de algún trabajo, más aún, con ninguna ocasión, a no ser por manifiesta necesidad de los hermanos enfermos; porque no debemos estimar y reputar de mayor utilidad la pecunia y el dinero que las piedras».

Lujo franciscano

Recientemente, sin embargo, los frailes menores no parece que se hayan comportado como conviene a la orden del santo patrón de Italia. En los últimos meses de 2014 y los primeros de 2015, sorprendentes asuntos financieros y escándalos en provincias han manchado su buen nombre. El *poverello* de Asís, a quien magnificaran, glorificándolos, los versos de Dante (que en la *Divina Comedia* puso los elogios de san Francisco en boca del dominico Tomás de Aquino), es el «Santo» por antonomasia. Su rasgo distintivo es el abandono de la riqueza, el rechazo de la opulencia, el del religioso que se despoja de sus bienes para mejor profesar su fe. La historia del agujero de casi 100 millones de euros creado por la curia general de Roma parece un contrapunto que ni siquiera el poeta florentino habría podido imaginar.

La orden está al borde de la quiebra, no porque haya entregado todo a los pobres, ni por invertir en obras bondadosas. El agujero se debe a insensatas inversiones bursátiles, al parecer a cargo de sociedades terceras a las que la orden acudió y que emplearon el dinero de san Francisco en operaciones de alto riesgo financiero. Además, el agujero fue generado por ciertos gastos fuera de control, como los asociados a la reforma del Auditorium Antonianum (casi 4 millones de euros; un palacio de congresos que cuenta con un restaurante abierto al público cerca de via Merulana, en Roma), y por las inversiones en un hotel de lujo detrás de la plaza de San Pedro, Il Cantico. Con anterioridad, el edificio había sido un orfanato. Construido por los franciscanos en via del Cottolengo, fue clausurado en la posguerra y reabierto hace algunos años como residencia de lujo. Los frailes, en equipar su inmueble, se han gastado en total una veintena de millones, cifra altísima para una restauración: hoy el edificio es *high tech* (el mobiliario ha costado 15.000 euros por cada habitación, con doble sistema de ventilación) y ofrece a sus huéspedes un restaurante *gourmet* (además de una pastelería y una heladería), un comedor y una tienda donde los frailes venden pastillas de jabón y esencias biológicas en las que incluyen las oraciones del santo (los franciscanos han comprado toneladas de jabón en pedidos que han alcanzado los 100.000 euros). Se trata de un lugar donde empresarios y ejecutivos, por 200 euros la noche, pueden caminar por los «20.000 metros cuadrados de espacios verdes, con un jardín y un frondoso bosque por los que pasear y meditar…», explica el folleto del hotel, el cual, sin embargo, no menciona que modernizar el jardín ha costado más de un millón de euros. En el momento de redactar este libro, el hotel está en venta, y ya hay negociaciones para su compra, entre ellas con un fondo árabe.

Las finanzas creativas de los frailes son sacadas a la luz en diciembre de 2014, cuando el padre Michael Perry, estadounidense y nuevo ministro general de la orden, tras una investigación interna decide denunciar la bancarrota en el sitio oficial de internet de los franciscanos antes de que lo haga la prensa. Una carta que ha causado perplejidad por poner en entredicho la misión, los santos propósitos y el espíritu de los orígenes. «La curia general», escribe Perry, «se encuentra en una situación grave, subrayo grave, de dificultades económicas, por una gran acumulación de deudas. Se ha sabido que eran demasiado débiles, o estaban comprometidos, los sistemas de vigilancia y control financiero en relación a la gestión del patrimonio de la orden, con la inevitable consecuencia de su falta de eficacia respecto a la garantía de una gestión responsable y transparente». Una situación originada por «un cierto número de dudosas operaciones financieras, realizadas por los franciscanos a los que se había confiado la gestión del patrimonio de la orden, sin la plena conciencia ni el consenso ni del anterior ni del actual Definitorio General». La conclusión suena a sentencia: «El alcance e importancia de estas operaciones han puesto en gran peligro la estabilidad financiera de la curia general».

El ministro general Perry aclara que entre los responsables se encuentran «algunas personas externas que no son miembros de la orden», y que se ha tomado la decisión de «pedir la intervención de las autoridades civiles, de modo que puedan arrojar luz sobre este asunto». El único que ha dimitido ha sido el padre Giancarlo Lati, ecónomo general y representante legal de la orden durante unos años. Fue responsable del hotel y gestor de la casa franciscana. Después de haber contratado algunos créditos y de haber invertido en Il Cantico y en el Auditorium más fondos de los presupuestados, el sacerdote habría intentado recuperarlos invirtiendo en los mercados internacionales a intereses fijos garantizados. Pero caería en la red de intermediarios sin escrúpulos con las consecuencias que acabamos de ver.

Si el padre Giancarlo ha terminado en un convento en Umbría, es necesario recordar que las decisiones económicas que han conducido a la quiebra se tomaron cuando era ministro de la orden José Rodríguez Carballo. El español ha dejado el ministerio en el momento en que Bergoglio entra en el Vaticano, al ser promocionado a secretario de la Congregación para los Institutos de Vida Consagrada. Paradójicamente, fue él, junto a su prefecto, quien firmó las nuevas «líneas orientativas» que algunas órdenes religiosas deben seguir para evitar nuevos escándalos financieros y las finanzas creativas. Como se suele decir, el hombre justo en el puesto apropiado.

## Los 102 automóviles de los religiosos

El *annus horribilis* de los franciscanos ha causado otros disgustos a los fieles en marzo de 2015, cuando el padre Bernardino Maria y el padre Pietro Maria fueron investigados por robo y falsedad documental por la Fiscalía de Avellino, un caso que todavía permanece abierto. Los protagonistas son esta vez algunos franciscanos de la Inmaculada (la casa madre del instituto fundado por el padre Stefano Maria Manelli en 1970 y reconocido por la Iglesia católica en 1990, que está situada en Frigento, cerca de Avellino), de los que se ha revelado que poseen fortunas de decenas de millones de euros. Incluso quien promete despojarse de todo bien puede caer en la tentación y cometer actos ilícitos.

La tormenta estalla, de manera inesperada, cuando el juez de instrucción da órdenes para que se embarguen casas y cuentas corrientes por un valor de 30 millones (luego devueltos), después de que la fiscalía, al frente de la cual se encuentra Rosario Cantelmo, sospechara de un robo de grandes dimensiones en los bienes de la orden. Una investigación que parte de la denuncia de Fidenzio Volpi, un sacerdote capuchino mandado como delegado apostólico por el Vaticano, que el 11 de julio de 2013 toma la decisión de poner la congregación bajo tutela a causa de una serie de guerras intestinas entre los hermanos por cuestiones ligadas a la doctrina. Llevaban años produciéndose tensiones y luchas internas entre el fundador y algunos adeptos en torno a la cuestión de modificar, en un sentido tradicionalista, algunos ritos, retomando el uso exclusivo del misal antiguo. Litigios de los que el propio Benedicto XVI tenía conocimiento.

Sin embargo, la investigación reveló asuntos que nada tienen que ver con una distinta concepción de la misa. Para no perder control sobre la gestión del patrimonio con la llegada del nuevo comisario, los dos sacerdotes investigados (quizá junto a otras personas que aún no han sido identificadas) habrían redactado dos actas de asamblea falsas para modificar el estatuto y cambiar la titularidad del instituto, de forma que pasara a ser propiedad de algunas asociaciones ajenas a la entidad religiosa. Se trata de un plan urdido en agosto de 2013, un mes después de que la congregación se pusiera bajo tutela judicial a la congregación. La maniobra denunciada por Volpi «impediría», explica la fiscalía, «al comisario apostólico ejercer las prerrogativas que los estatutos garantizan al gobierno de la orden religiosa». Todavía hay más. Los dos sacerdotes, «consintiendo la entrada de laicos en las empresas asociadas (laicos no vinculados a la obediencia frente a la jerarquía eclesiástica, en esa época y todavía hoy representada por el comisario apostólico)», lograrían «de manera fraudulenta sustraer las dos asociaciones a cualquier forma de control por parte del orden religioso, del que constituyen una expresión directa».

Pero más que las disputas internas y las luchas de poder, lo que más perplejidad provoca es el patrimonio propiedad de estos frailes dedicados a la oración y la penitencia. Si el hermano Italo Cammi, en la *Leyenda franciscana de la Inmaculada*, explicaba que los miembros de la congregación «en los meses menos fríos duermen en un lecho de madera sin jergón» y que había «que soportar las temperaturas bajo cero de los duros meses invernales en sandalias, bajo el agua y la nieve», los magistrados en el año de gracia de 2015 han embargado a las dos asociaciones 59 propiedades entre pisos, casas y conventos desperdigados por toda Italia, 17 terrenos, 5 plantas fotovoltaicas, un estudio radiofónico y cinematográfico. Y 102 automóviles.

De forma paradójica, las asociaciones bajo investigación habían sido creadas precisamente para que el instituto religioso de los frailes franciscanos de la Inmaculada, habiendo puesto todo a su nombre, no contraviniera el voto de pobreza. El trabajo del comisario revela operaciones de casi un millón de euros, efectuadas de 2008 a 2012, que se realizaron mediante la emisión de cheques corrientes y bancarios a favor de beneficiarios desconocidos y sin un motivo claro. El padre Bernardino Maria, execónomo de la congregación y autoridad principal de ambas asociaciones, no ha respondido cuando ha sido requerido para dar explicaciones oficiales. Se sospecha que el fraude es de un millón de euros, equivalentes al daño patrimonial que han sufrido las dos asociaciones.

## Contrabandistas del ladrillo

Las noticias lo han contado así: un día de principios de 2015, un sacerdote bosnio se encuentra en el valle de Como-Brogeda. Nada de particular, si no fuera porque el sacerdote, embutido de billetes, es detenido por la Guardia di Finanza. El prelado afirma transportar, dentro del límite consentido por la ley, menos de 10.000 francos suizos. Sin embargo, revolviendo en su maleta, en medio de la ropa y el neceser, la Guardia di Finanza encuentra 50.000 francos suizos y otros billetes por valor de 51.004 euros. El 50 por ciento del dinero es requisado por los agentes. ¿Procedencia? Desconocida.

«En un momento en que la atmósfera de corrupción se extiende por todos lados, hay que procurar el crecimiento de la economía de la honestidad», dice Francisco a los banqueros italianos el 12 de septiembre de 2015, invitándoles a ayudar a la parte más débil de la sociedad. Acaba de iniciar su lucha contra los mercaderes del Templo, aunque en dos años de pontificado se ha dado cuenta de que los enemigos de la revolución son muchos, y amenazan con multiplicarse.

Volviendo a Campania, algunos religiosos de la Santa Iglesia Romana se han visto implicados en una nueva historia de fraude relacionada con los monseñores que invirtieron importantes sumas para construir un hotel en vez de un centro de acogida para menores (el inequívoco nombre del proyecto iba a ser Villaggio del Fanciullo [Centro del menor]). La financiación había corrido a cargo de la Región de Campania y ha terminado en el punto de mira tanto de los jueces penales como de la magistratura contable, que han investigado a un pez gordo de la curia campana: el arzobispo emérito de Salerno, Gerardo Pierro. Condenado en primer grado en 2012 a diez meses de prisión, el caso ha sido archivado por prescripción del delito (el arzobispo se había declarado inocente desde el inicio del proceso), mientras que el juez ha condenado en segundo grado a don Comincio Lanzara, su maestro de ceremonias, a cuatro meses de cárcel. El magistrado en principio había pedido cinco años, porque sospechaba que el sacerdote se había apropiado de 300.000 euros, una parte de la suma que habría ganado gracias a la venta de otro inmueble de la curia. El 20 de marzo de 2015 han sido condenados también tres técnicos del municipio, así como monseñor Vincenzo Rizzo (a cuatro meses), en aquella época jefe de la oficina administrativa de la curia de Salerno.

En el asunto están en juego 2,5 millones de euros de fondos públicos de la Región de Campania, una partida del presupuesto destinada a asuntos sociales, que al final han sido invertidos con otros fines. Un documento inédito del Tribunal de Cuentas de abril de 2014 detalla el fraude organizado por el grupúsculo de sacerdotes de la curia de Salerno, propietarios de un complejo de edificaciones denominado Colonia San Giuseppe. En 2001 deciden que ha llegado el momento de reformar viejos edificios decrépitos y deshabitados, así que participan en un concurso público de la región. Un acuerdo marco con el que el Estado italiano financiaba con dinero público obras «para la promoción de la oferta social en las zonas degradadas, la mejora de la calidad urbana o la recuperación y la recalificación del patrimonio histórico cultural».

Monseñor Pierro escribe en la solicitud que el beneficiario de las obras sería «toda la ciudadanía», por lo que pide 2,3 millones de euros. La Región cree en el proyecto de los sacerdotes y les asigna los fondos. Pero un frío y lluvioso 5 de noviembre de 2008, cuando los técnicos van a controlar el estado de las obras del Villaggio del Fanciullo para los niños pobres, les cuesta creer lo que ven: la diócesis, escriben en una relación técnica, «en vez del edificio previsto al servicio de la ciudadanía, ha construido un hotel». Hoy, el Tribunal de Cuentas ha estimado que el resarcimiento del daño costará 2,4 millones de euros, y subraya que la Iglesia, entre los 80 participantes en el concurso, «ha sido la única que se ha movido en una dimensión esencialmente privada». De los documentos emerge «de modo irrefutable el elemento psicológico del fraude en el uso de expresiones ambivalentes dirigidas a ocultar el verdadero fin, como el término "acogida", que, referido a "colonia", daba a entender una acogida de índole caritativa y trazaba una obra destinada al servicio social, además del hecho de que ningún otro documento de la diócesis ha hecho jamás referencia al verdadero destino de la obra». Si monseñor Pierro, según el tribunal, «sabía perfectamente que el léxico ambiguo» tenía por objeto despistar a los técnicos regionales que han asignado el dinero, el ecónomo don Lanzara es el hombre «determinante en la creación de artificios y trucos que han asegurado el éxito de la operación fraudulenta con el fin de hacerse con la financiación regional». Con el dinero, pues, se ha construido la Angellara Home, un hotel parecido a Il Cantico de los franciscanos de Roma, dotado con todos los bienes de Dios: habitaciones elegantes, minibar, televisión de pantalla plana con canal satélite, internet, sala de congresos para 400 personas y playita privada para los huéspedes. El grupo de condenados había logrado registrarlo de modo ficticio como «colegio-residencia-hospicio-orfanato» en vez de como hotel.

El exarzobispo Pierro, pese al escándalo, ha mantenido su puesto hasta su jubilación. Hoy vive en la provincia de Salerno, no muy lejos de Pontecagnano Faiano, donde en 2010 erigieron una estatua suya, de cuatro metros de alto, en el jardín del seminario metropolitano de la ciudad: «A monseñor Gerardo Pierro, arzobispo primado de Salerno, al cumplirse su 75 cumpleaños, con viva gratitud de la archidiócesis». La misma que el inmortalizado monseñor dirigía en aquella época.

## Robo en los salesianos

Como se sabe, la ocasión hace al ladrón. Por ello, donde hay dinero, es más fácil caer en la tentación. En el Vaticano y en las congregaciones circula tanto, en cantidades tan grandes, que decenas de sacerdotes de vez en cuando son sorprendidos con las manos en la masa. Muchos asuntos se resuelven internamente para evitar fugas informativas y daños de imagen. Otros terminan en el tribunal, donde denuncias y documentos oficiales abren una ventana a una realidad desconocida. Veamos ahora la Orden de los Salesianos, que don Juan Bosco fundó después de que una mujer, en un sueño, le dijera: «Hazte humilde, fuerte y robusto». Pues bien, se ha descubierto que el patrimonio controlado hoy por sus seguidores no es nada modesto.

El intento de fraude a la orden y una lucha por una enorme herencia han revelado las dimensiones de la caja de la congregación, a la que pertenece también el cardenal Bertone. El asunto comienza el 5 de junio de 1990, cuando el marqués Alessandro Gerini muere en su casa romana. Exsenador de la Democracia Cristiana, noble próximo al Vaticano, su testamento deja a una fundación que lleva su nombre (reconocida como entidad eclesiástica y puesta bajo control de los salesianos) una riquísima herencia de terrenos, dinero contante, inmuebles y obras de artes. Un tesoro que inicialmente ha sido valorado, en estimaciones exageradas, en aproximadamente 2 billones de liras.

Cuando los sobrinos del «Marqués de Dios» (así se le conocía en Roma) impugnan la herencia y deciden llevar a la congregación de los seguidores de don Bosco a los tribunales, comienza una disputa legal durísima que implica no sólo a las dos partes, sino también a algunos mediadores, entre ellos, Carlo Moisè Silvera, encargado por los parientes del rico Gerini de proteger sus intereses. Al cabo de tres lustros de litigios en el tribunal, el 8 de junio de 2007 los contendientes finalmente llegan a un acuerdo: los salesianos, para cerrar el contencioso, abonan 16 millones de euros, 5 de los cuales son para los nietos y 11,5 para el propio Silvera. En el acuerdo, sin embargo, hay una apostilla: el porcentaje, de por sí elevado debido a la intermediación, deberá incrementarse después de que una comisión de peritos estime definitivamente el valor real del patrimonio del marqués.

Pues bien, tras algunos meses, la comisión presidida por el abogado milanés Renato Zanfagna (amigo y cómplice de Silvera, dirán luego los magistrados de Roma) emite el veredicto: el patrimonio del Marqués de Dios vale en total 658 millones de euros. Por tanto, al mediador, que había negociado una cuota equivalente al 15 por ciento de la suma, le espera la considerable cifra total de 99 millones, que la Fundación Gerini de los salesianos, en virtud del acuerdo suscrito, deberá pagar de inmediato.

Los seguidores de don Bosco, en cambio, se niegan a realizar el pago. El asunto les huele mal y se dan cuenta de que hay algo que no cuadra. No van a soltar ni un euro. Silvera los denuncia, convence a los jueces de que la división de la herencia es válida y de que su negociación ha sido decisiva. El tribunal considera su versión fundada y en 2012 los salesianos ven embargados 130 millones de su propiedad. Un requisamiento cautelar que arroja luz –una cantidad neta de la herencia– sobre el enorme patrimonio de los religiosos: además de valiosos edificios (entre los que se encuentra la sede de la dirección general romana en via della Pisana) se descubre que tienen también un fondo, llamado Polaris Investment S. A., en Luxemburgo. En lenguaje llano y en la práctica, sinónimo de paraíso. Fiscal, por supuesto.

Entre los documentos del Registro de la Propiedad del Gran Ducado, es posible encontrar el estatuto de Polaris, y saber quiénes son los socios fundadores de la sociedad, que el 6 de febrero de 2004 pagó 1,5 millones de euros por cuotas de participación: la dirección general Obras de don Bosco, que posee la mayor parte de las acciones, el Instituto Religioso Don Orione y la Provincia de Génova de los Hermanos Menores Capuchinos. La idea de crear una sociedad de gestión de fondos parte de don Giovanni Mazzali, ecónomo de los salesianos, al frente de los estudios en el extranjero y responsable financiero de una organización presente hoy día en 130 países del mundo. ¿Por qué crear un «fondo ético» precisamente en Luxemburgo? Tal vez por las indudables ventajas fiscales y para atraer capital privado: en 2007, los salesianos logran convencer a Cariplo para que invierta 5.000 millones en Polaris Investment Italia Sgr, una sociedad de gestión controlada por la casa matriz de Luxemburgo, una inyección de liquidez que conllevará el ingreso de Cariplo como socio de la Polaris Investment S. A. luxemburguesa. Hoy, la sociedad del Gran Ducado ha cambiado de nombre y ha sido rebautizada como Quaestio Investments, pero todavía es una sociedad activa, mientras que los sacerdotes han abandonado la filial italiana.

Una vez que el tribunal bloquea el enorme patrimonio de los religiosos, éstos contratacan. Gracias a las investigaciones de la Gendarmería vaticana se logran recabar pruebas que demuestran que el viejo acuerdo que preveía comisiones altísimas para los mediadores había sido falsificado, precisamente por don Mazzali, ecónomo hasta 2008, quien, según la acusación, habría añadido de su puño y letra el párrafo que obligaba a la congregación a pagar la megaindemnización a Moisè Silvera. Sobre la base de nuevas pruebas, los religiosos consiguen recuperar sus bienes y la fiscalía pone a tres personas a disposición judicial: además de Mazzali y el mediador, también el abogado Zanfagna, el hombre que habría hecho el inventario de los bienes del Marqués de Dios, exagerándolos desproporcionadamente para aumentar la suma destinada a Silvera. El proceso sigue su curso en el momento de redacción de este libro.

«Nos han engañado, la justicia triunfará», declara Bertone. Satisfecho por haber salvado a la orden de la quiebra: los salesianos han recuperado lo que les pertenece, sus fortunas están seguras.

### Ánforas, calumnias y el 8 por mil

En Trapani, la curia ha cobrado fama por sus cuentas deficitarias, números que no cuadran en los estados financieros, disputas envenenadas entre los obispos y administradores eclesiásticos, y las nuevas y preocupantes investigaciones de los tribunales de primera instancia.

Esta vez han crucificado a monseñor Francesco Miccichè, obispo de la ciudad hasta mayo de 2012, cuando Benedicto XVI lo cesa tras haber leído el resultado de una inspección interna efectuada por el visitante apostólico Domenico Mogavero, por entonces número tres de la Conferencia Episcopal Italiana y obispo de Mazara del Vallo; el mismo que, tras repasar durante seis meses los documentos de la diócesis de Trapani, firma y envía al palacio apostólico de la Santa Sede una relación alarmante en la que manifiesta sospechas acerca de varios tipos de irregularidades, desde la venta de inmuebles a bajo coste a los amigos de los prelados hasta pérdidas de cientos de miles de euros, en un maremágnum de documentación falsa y luchas entre el mismo Miccichè y su ecónomo, don Ninni Treppiedi, quienes se acusan recíprocamente del expolio.

«Todo es un complot, todo es culpa de don Treppiedi, y Mogavero sólo profiere calumnias», se defiende Miccichè, clamando su inocencia ante los fieles y el papa con ira, lo que le ha hecho querellarse contra su colega Mogavero por difamación y violación del secreto de sumario. Si, para resolver el asunto, Bergoglio debe nombrar un colegio judicial compuesto por tres obispos (o cardenales), en Sicilia varias investigaciones de la magistratura italiana están intentando comprender, entre tanta acusación cruzada, cuáles son fundadas.

Hasta ahora, la balanza de la justicia terrenal parece haberse puesto de parte del ecónomo, suspendido *ad divinis* por el Vaticano: la investigación por blanqueo contra Treppiedi, que ha tenido que declarar en otra investigación paralela contra su exsuperior, ha sido archivada en mayo de 2015. Acusado de haber sustraído cientos de miles de euros a través de la venta de inmuebles con el desconocimiento de Miccichè, los magistrados, tras una rogatoria al Vaticano, han descubierto que en el IOR Treppiedi poseía una sola cuenta de apenas 16.000 euros que prácticamente no tenía movimientos.

El segundo punto que el duelista se apunta a su favor: como parte de la investigación, los magistrados embargaron la que había sido rectoría de una iglesia de Alcamo, según sospechas de una venta fraudulenta de Treppiedi, pero tras rápidas averiguaciones se les devolvió a sus propietarios, al haberse confirmado que la venta del inmueble había sido lícita. Aún hay más: en la orden de desembargo, las acusaciones de Miccichè a su ex fidelísimo fueron definidas por los fiscales como «muy poco fiables, fruto de una premeditada estrategia trabada para la consecución de fines distintos al sentido de la legalidad con el que Miccichè ha intentado, en un primer momento, lográndolo gracias, entre otras cosas, a testimonios complacientes, ganar credibilidad ante las autoridades judiciales».

Mientras Treppiedi lo celebra, tiemblan monseñor Miccichè y algunos de sus socios: según la Fiscalía de Trapani, el alto prelado se habría embolsado un monto de dinero (las primeras averiguaciones apuntan a unos 800.000 euros) procedente de fondos del 8 por mil que los contribuyentes católicos deciden donar cada año a la Iglesia. En el momento de redactar este libro, el obispo está siendo investigado por apropiación indebida y malversación. Los investigadores han reconstruido un presunto sistema de poder puesto en marcha en la ciudad por el obispo y el exdirector de Caritas de Trapani, Sergio Librizzi: si Miccichè permitía que el amigo administrase una decena de importantes cooperativas especializadas en el ámbito de la acogida a los migrantes y en la recogida de ropa (cooperativas que en total gestionan cientos de puestos de trabajo, un bien rarísimo en la ciudad), Librizzi, en cambio, habría firmado falsas certificaciones al obispo, folios que servían para documentar que la diócesis de Trapani invertía dinero procedente del 8 por mil en obras de caridad y proyectos para los más necesitados. Según los magistrados, en cambio, parte importante de estos fondos no se gastó jamás, sino que terminó en los bolsillos del obispo.

Se trata de graves acusaciones que el prelado reenvía al remitente. Mientras que los magistrados buscan la verdad, la Guardia de Finanza ha descubierto que Miccichè posee una gran villa en Monreale, que comparte con su hermana, y que a lo largo de los años –pese a no provenir de una familia rica– ambos lograrían adquirir otra villa en Trabia, varios pisos en Palermo y un pequeño edificio entero en via Libertà, en la misma capital. Además, tras haber entrado en la mansión de Monreale, los investigadores han descubierto y requisado obras de arte de gran valor, como una fuente de mármol, un ánfora griega, un piano de cola, valiosos crucifijos y una estatua de la Virgen tal vez del siglo xvi. Algunos de estos objetos han sido reconocidos por los empleados de la Fundación Auxilium, una importante entidad privada para la rehabilitación neurológica (cuenta con casi 240 contratados a tiempo indeterminado) presidida, por estatuto, por el obispo de Trapani: y los empleados habrían confirmado a los magistrados que algunas de estas obras habían sido sustraídas de la sede de la fundación en Valderice.

«El obispo es investigado sólo por sospechas abstractas e indeterminadas de apropiación de fondos del 8 por mil y de bienes artísticos cuya sustracción, por otra parte, ninguna de las partes interesadas ha denunciado.» Los abogados de monseñor han intentado echar agua al fuego, sugiriendo que las viejas batallas del sacerdote contra los poderes ocultos y el crimen organizado podrían haberlo convertido en cabeza de turco. «¿Las obras requisadas? Al final, tras la inspección técnica de los expertos, ha resultado que son de poco valor, algunas de ellas copias de obras conservadas en otros lugares y que, además, han sido consideradas falsas.» A finales de abril de 2015, sin embargo, el tribunal ha rechazado devolver al obispo lo requisado en su villa, y le han restituido sólo un tabernáculo.

## AGRADECIMIENTOS

Gracias al coraje de quienes, dentro del Vaticano, han hecho este libro una realidad.

Gracias a Lirio Abbate, Riccardo Bocca, Giovanni Tizian y Grianfrancesco Turano, por su paciencia conmigo y su apoyo.

Gracias a la oficina de prensa de la Guardia di Finanza, porque su investigación de archivo ha sido importantísima.

Gracias a los magistrados, oficiales e investigadores que se han ocupado de los escándalos del Vaticano: sus sugerencias han sido decisivas.

Gracias, finalmente, a Mattia de Bernardis y Gianluca Foglia, quienes han permitido que este libro llegue a vuestras manos.

# ANEXO

Traducción de los documentos reproducidos en el libro

*El valor de las propiedades inmobiliarias del Vaticano según la Pontificia Comisión referente (pp. 18-19)*

Comisión pontificia referente para el estudio y la guía de la organización de la estructura económico-administrativa de la Santa Sede

RESUMEN DE LOS INFORMES SOBRE VARIOS PROYECTOS EMPRENDIDOS POR LA COSEA

EXAMEN DE LOS BIENES INMOBILIARIOS EN PROPIEDAD DE INSTITUCIONES VATICANAS

Visión de conjunto del tipo y valor de los bienes
- Sobre la base de la información puesta a disposición de la Cosea, hay **26 instituciones** relacionadas con la Santa Sede que poseen bienes inmuebles por un **valor contable total de 1.000 millones de euros** a 31 de diciembre de 2012.
- Una valoración de mercado indicativa muestra una **estimación del valor total** de los bienes equivalente a 4 veces el valor contable, o **4.000 millones de euros.** Las instituciones con las propiedades más importantes (a valor de mercado) son:
  • APSA: 2.710 millones de euros.
  • Propaganda Fide: 450 millones de euros.
  • Casa Sollievo della Sofferenza: 190 millones de euros.
  • Fondo de Pensiones: 160 millones de euros.
- **La renta total de alquiler** suma **88 millones de euros,** de los cuales 65 millones incluidos en la cuenta económica de la Santa Sede y 2 millones en la cuenta económica consolidada del Estado de la Ciudad del Vaticano. La renta suplementaria de alquiler puede obtenerse según se especifica más abajo.
- En esta ocasión el **estado físico** de los edificios no ha sido tomado en consideración para el análisis.

- Puesto que la Cosea ha tenido que confiar en la **información puesta a disposición por las diversas instituciones,** no podemos asegurar que todos los bienes inmuebles hayan sido identificados.

**Ausencias en la gestión de los bienes inmuebles**
- En primer lugar, se ha observado una **duplicación de actividades** entre las 20 instituciones que gestionan bienes inmuebles.
- Hay importantes **ausencias estratégicas** en la gestión de los bienes inmuebles:
  - Precios de alquiler muy bajos (incremento potencial de la renta de alquiler de al menos 25-30 millones de euros, sin impacto en el compromiso de la Santa Sede de ofrecer pisos a alquileres bajos a los empleados).
  - Uso ineficiente de las unidades (p. e., la Libreria Editrice posee un gran almacén en un edificio de prestigio, en piazza San Callisto)
  - Ninguna gestión de la tasa de rendimiento (ninguna transparencia sobre el valor de mercado de los bienes).
- Hay margen de mejora en diversos **procedimientos** relacionados con la gestión de los bienes inmuebles:
  - Líneas guía para el alquiler de unidad a los empleados (p. e., no existe beneficio equivalente para los empleados a los que no se asigna un piso; casos de antiguos empleados del Vaticano que permanecen en pisos internos con alquileres favorables hasta 8 años después de la finalización de su trabajo para el Vaticano).
  - La gestión de las excepciones para la asignación de unidades (p. e., reducción del alquiler tras petición específica).
  - Compraventa de bienes (p. e., ningún procedimiento formalmente aprobado por la APSA para la venta de propiedades).
  - Mantenimiento de los edificios (p. e., ninguna valoración sistemática de la calidad de los proveedores de servicios).

**Propuesta de camino a recorrer**
- Todos los bienes inmobiliarios propiedad de instituciones relacionadas con el Vaticano tendrían que tener una gestión centralizada:
  - La propuesta de una nueva institución responsable de la **gestión patrimonial** –llamada Vatican Asset Management (VAM)– será responsable de las inversiones y de la planificación y monitorización de las rentas. Los **títulos de propiedad** seguirán con las instituciones que hoy poseen tales bienes.

- Un nuevo **departamento de gestión inmobiliaria** en la Secretaría de Economía será responsable de:
  - Establecer las líneas guía para los arrendamientos de pisos a empleados.
  - **Property management** (p. e., responsabilidad de los contratos de arrendamiento).
  - **Facility management** (p. e., monitorización técnica de los edificios, gestión y monitorización de servicios de soporte como el mantenimiento y la limpieza).
- Toda la plantilla vaticana que trabaja en **servicios de mantenimiento y limpieza** se unificará en el departamento de Servicios Técnicos en el Governatorato y dará servicio a las unidades en el Vaticano. Se instituirán como obligatorios concursos que incluyan a proveedores externos, para la asignación de servicios en territorio no-Vaticano.
- Vista la cantidad de proyectos abiertos, se recomienda comenzar con la **implementación** sólo en la **segunda mitad de 2014**. Las prioridades serán:
  - Nombramiento de un director de gestión inmobiliaria.
  - **Petición de información detallada** a todas las entidades en lo que respecta a su cartera de inversiones inmobiliarias.
  - Conclusión de la **valoración de mercado**.
  - Creación de un **plan** para dirigir las ausencias en lo que respecta a la estrategia y los procedimientos.

\* \* \* \* \*

*Las sociedades inmobiliarias de la APSA en el extranjero (p. 26)*

## CARTERA INMOBILIARIA – DATOS PRINCIPALES: PARTICIPADAS (SECCIÓN EXTRAORDINARIA)

- **Todas las sociedades tienen un Consejo de administración** que varía entre los 5 y los 7 miembros.
- **Todas las sociedades participadas están gestionadas por estructuras locales,** utilizando servicios de *outsourcing*, o eventualmente recurriendo exclusivamente a recursos internos.
- **No hay informe periódico** a la APSA ni envío de informaciones uniformes.

- **No hay margen operativo neto o beneficio por gestión patrimonial** para las carteras.

FRANCIA:
- Sopridex S. A. (sociedad inmobiliaria y de gestión).
- Consejo de administración: 5.
- Personal: 1 director, 3 empleados, 1 trabajador de limpieza, 16 conserjes.
- Actividad: € 46,8 M.

SUIZA:
- 10 sociedades inmobiliarias (Profima S. A.; Diversa S. A.; Rieu Soleil S. l.; Florimont D.C.E.F S. l.; Sur Collonges A, B, C, S. l.)
- Consejo de de administración: 7 por sociedad (los mismos miembros).
- Actividad: € 18,0 M.

GRAN BRETAÑA:
- Britanni Grolux Investments Ltd., Sociedad de Gestión.
- Consejo de administración: 6.
- Actividad: € 38,8 M.

ITALIA:
- Sirea srl y Leonina SpA.
- Consejo de administración: 1 por sociedad.
- Actividad: Sirea - € 9,6 M; Leonina - € 6,5 M.

\* \* \* \* \*

*Resumen del informe de los auditores de KPMG sobre el balance vaticano de 2013 (p. 42)*

## RESULTADOS DE ALTO NIVEL ACERCA DEL TRABAJO DE KPMG SOBRE EL PERÍMETRO DE CONSOLIDACIÓN

### Conclusiones principales

– *Perímetro de consolidación.* Todas las entidades mencionadas en la Constitución *Pastor Bonus* están incluidas en el alcance de la consolidación, pero no todos los fondos (principalmente efectivo y títulos) existentes en estas entidades forman parte de los informes anuales.

- *Bienes no consolidados*. Los fondos excluidos de los informes anuales consolidados equivalen a no menos de 471 millones de euros, de los cuales 378 millones de euros corresponden al Óbolo de San Pedro. Estos fondos están depositados en cuentas bancarias en el IOR, la APSA u otros bancos.
- *Otros bienes*. Existen otros fondos que no están incluidos en la consolidación o depositados en las cuentas bancarias, y permanecen en las cajas fuertes de las Congregaciones, Consejos, etc. Por consiguiente, es difícil calcular la cantidad total de efectivo, en la medida en que los fondos depositados en cuentas bancarias pueden ser rastreados, mientras que el efectivo guardado en los Dicasterios y otras instituciones no puede ser identificado.
- *Consolidación en el nivel de la APSA*. APSA lleva a cabo la contabilidad de la mayor parte de los Dicasterios considerados en su conjunto. Esto hace imposible identificar los gastos e ingresos individuales, los bienes y balances bancarios para cada uno de los Dicasterios y otras instituciones, e impide que estas entidades gestionen adecuadamente sus fondos.

**Medidas urgentes a tomar**
- *Fondos depositados en bancos pero no consolidados*. Congelación urgente de aquellas cuentas bancarias abiertas en nombre de los Dicasterios u otras instituciones de la Santa Sede y que no están incluidas en las cuentas anuales.
- *Fondos no depositados ni consolidados*. Pedir declaraciones de las instituciones de la curia sobre el efectivo, activos, títulos de propiedad, etc., no depositados en el IOR o la APSA. Pedir que estos ítems sean depositados inmediatamente en las citadas cuentas bancarias.
- *Consolidación adecuada*. Analizar la información financiera preparada por la APSA y asignar la propiedad de bienes y riesgos a cada una de las instituciones de la Santa Sede. Incluir balances de efectivo, títulos, etc., fuera del ciclo de consolidación para obtener informes completos a fecha de 30 de junio de 2014.
- *Hacia IPSAS*. Tomando estos informes como base, hacer los ajustes necesarios para adoptar los estándares internacionales de contabilidad para el sector público (IPSAS) en la fecha del informe de las cuentas anuales individuales y consolidadas de la Santa Sede, a 31 de diciembre de 2014.

**Medidas a tomar en 2014**
- *Centralización contable*. Organizar un único centro de contabilidad con la capacidad para legislar, gestionar y controlar, para aplicar los estándares de contabilidad y control interno, para poder monitorizar estrictamente el tratamiento de los eventos contables y permitir la segregación de funciones respecto a la gestión de fondos.
- *Centralización técnica*. Del mismo modo, unificar los sistemas telemáticos en una única plataforma que integre la contabilidad e información presupuestaria de las instituciones de la Santa Sede.

\* \* \* \* \*

*Minuta del acta del colegio cardenalicio de la APSA, septiembre de 2014, primera parte (pp. 67-70)*

## ACTA DE LA REUNIÓN DEL 12 DE SEPTIEMBRE DE 2014

El día 12 de septiembre de 2014, a las 16:00 horas, en el Salón de la ex sección extraordinaria de la Administración del Patrimonio de la Sede Apostólica, se ha reunido la Comisión Cardenalicia designada para la citada Administración, presidida por Su Emin. el Card. DOMENICO CALCAGNO, presentes los Eminentísimos Padres:
 – Su Emin. Card. GIOVANNI BATTISTA RE
 – Su Emin. Card. JEAN-LOUIS TAURAN
 – Su Emin. Card. AGOSTINO VALLINI
 – Su Emin. Card. ATTILIO NICORA
 – Su Emin. Card. VELASIO DE PAOLIS
 – Su Emin. Card. JAMES MICHAEL HARVEY

Participan en la reunión también el Emmo. Card. PIETRO PAROLIN, secretario de Estado de Su Santidad, el Excmo. Card. GIUSEPPE VERSALDI, presidente de la Prefectura de Asuntos Económicos y Delegado Pontificio para la cuestión del IDI, el Rvdmo. Mons. LUIGI MISTÒ, secretario de la Administración del Patrimonio de la Sede Apostólica, y el Prof. FRANCO DALLA SEGA, consultor especial *ad interim* para la Sección Extraordinaria.

Justifican su ausencia el Emmo. Card. JUSTIN F. RIGALI, a causa del poco tiempo con el que se ha convocado la reunión, y el Emmo. Card. GIOVANNI LAJOLO, que se encuentra fuera por una tarea asumida con anterioridad.

Asiste la Sra. Simona Pozzi, encargada de la redacción del acta.

Tras la debida oración, introduciendo la reunión el Excmo. **Card. Calcagno** afirma considerar oportuno invertir el orden del día para transmitir inmediatamente algunas cuestiones a los Excmos. Purpurados, útiles también para el asunto que será discutido en la reunión.

**1.º punto del o.d.d.** – COMUNICACIONES DEL CARD. PRESIDENTE A LA COMISIÓN CARDENALICIA DE LA APSA

El Excmo. **Card. Calcagno** comunica a la comisión que, tras su convocatoria en el IOR, mientras preparaba la documentación para la realización del siguiente punto del o.d.d., en fecha 5 de septiembre de 2014 recibió del Card. Pell, vía correo electrónico, una carta con la que se le confirmaba la necesidad de proceder «sin demora alguna» a la «transición de las actividades de la Sección Extraordinaria de la APSA a las de una tesorería/banco central» e informaba sobre su voluntad de constituir a tal propósito un grupo de trabajo, pidiéndole que se abstuviera de emprender otras iniciativas de implementación.

Reconociendo en el tenor de la comunicación una intención que iba en la dirección de reducir ulteriormente el papel y funciones de la APSA, aparte de lo dispuesto por el Santo Padre con el *Motu Proprio* del pasado 8 de julio (con el que se sancionaba el paso de la ex sección ordinaria a la Secretaría de Economía y la consiguiente corrección de los artículos de la Const. Ap. *Pastor Bonus* que tienen que ver con la APSA remanente – ex extraord.), ha pedido al Santo Padre ser recibido en audiencia por tener una indicación autorizada al respecto.

En el transcurso de la audiencia del lunes 8 de septiembre el **Card. Calcagno** pidió al Santo Padre si el *Motu Proprio* del pasado 8 de julio debía ser considerado como un punto definitivo a llevar a cabo en la praxis operativa, o si se trataba de una disposición ya superada en los actos y en la proyectada reorganización de la APSA, haciéndole presente todo lo comunicado por el Card. Pell.

El Santo Padre ha confirmado que sigue siendo válido todo lo dispuesto por él con el *Motu Proprio* del pasado 8 de julio, es decir, la transferencia de la sección ordinaria de la APSA con las competencias anejas a la misma, que tienen que ver con la gestión directa de los bienes inmuebles. Por ello se ha trasladado a la SPE la administración de los bienes inmuebles, **en el ámbito de las competencias de la ex sección ordinaria,** quedando sin variación la titularidad de los mismos que seguirá siendo del representante legal del ente propietario (APSA). Al día siguiente el Santo Padre firmó el *Rescriptum ex audientia*, que se distribuye en copia a los Emmos. Purpurados, añadiendo una variación de su puño y letra al texto.

La APSA actual queda así constituida por la ex sección extraordinaria, es decir:
– Oficina de Análisis y Negociación de títulos.
– Oficina de Gestión de Inversiones.
– Oficina de Colectas y Pagos.
– Oficina de Contabilidad analítica.
– Servicio de Archivo y Protocolo.
– Secretaría de la Presidencia.

Habiéndole sido conferida al Cardenal Presidente la representación legal de la APSA con quirógrafo del 13 de abril de 2013, y conservando la APSA la tarea de administrar los bienes de la Santa Sede, es responsabilidad de esta Oficina también la titularidad (propiedad) de los bienes que conserva en nombre de la Santa Sede. En consecuencia, el Santo Padre ha autorizado al Card. Calcagno a realizar todo lo necesario para que la APSA pueda funcionar según lo dispuesto.

Habiendo informado a esta Comisión Cardenalicia designada para la APSA y alentado por su aprobación, transmitirá al Card. Pell el texto del Rescripto acompañándolo de la carta que se ha distribuido en copia a los Eminentísimos.

El **Card. Presidente** expresa que es su intención, previo parecer favorable de la Comisión Cardenalicia, proceder entonces a consolidar la APSA para que pueda desarrollar sus tareas institucionales, teniendo en cuenta que, por el momento, no son autorizadas asunciones nuevas.
– En primer lugar, es necesario que el Dicasterio tenga a disposición un servicio adecuado de Archivo y Protocolo: para tal propósito ha manifestado su disponibilidad la Sra. Simona Pozzi que, permaneciendo en la APSA y trasladándose a la ex. secc. extraordinaria, podrá acompañar con su experiencia los recursos ya dedicados a este fin.
– En segundo lugar, es oportuno potenciar la Secretaría del Presidente para el ejercicio del papel de propiedad de los bienes que la APSA mantiene en nombre de la Santa Sede, con especial atención a tres perfiles: 1) coordinación general sobre el tema y colaboración directa con el Cardenal Presidente; 2) perfiles legales; 3) perfiles notariales. Estando contenido en la figura de Cardenal Presidente el papel de representación legal de los bienes, expresa que es su intención asignar la coordinación de estas unidades a su secreta-

rio, Mons. Cristiano Falchetto, pidiendo, sin embargo, al Procurador de la APSA (abog. Carmine Stingone) y a nuestro notario de confianza (dr. Paride Marini Elisei) su colaboración respectivamente en los aspectos legales y notariales.
– En tercer lugar, considera urgente retomar los contactos con los consultores que han acompañado la implementación del nuevo sistema operativo con el fin de subsanar algunas anomalías aparecidas durante este primer año y completar algunas funciones residuales del mismo sistema.

El Emmo. **Card. Vallini,** en calidad de miembro del Consejo de Economía, refiere no haber entendido nunca que la APSA se considerara una especie de alias, sino que la sección extraordinaria permanece porque es una especie de banco central; en este sentido es propietaria de los bienes. Puntualiza que lo indicado en el texto del correo electrónico enviado al Card. Calcagno no ha sido comunicado por el Card. Pell. El Emmo. **Card. Parolin** precisa que el *Motu Proprio* hablaba sólo de la transferencia de la sección ordinaria de la APSA, mientras los Estatutos que se están elaborando van en el sentido de una transferencia también de las propiedades. A la pregunta del Emmo. **Card. Harvey** de si el Santo Padre está al corriente de esta discrepancia, el Emmo. **Card. Calcagno** asegura haber planteado la cuestión al Santo Padre. El Emmo. **Card. Parolin** subraya que, tras el Rescripto del Santo Padre, la cuestión está clara y definida y, por tanto, los compiladores de los Estatutos de la Secretaría tendrán que unificarse. El Emmo. **Card. Re** dice compartir el contenido de la carta dirigida al Card. Pell. Considera que la Secretaría de Economía desarrolla una acción de vigilancia, pero a su parecer es peligroso en este momento que se haga con todas las competencias, de modo que la APSA ya no tenga sentido. Si en el futuro, cuando se produzca la auténtica reforma de la Curia, se quisiera precisar mejor, se podrá, pero por el momento es correcto que la APSA quede con sus funciones y con su autoridad y prestigio. Subraya el hecho de que la Secretaría de Economía no conoce todas las tradiciones y la actividad de la curia en profundidad, por tanto vaciar ahora la APSA sería ocasionar un daño a la administración de la Santa Sede. Se dice plenamente favorable a que se proceda en el sentido indicado por el Card. Presidente, y está contento de que el Santo Padre lo haya aprobado. También el Emmo. **Card. Tauran** dice estar de acuerdo con todo lo expresado porque considera muy preocupante el hecho de que se esté en una fase de «sovietización»: «hay uno que hace todo, y los otros no». El Emmo. **Card. Harvey** está de acuerdo con las intervenciones precedentes. El Emmo. **Card. Vallini** dice haber expresado todo lo que le parecía haber entendido; puntualiza que los Estatutos tendrán que ser aprobados por el Santo Padre, que se servirá de sus colaboradores más estrechos. Considera demasiado poco que en la APSA se reconozca sólo la función de tesorería y no la titularidad de los bienes. Dice estar sinceramente perplejo frente a la hipótesis de una concentración de todo. El Emmo. **Card. Nicora**, expresando su reserva desde el punto de vista formal, dice estar atónito por el hecho de que el Card. Pell trate estos asuntos mediante correo electrónico. Cabría esperar que el Prefecto de un organismo de tal nivel se sirviera de papel timbrado oficial y con firma autógrafa, de modo que quede constancia. Sería oportuno que se le haga saber para que en el futuro pueda actuar en consecuencia. Dice también estar plenamente de acuerdo con todo lo que ha establecido el Santo Padre, considerando éste un momento bastante feliz, tras fases de incertidumbre y de menor claridad. Considera que es un regalo para todos el hecho de que ahora el papa tome la palabra, lo ponga por escrito y lo plantee como referencia autorizada. El Emmo. **Card. Calcagno** comunica, además, haber dicho al Santo Padre que, estando el argumento del orden del día conectado con esto último, informaría y escucharía la opinión de la Comisión Cardenalicia encargada de la APSA antes de escribir al Card. Pell. Los Emmos. Purpurados confirman por unanimidad su asentimiento al contenido de la carta.

\* \* \* \* \*

*Informe de Ernst & Young sobre los ingresos comerciales del Governatorato (p. 83)*

Proyecto Governatorato

Se ha encargado a Ernst & Young la realización de un análisis estratégico y operativo de las actividades culturales y comerciales del Governatorato con el fin de identificar y optimizar sus oportunidades.

**Situación actual**
**Museos Vaticanos:** incremento de ingresos del 6%, pero los gastos han aumentado en un 9%. El 84% de estos ingresos procede de la venta de entradas y el 16% restante del *catering, los souvenirs*, ventas de la librería y venta de guías de audio y radio (actividades externalizadas).

**Actividades comerciales (selección de las principales).** Nuestras observaciones en relación a las actividades comerciales se centran en los clientes. Para poder acceder a la mayoría de las actividades comerciales hay que contar con una tarjeta y, hoy por hoy, existen unos 41.000 titulares de tarjetas autorizados a comprar diversos tipos de productos. Probablemente no fuera ésta la intención original, puesto que sólo trabajan en el Vaticano unas 5.000 personas y hay ocho veces más tarjetas.

- **Supermercado:** sus márgenes de beneficio bajan (los ingresos han aumentado un 9%, pero los gastos han aumentado un 17%); más de 17.000 SKUs en una superficie de 900 metros cuadrados (el punto de referencia para 1.000 metros cuadrados es de 10.000 SKUs).
- **Carburantes:** 27.000 personas compraron gasolina y 550 excedieron su límite de 1.800 litros/año; el 18% de las ventas se hizo con cargo a tarjetas de servicio (en las que no aparece el nombre del titular).
- **Ropa y electrónica:** más de 16.000 clientes; más de 22.700 SKUs.
- **Tabaco:** más de 11.000 clientes; 278 excedieron su límite de cartón por año; el 14% de las ventas se hicieron con cargo a tarjetas de servicio (no aparece el nombre del titular).
- **Farmacia y perfumería:** los ingresos han bajado en un 17%; el 30% de los ingresos proviene de perfumes y cremas; 1.900 clientes al día; no se pide la tarjeta para adquirir artículos de perfumería ni productos farmacéuticos; en este último caso sólo se pide la receta.

**Propuestas de futuro – actividades comerciales y culturales**
**Actividades culturales**
- **Museos Vaticanos:** deberían ser el pilar del desarrollo económico del Vaticano. E&Y ha comparado los Museos Vaticanos con los diez principales museos del mundo (en número de visitantes) en cuanto a indicadores de resultados, y ha diseñado algunas estrategias para garantizar un incremento potencial de los beneficios, incluida la posibilidad de aumentar las horas de apertura al público, los días de visita (p. ej., abrir los domingos) y el área de exposiciones, pero también subir los precios de las entradas, un apalancamiento de «marca» para mejorar el *merchandising*, etcétera.
- **Oficina de Peregrinos y turistas:** entre las estrategias sugeridas cabe mencionar la puesta en marcha de servicios de bienvenida y

alojamiento para los peregrinos y la exploración de nuevos canales potenciales de comunicación y venta.
- **Filatelia y numismática:** entre las estrategias sugeridas cabe mencionar la búsqueda de una localización mejor, la ampliación de la gama de productos y la apertura de un museo específico.

**Actividades comerciales**

E&Y propone las siguientes acciones para mejorar el control del entorno y reducir los riesgos operativos y/o económicos de las actividades comerciales.
- **En lo relativo a las tarjetas comerciales:** revisar la política de emisión de las tarjetas y los requisitos para ser titular; revisar el estatus de tarjetas temporales; ajustar los límites de uso; evitar el uso de tarjetas de servicio.
- **En lo relativo a los empleados/subcontratas:** acordar una extensión temporal de los contratos vigentes hasta que se defina una nueva estrategia y se implemente un nuevo procedimiento de contratación.

Las actividades comerciales deberían estar menos volcadas en obtener beneficios y más en garantizar las existencias de productos básicos. Hemos incluido acciones específicas para cada actividad:
- **Supermercado:** limitar el número de clientes con tarjeta y reducir la variedad de los productos; evaluar la posibilidad de buscarle mejor ubicación.
- **Carburantes:** limitar el número de titulares de tarjetas; evaluar el número y la localización de los puntos de venta, y considerar la posibilidad de asociarse con un tercer operador.
- **Farmacia:** limitar el número de titulares de tarjetas y reducir la variedad de los productos.
- **Ropa y electrónica:** definir el cliente-meta y la variedad de los productos; a largo plazo habría que pensar en suspender esta actividad.
- **Tabaco:** definir el cliente-meta, subir los precios (hasta igualarlos con los italianos); a largo plazo habría que pensar en suspender esta actividad.
- **Perfumería:** subir los precios (igualándolos a los italianos), definir el cliente-meta y establecer un límite máximo para cada titular de tarjeta; a largo plazo habría que pensar en suspender esta actividad.

\* \* \* \* \*

*Carta del cardenal Amato al cardenal Versaldi sobre los costes excesivos de la Congregación para las Causas de los Santos (p. 89)*

Congregación para las Causas de los Santos

Roma, 30 de octubre de 2013

Prot. N. VAR. 7326/13
Eminencia Reverendísima:

En relación a mi carta anterior del 10 de septiembre de 2013, mismo protocolo, envío documentación ulterior por indicación de la Comisión Pontificia de Estudio y de Guía de la Organización de la Estructura Económica-Administrativa de la Santa Sede.

Esta Congregación toma nota de los cuatro balances (nn. 143-146) que se adjuntan, refrendados por sus autores, y solicita que se proceda al bloqueo de las cuentas corrientes correspondientes del IOR.

Sugiero que, si se considera oportuno, se advierta al postulador, el abogado Andrea Ambrosi, que resulta imprescindible que reconsidere sus honorarios. Además, según las futuras disposiciones del Dicasterio, los gastos relacionados con las causas habrán de ajustarse rigurosamente a las normas vigentes (cfr. documento adjunto).

Este Dicasterio no dejará nunca de supervisar estos aspectos.

Aprovecho la ocasión para reiterarle mi consideración más distinguida.

De Vuestra Eminencia Reverendísima fiel servidor

Angelo, Card. Amato SDB
Prefecto

(con documento adjunto)

A Su Eminencia Reverendísima
Sr. Card. Giuseppe VERSALDI
Presidente de la Prefectura para Asuntos Económicos de la Santa Sede
Ciudad del Vaticano

\* \* \* \* \*

*Declaración del abogado Ambrosi justificando los elevados costes de la causa del siervo de Dios John Sheen (pp. 93-94)*

Dr. Iur. Andrea Ambrosi
Abogado ante la Rota Romana y
la Congregación para las Causas de los Santos
Postulador de Causas de Beatificación y Canonización

DECLARACIÓN ADICIONAL DEL POSTULADOR

CAUSA DE BEATIFICACIÓN Y CANONIZACIÓN DEL SIERVO DE DIOS FULTON SHEEN

(Prot. número 2505)
**en relación a la rendición de cuentas de los años 2008/2013**

Roma, 22 de junio de 2014

Esta causa *S. vita, virtutibis et fama sanctitatis del ven. Servo di Dio* se encuentra al final de la fase romana del proceso de beatificación. En la presente rendición de cuentas se mencionan las cifras correspondientes a los gastos por pago de depósitos habidos a lo largo de estos años en relación a:

a) La redacción de la *positio S. vita virtutibus et fama sanctitatis*, basado en el estudio y análisis de más de setenta volúmenes de *copias públicas*. Puesto que Mons. Sheen fue uno de los escritores más prolíficos de la Congregación de Jesús y María, he tenido que solicitar que me manden sus obras completas, unos 83 volúmenes, para hallar pruebas adicionales de su virtud. A efectos de redactar la *positio*, lo que no podía hacer solo, he estado trabajando con dos colaboradores durante dos años. Hay que tenerlo en cuenta a la hora de evaluar el elevado importe total.
b) En lo referente a la sección milagros: el primero propuesto había ocurrido en Pittsburgh y tenía por protagonista al niño Fulton Fontana. Fuimos dando todos los pasos correctamente, desde el punto de vista canónico, hasta la presentación del proceso a la Congregación para las Causas de los Santos. Pero cuando íbamos a defender la *positio*, se habló de la existencia de otro milagro mucho más llama-

tivo; el de un neonato, de nombre James Fulton, de Peoria, resucitado tras 61 minutos de parada cardiorrespiratoria. Como teníamos que elegir entre uno y otro, optamos por el segundo. En este momento la *positio* está punto de pasar la fase de consulta médica.

Considero Carque, teniendo en cuenta el enorme trabajo realizado para investigar ambos milagros de principio a fin, se entienden fácilmente las cifras contables.
Con mi más distinguida consideración

Ab. Andrea Ambrosi
Postulador

\* \* \* \* \*

*Carta del cardenal Amato al cardenal Versaldi explicando la ausencia de facturas y recibos en los archivos de la Congregación (p. 98)*

Congregación para las Causas de los Santos

Roma, 14 de mayo de 2014

Port. N.VAR. 7485/14
Eminencia Reverendísima:

En relación a su carta n.º 1.145 de 3 de abril de 2014, le adjunto copia de las justificaciones de los gastos que aparecen en los balances remitidos anteriormente con la numeración 219, 223 y 224, relativos a las Causas de las Siervas de Dios *Henriette Delille* y *Clelia Merloni* y de la beata *Paolina Mallinkrodt*.

Como se deduce de la documentación adjunta, no existen facturas ni recibos en relación al trabajo realizado por el postulador y los traductores; además, existe un desajuste parcial entre el resto de los gastos y las facturas que se conservan.

Esta Congregación constata que en el pasado no existía la costumbre de pedir facturas ni recibos y que, por lo tanto, la documentación está incompleta.

En el futuro este Dicasterio se asegurará de que se pida siempre la documentación necesaria para verificar que los gastos del postulador se ajustan a las tarifas fijadas por esta Congregación.

Aprovecho la ocasión para reiterarle mi consideración más distinguida.
De Vuestra Eminencia Reverendísima devoto servidor

Angelo Card. Amato, SDB<br>
Prefecto

(con documento adjunto)
A Su Eminencia Reverendísima
Sr. Card. Giuseppe VERSALDI
Presidente de la Prefectura para Asuntos Económicos de la Santa sede
Ciudad del Vaticano

* * * * *

*Dudas de los auditores sobre la aplicación de los Pactos Lateranenses al Bambin Gesù (p. 148)*

**Tema**
Art. 17 de los Pactos Lateranenses.

**Comentarios y observaciones**
- La visión de la Dirección del artículo 17 de los Pactos Lateranenses («Art. 17») es que todos los empleados, de cualquier tipo, del OPBG están **exentos de pago de impuestos italianos.** La Dirección no distingue entre actividades realizadas por sus empleados (comerciales y no comerciales) dentro o fuera del territorio italiano. Además, obsérvese que la Legislación italiana (DPR601/73) confirma dichas exenciones en todos los pagos realizados por las entidades del Vaticano.
- Debido a este régimen fiscal favorable, hemos observado que el OPBG paga **salarios medios netos más altos a sus empleados** comparados con otros hospitales Italianos.
- El CdA se reunió en varias ocasiones para discutir las implicaciones del modelo operativo ampliado en relación al Art. 17, en particular en lo que se refiere a las actividades de la Red Nacional, Intramoenia o personal desplazado a hospitales subsidiarios y/o a otros hospitales italianos.

**Próximas medidas / Otros comentarios**
Las actividades del OPBG han cambiado de manera significativa (sistema OPBG). Por este motivo, se aconseja un **análisis más detallado sobre la correcta interpretación del Artículo 17 de los Pactos Lateranenses.**

Recomendamos que se **establezca un comité de retribución** para revisar las políticas actuales de los RRHH, en particular respecto al nivel salarial aplicable a cada categoría profesional y, cuando proceda, teniendo en cuenta asimismo las actividades desarrolladas por terceros.

\* \* \* \* \*

*Gastos en asesorías asumidos por el Bambin Gesù en relación al proyecto del hospital San Raffaele en Olbia, sin realizar (p. 149)*

**Proyecto Cerdeña.** Hay un nuevo proyecto en Cerdeña, cuyo estudio de viabilidad ha sido remitido a la Secretaría de Estado para su aprobación.

**Enfoque.** Pese a la falta de claridad en relación a los gestores, el proyecto Cerdeña puede clasificarse como acto administrativo extraordinario que requiere la aprobación del CdA. A finales de 2012, el OPBG llegó a un acuerdo para financiar el estudio de viabilidad (su coste real asciende a 600.000 euros). En mayo de 2013 este proyecto fue presentado por primera vez al CdA, dando lugar a importantes desacuerdos.

Proyecto Cerdeña
Estructura
- Hospital San Raffaele Olbia (Cerdeña-Italia).
- Centro regional de excelencia en la atención a pacientes postagudos.
- 263 camas (de las cuales 116 para postagudos y 18 de pago) y 5 salas de operaciones.
- El hospital no está operativo.

Asunto
- Finalización de la construcción y gestión del hospital.

Estructura propuesta
2 entidades legales:
- **PropCo (real state/compañía inmobiliaria):** Qatar Foundation Endowment (dirección) + Malacalza Group (dirección) + OPBG.

- **OpCo (empresa operativa del hospital):** OPBG (dirección) + Qatar Foundation Endowment + Malacalza Group + más otros hospitales socios (Gemelli, TorVergata, Besta, IEO).

Modelo propuesto
- **PropCo:** desempeña funciones inmobiliarias y financieras para la adquisición y realización de la estructura y del equipo técnico.
- **OpCo:** gestión del hospital (con el OPBG al frente) junto a otros hospitales socios.

Costes externos del proyecto
- En noviembre de 2012, el OPBG acordó con dos compañías consultoras (TMF Group y Norton Rose) (en el denominado **«Acuerdo»**) su asistencia durante el proceso de transacción, desde la firma de un memorando de acuerdo («MoU») hasta la implementación de la estructura propuesta, por unos honorarios totales de 725.000 euros.
- En diciembre de 2012, el OPBG firmó el memorando de acuerdo que establece que los costes relativos a los gastos del proyecto, independientemente de que se realice o no, serán asumidos de manera proporcional por todas las partes, sobre la base de su respectiva participación en la *joint venture*. El memorando recoge, asimismo, que el OPBG ha pagado unos honorarios de 83.000 a Bain & Co relativos a un borrador para un plan de negocios.
- La dirección informó de que los costes del Año Fiscal 13 relativos a este proyecto ascendieron a 641.000 euros, y que fueron asumidos por el OPBG, de los cuales 465.000 son reembolsables por el resto de las partes de la *joint venture* según los términos del memorando acordados. En base al Acuerdo, los costes totales asumidos en la estructuración de la financiación junto a EAM Advisory FZG, una consultora de Dubái, son de entre 150.000 y 250.000 euros.

*****

*Segunda parte de la minuta del acta del colegio cardenalicio de la APSA de septiembre de 2014 (pp. 176-186)*

**2.º punto del o.d.d.** SOLICITUD DE FINANCIACIÓN DE LA CONGREGACIÓN «HIJOS DE LA INMACULADA CONCEPCIÓN»

Al presentar la tema, el Emmo. **Card. Calcagno** afirma que se trata de la cuestión de que la APSA va a asumir un contrato que el IOR había firmado con la Congregación «Hijos de la Inmaculada Concepción» relativo a la provisión de una suma de dinero equivalente en euros a cincuenta millones, con el fin de recuperar las propiedades hospitalarias y no hospitalarias sacadas a concurso público luego de haberse declarado insolventes. Mientras tanto, ha habido una serie de negociaciones, no por parte de la APSA, sino por parte de la Congregación y del Delegado pontificio, el Card. Versaldi, con el Ministerio de Desarrollo Económico del Gobierno italiano. Las negociaciones han llegado a un punto en el que resulta muy difícil sustraerse a las obligaciones contraídas cuando el IOR expresó su disponibilidad. Las consecuencias que podrían derivarse son graves, además de las que se derivan de no haberse solucionado el problema con los empleados. La indicación de la Secretaría de Estado y de la Santa Sede es la de no dejar sin resolver la cuestión, dado que no hay mucho tiempo para llegar a una resolución. Probablemente, podrán solicitarse informes ulteriores y más detallados a los comisarios del Gobierno, pero en este momento resulta muy problemático dar marcha atrás. Invita pues al Emmo. **Card. Parolin** a que tome la palabra. El Secretario de Estado confirma que según tiene en su conocimiento y por lo que ha podido seguir sobre el asunto, la cosa está hecha; no hay posibilidad de volver atrás en el sentido en que ha sido confirmado un acuerdo con el Gobierno italiano y retroceder tendría consecuencias a varios niveles. En su opinión, ahora es necesario encontrar la forma de seguir con esta operación de la manera más correcta posible. No se puede volver atrás y también el Card. Pell, con el que ha hablado a lo largo de la mañana, está de acuerdo en esto: hay un contrato firmado que simplemente no se puede rescindir. Se ha planteado la propuesta de que los cincuenta millones no sean provistos por el IOR, sino por la APSA con el aval del Hospital Bambin Gesù. Interviene el Emmo. **Card. Versaldi,** quien resume brevemente: en febrero de 2013, el entonces Pontífice Benedicto XVI ha sido llamado a ser el Delegado pontificio para la Congregación «Hijos de la Inmaculada Concepción», cuyos empleados hace tiempo que no cobran y todos los domingos se reúnen en el Ángelus para pedir a la Santa Sede que intervenga. La provincia italiana de la Congregación, con la autorización, de buena fe, al parecer, de sus superiores, había puesto a su nombre todos los hospitales, acumulando deudas de más de setecientos millones por robo y fraudes por parte de P. Decaminada, ahora en arresto domiciliario. Se encontraba, pues, en estado de insolvencia frente a los proveedores, además de no pagar sueldos durante seis o siete meses. Benedicto XVI, mediante la Secretaría de

Estado, responde con el nombramiento de un Delegado y evidentemente destituye y sustituye a todos los organismos centrales de la Congregación por los que el delegado se convierte al mismo tiempo en el superior, existiendo además problemas en el campo religioso. Los problemas urgentes, graves, y de justicia que escandalizaban a los empleados y al mundo laico eran sobre todo los económico-administrativos de los hospitales. No siendo el Card. Versaldi competente en la gestión de los hospitales, fue autorizado por el Santo Padre para que asistiera a los técnicos del Bambin Gesù en los aspectos económico-administrativos de los hospitales y nombró a Mons. Iannone, vicegerente, como vicario para los aspectos religiosos. Todo esto bajo una condición: la Santa Sede no quería implicarse en una ayuda material, no prometía, por tanto, pagar las deudas. Los técnicos, conociendo bien las leyes italianas en la materia, vieron que la mejor vía era la solicitud de tutelaje de la gestión de los hospitales recurriendo al Gobierno italiano y precisamente al Ministerio de desarrollo económico que nombró a tres comisarios para que se hicieran cargo de la gestión e hicieran un análisis del *statu quo* para el que no existían balances creíbles. Se encontró un déficit enorme; se estimó el valor de los bienes, incluidos los bienes inmuebles, en doscientos millones, mientras que las deudas ascendían a setecientos millones. Declararon, pues, el estado de insolvencia por el que con base en el procedimiento italiano, se recurre a la licitación para la reducción de gran parte de la deuda. Todo lo cual se aplazó hasta el pasado agosto. En una convocatoria pública presentamos nuestra propuesta global para evitar el «despedazamiento», es decir, que se adquiriesen algunas partes dejando insolvente la peor parte. La Santa Sede ha sido la única que ha presentado una propuesta de acuerdo preventivo. Mientras tanto, gracias a los técnicos del Bambin Gesù, las actividades que se habían reducido hasta el 50 por ciento, disminuyéndose de esta manera los ingresos para pagar los sueldos, han alcanzado el 100 por ciento. En la Semana Santa de 2013 se empezaron a pagar de nuevo los sueldos, por lo que los empleados acudieron a la plaza a la celebración del Ángelus para agradecérselo al papa. La actividad es tal que está dando rendimientos y permite pagar los sueldos. Es necesario, sin embargo, evitar los especuladores porque cuando finalice la administración extraordinaria alguien, que no sea la Congregación y menos aún la Santa Sede, tendrá que hacerse de estos bienes que están bajo la administración del Gobierno italiano. A la pregunta del Emmo. **Card. Vallini** sobre si los bienes son de propiedad del hospital, el Emmo. **Card. Versaldi** responde que la cuestión es controvertida porque existe la tentativa por parte de algún miembro del Gobierno de aprovecharse del error en que incurrieron los superiores al poner como representante legal el número de identificación fiscal de la provincia italiana de la congregación. Por tanto, comprenderían de por sí todos los bienes. Nuestros abogados se han afanado en distinguir los bienes productivos, comerciales, como los hospitales que reciben dinero público y que sin duda van a salir a concurso público, de otras propiedades como, por ejemplo, el Generalato y las comunidades que en Italia desarrollan obras caritativas que no son productivas. Mientras que se hacía el saneamiento de las actividades de estos hospitales se ha procedido en relación a la propuesta de acuerdo alcanzada sobre este asunto. Estos cincuenta millones debían ser suficientes para recuperar los bienes hospitalarios y otros que no son comerciales y dar inicio a la actividad de gestión. El Emmo. Purpurado precisa que el Santo Padre le asigne el mandato de ayudar a remediar los errores cometidos por algunos religiosos y que han causado escándalos, pero sin que la Santa Sede asuma ninguna obligación económica. Se han intentado reunir estos cincuenta millones que se suman a los otros treinta millones provistos por el Crédito Cooperativo Italiano. Ya que en el IOR el Bambin Gesù dispone de una cuenta corriente nutrida, se ha pedido al IOR que haga un contrato con la congregación con el aval de cincuenta millones del Bambin Gesù bloqueados en una cuenta en el IOR. El contrato prevé la devolución a plazos del préstamo por parte de la congregación en un periodo de tres años a partir de su concesión. Evidentemente, el Bambin Gesù ha pedido una garantía a su vez para no correr el riesgo de perder los cincuenta millones. Hay una carta de garantía al Bambin Gesù firmada por el Emmo. Delegado pontificio en la que se dice que en caso de impago el Bambin Gesù se convierte en propietario de los inmuebles que vuelven a ser de propiedad de la Congregación y que ascienden a ochenta o noventa millones según una estimación realizada por los comisarios: se está, por tanto, en presencia de una garantía constitucional a favor del Bambin Gesù. Estos documentos fueron presentado al IOR antes del verano siendo aún presidente el abogado Von Freyberg, fueron examinados por sus abogados y por la ALF y el 22 de mayo tiene lugar la firma del contrato entre el IOR y la congregación en el que se dice: «Les confirmamos la obligación irrevocable de nuestro Instituto sobre la concesión a su favor [...] de cincuenta millones de euros [...] para que se utilicen en cumplimiento de la susodicha operación». En otras palabras, la suma viene garantizada por la cuenta del hospital Bambin Gesù, que a su vez ha dado la contragarantía de los inmuebles de la Congregación. Este «paquete» acordado por parte del abogado representante del IOR, el abogado Von Freyberg y por el Delegado pontificio, el Emmo. Card. Versaldi, es enviado el 3 de junio al Ministerio de Desarrollo Económico como solicitud de autorización de depósito de una propuesta de acuerdo. Se recupera todo y se salvan los puestos de trabajo de los empleados y la identidad religiosa, muy importante también para la excelencia profesional, siendo el IDI un instituto de investigación avanzada. Ahora se dispone de poco tiempo para que el Gobierno decida si aprobar la solicitud o repetir el concurso público, ya que el primero quedó desierto. Entretanto, cambian las autoridades del IOR que deciden suspender el decreto irrevocable, anteriormente firmado, a propósito de lo cual se solicita otra autorización. El 3 de septiembre se celebra una reunión con el Emmo. Secretario de Estado estando presentes De Franssu y Brülhart (AIF), Casey (Secretaría de Economía) y el Card. Versaldi donde se ha hecho constar que la cosa está hecha. El Emmo. **Card. Calcagno** informa de que ha sido convocado también él a la reunión sin que se le haya entregado antes documentación alguna. El Emmo. **Card. Versaldi** puntualiza que existe un contrato del IOR y que, si se decide cambiarlo, ha de responder la entidad, no el delegado pontificio. En esa reunión se acuerda dar una salida y, por tanto, que la operación la lleve a cabo la APSA en las mismas condiciones del IOR. También en opinión del Emmo. **Card. Versaldi**, la situación es muy confusa y nebulosa: el IOR habría intentado a nivel europeo eliminar gradualmente sus actividades de préstamo, para centrarse en los servicios de gestión de las inversiones de su propia clientela y ha considerado oportuno que la transacción la hiciera la APSA bajo las mismas condiciones. La APSA no corre riesgo alguno, como tampoco el IOR, porque en el contrato está escrito que en el paso de una entidad a la otra los fondos serán garantizados por OBG, que la APSA los ha bloqueado y en caso de insolvencia la pérdida de la suma sería del Bambin Gesù, que a su voz no los perdería porque cuenta con el aval de los bienes inmuebles de la Congregación. Todo lo cual, es, en su opinión, un círculo vicioso al que, vista la contingencia de lo limitado del tiempo a disposición, no permite otra solución. Está la posibilidad de dirigirse a un banco italiano para solicitar –en las mismas condiciones– la suma solicitada, pero no hay tiempo y, por otra parte, crearía una imagen negativa que la Santa Sede se retirara después de haber firmado un contrato declarando su obligación respecto a la provisión de la suma necesaria. El Emmo. **Card. Versaldi** afirma que, llegados a este punto, se trata de la única solución posible que se le ocurre, si bien técnicamente tal vez no sea la mejor. Si no se hubiera presentado la dificultad añadida de la nueva *governance* del IOR, no se habría involucrado a la APSA. El Delegado pontificio sufre un cambio *post contractum* irrevocable. Solicita que en ausencia de anomalías jurídica y política y de tiempo se vaya en esta dirección confirmando la disponibilidad de los técnicos colaboradores en el caso de que se considere necesario recabar datos ulteriores. Desde el punto de vista técnico-bancario la operación genera para el APSA los intereses de los plazos. Antes de pasar a la discusión, el Emmo. **Card. Calcagno** pregunta al Prof. Dalla Sega, habiendo estudiado la documentación y siendo profesionalmente competente a dicho propósito, si desea añadir otras dilucidaciones. El **Prof. Dalla Sega** considera que se trata de un asunto complicado de última hora y que presenta riesgos enormes si la cosa no llegara a buen puerto. Se trata de un procedimiento de licitación pública en cuanto que nos encontramos frente a una administración extraordinaria de una gran empresa en crisis que en estos momentos está bajo control de tres comisarios nombrados por el Ministerio de desarrollo económico, profesionales acostumbrados a gestionar situaciones complejas y ésta es una situación compleja. Se han recordado los riesgos en el caso de que no se llegara a buen puerto. El mayor riesgo es probablemente el de verse acusados de licitación colusoria, por lo que en este momento está todo congelado en cuanto que ha sido oficialmente presentada una propuesta de acuerdo junto con el presupuesto de financiación y los cincuenta millones que técnicamente el IOR ha concedido: se trata de una operación «financiable» en términos técnicos. En lo que concierne a los cincuenta millones, estos están plenamente garantizados a unos intereses dignos dado que, a su parecer, los sujetos en juego requieren una cierta consideración, dadas las circunstancias. Es una operación para la que podría, como recordaba el Emmo. Card. Presidente, ser más competente la APSA debido a las funciones que al parecer, también en el proceso de reforma, se le están atribuyendo. Técnicamente se trataría de la asunción de un contrato que ya existe, como recordaba el Emmo. Card. Secretario del Estado, y no se puede dar marcha atrás en cuanto que ya ha sido presentada formalmente ante los funcionarios públicos una propuesta de financiación. En su opinión, entrando a pleno título la Santa Sede representada por la APSA, con la *moral suasion* de la Secretaría de Estado, resulta apropiado, además, desde un punto de vista profesional que los comisarios puedan intervenir en la discusión no sólo con el representante de quien ha presentado la propuesta de acuerdo, sino también con un profesional experto en materia de insolvencia de tanta complejidad como ésta para garantizar los intereses generales de la Santa Sede. Cree que es necesario recomendar esto como ya han recordado tanto el Presidente como el delegado pontificio, en el sentido de que es algo que va más allá del hospital o de la Congregación, pero que en este momento implica con certeza a la Santa Sede también a nivel «moral». En su intervención el Emmo. **Card. Re** expresa su gran perplejidad después de haber leído la documentación que se le ha hecho llegar y, por otra parte, ve la necesidad de guardar las apariencias. En su opinión, lo solicitado no entra dentro de las competencias de la APSA, sino en principio en las del IOR. Se le pide a la APSA que dé un paso que nunca ha dado, y expresa el temor de que no sea competencia de ésta. Pregunta si no es competencia de la Secretaría de Economía. En cuanto a la conveniencia, todos los motivos que ve son de no conveniencia, por otra parte el motivo de conveniencia se refiere a que habiéndose ya tomado medidas es necesario al menos salvar el IDI, visto que el S. Carlo ya se ha perdido. Pide la palabra el Emmo. **Card. Versaldi** para aclarar que si el Gobierno italiano devuelve el hospital, éste no será gestionado por la Congregación como tal, es decir, que no vuelve a los sacerdotes, sino que está prevista una fundación con tres miembros nombrados por la Santa Sede y por el Delegado pontificio con la representación de dos sacerdotes. Por tanto, la gestión no vuelve a los sacerdotes, mientras que la Congregación sigue siendo la propietaria. Precisa, además, que pasar del IOR a la APSA no se le ha impuesto a la Secretaría de Economía, sino que así lo han querido ellos. En el encuentro del 3 de septiembre, De Franssu, Bülhart y Casey han afirmado unánimemente que según la nueva configuración de la reforma entre el IOR y la APSA, a partir de ahora será esta última la que realizará operaciones de este tipo. Y que ésta sería la primera operación. El Emmo. **Card. Calcagno** hace constar que cuando ha sido convocado a la reunión del 3 de septiembre y le han planteado esta hipótesis, ha comunicado que habría convocado a la Comisión cardenalicia responsable de la APSA sólo si la Secretaría de Estado le hubiera pedido hacerlo en interés de la Santa Sede. Y eso ha expresado también al Santo Padre. El Emmo. **Card. Parolin** aclara que no se han presentado motivos por los que se ha solicitado esta transmisión de obligaciones; se ha presentado sólo cuál ha sido la motivación del IOR, en el sentido en que no habría podido asumir esta operación. Simplemente se ha dicho que el IOR no lo puede hacer. Lo hará la APSA. El problema planteado por el Emmo. Card. Re es el de la competencia: habría que responder a esto. Se plantea si la APSA es competente o no para asumir esta operación. El Emmo. **Card. Presidente** precisa que el contenido del correo electrónico del Card. Pell no tenía como propósito esta operación, sino que era general y el Santo Padre ha confirmado que la APSA sigue adelante haciendo su trabajo y añade que desea la dualidad. El Emmo. **Card. Parolin** informa que el Card. Pell no ha estado nunca a favor desde el principio de esta operación y que también esta mañana le había dicho que antes de dar el visto bueno se deberá consultar al Consejo de Economía, por tanto, la cosa es *sub judice* aún. La principal objeción planteada por el Card. Pell es de este tipo: «¿estamos seguros de que la Santa Sede no perderá estos cincuenta millones?». Incluso con el aval del Bambin Gesù, desea que haya garantías por escrito. A este propósito, el Emmo. **Card. Versaldi** considera que hay una carta firmada por el Delegado pontificio y dirigida al Presidente del Bambin Gesù como garantía y que en el caso de insolvencia, los inmuebles valorados en más de ochenta millones van al Bambin Gesù. Existe una firma legal, que tiene autoridad, garantizada, por lo que se pregunta sobre qué base se cuestiona una carta de garantía de un cardenal en la función de Delegado pontificio. A la objeción del Emmo. **Card. De Paolis** sobre por qué la Santa Sede solicita la garantía del Bambin Gesù, cuando puede hacerlo directamente, el Emmo. **Card. Versaldi** replica que los fondos están en la cuenta del Bambin Gesù que es propiedad de la Santa Sede. El Emmo. **Card. De Paolis** puntualiza que el problema no es la Santa Sede, sino el sujeto [jurídico] que pierde los bienes en cuanto que dentro de la Santa Sede hay diversas subjetividades. El Emmo. **Card. Versaldi** considera que hay una garantía de ochenta millones sobre un préstamo de cincuenta millones. El **Emmo. Card. Vallini** dice que comprende que se ha llegado a un punto en que por razones de imagen y de sustancia, por respeto a una obra que es eclesiástica, tratándose de un instituto religiosos, por el bien de la gente, por todos los «martirios» sufridos por el Card. Versaldi en este momento hay que dar una mano para recuperar la propiedad y por tanto darle un futuro. Quizá si no hubieran hecho la operación S. Carlo habría sido mejor. Para él no es un problema desde el punto de vista de la esencia, sino de la imagen, es decir, sobre cómo todo esto podrá ser interpretado por la prensa, que siempre ve maquinaciones y embrollos para atacar a la Santa Sede. De la descripción del Card. Versaldi no hay duda de que todo es lineal, ahora se ha involucrado a la Secretaría de Estado. Le parecía problemática la cuestión relacionada con la competencia de la APSA; el IOR habría podido hacerlo, pero no lo hace porque considera que dejará de conceder préstamos. La verdadera cuestión es ver si esta operación que parece lineal, clara y urgente en cierta manera no pueda interpretase por la presencia de una tercera parte, que es el Bambin Gesù, como una operación poco clara. Ésa es su preocupación. Tal vez hubiera sido preferible que la solución hubiera sido interna, tomada por la Santa Sede; pero quizá para ciertas cosas es mejor esta solución. Además de la cuestión planteada por el Card. Re, que también afirma estar de acuerdo, ¿existe competencia para esta operación? La competencia la da el Santo Padre porque ha aprobado la operación y por tanto está bien que la APSA actúe como «banco central», y por otra parte no arriesga directamente sus fondos dado que están plenamente garantizados por otra entidad, si bien de propiedad de la Santa Sede. En este punto queda sólo por aclarar si es o no oportuno, aunque aquí parece que sea necesario llevarlo adelante, ya no se puede dar marcha atrás. De todo lo expuesto resulta claro que serían demasiados los daños en la imagen, las relaciones políticas, diplomáticas, jurídicas, y el problema con los empleados. En este sentido se muestra favorable, si no hay ninguna otra vía y la mayoría considera que la operación no compromete a la Santa Sede bajo ningún punto de vista. En opinión del Emmo. **Card. Parolin,** la operación no debería comprometer a la Santa Sede desde un punto de vista financiero. La APSA recibirá los fondos que da a un interés en cuanto que hay una garantía del Bambin Gesù, el cual tiene a su vez como aval los bienes de la Congregación. Tal vez hay riesgo desde el punto de vista mediático. A este propósito, el Emmo. **Card. Versaldi** asegura que desde que han entrado tienen de su parte a todos los empleados, todos los sindicatos, y la mayor parte de los organismos de la prensa. Considera que ha recibido del papa Benedicto XVI, confirmado por el papa Francisco, la tarea de ayudar sin hacer perder dinero a la Santa Sede. El 3 de septiembre le han dicho que el IOR dio marcha atrás sobre un acuerdo irrevocable por lo que les pregunta qué hacer en este punto. El Emmo. **Card. De Paolis** dice que ha venido a la reunión con la idea de decir que sí, que no se puede dar marcha atrás y que no ha cambiado de idea, aunque se pregunta por qué ha surgido este problema. *Pacta sunt servanda.* Además, si bien se solicita de la APSA que haga la operación, al mismo tiempo se cuestiona su competencia y otro problema sería que se estuviera adoptando la vía más complicada. Para garantizar los fondos, en vez de hacer intervenir al Bambin Gesù, la Santa Sede podría concederlos a través del IOR con el aval de los bienes. En su opinión la participación del Bambin Gesù les expone a posibles dimes y diretes por parte de la prensa. El Emmo. **Card. Versaldi** precisa que la propuesta enviada al Gobierno italiano es confidencial; no es que haya un contrato entre el Bambin Gesù y la Congregación; el contrato es entre el IOR –luego la APSA– y la Congregación, por tanto formalmente nadie puede decir que el Bambin Gesù esté comprando el IDI. El **Prof. Dalla Sega** puntualiza que en los documentos entregados a los comisarios se recoge la obligación del IOR, por tanto, si alguien quisiera especular, los elementos ya están ahí porque los comisarios tienen conocimiento de que hay una obligación del IOR desde este punto de vista. Quizá la APSA tiene mayor reputación que el IOR, si es que al final participa en la operación. En cuanto a la pregunta de por qué el IOR no lo hace, es muy difícil interpretar estos cambios así de repentinos. Presumiblemente, el IOR será cada vez menos una entidad que realiza operaciones de crédito, y cada vez más una especie de gestor del patrimonio directa o indirectamente. Si hay una entidad interna que pueda realizar actividades de financiación a favor de entidades institucionales ésta es la APSA.

A las 17:15, como se anunció, el Card. Vallini deja la reunión a causa de un compromiso contraído. Se ausenta también Mons. Mistò.

En opinión del Emmo. **Card. Tauran**, el hecho de que el IOR no quiera hacer este tipo de operación responde a una cuestión de imagen y conviene en que la única solución es la planteada. El Emmo. **Card. Nicora** considera que se está frente al enésimo «lío vaticano», y expresa su disgusto, ya que éste no es el sistema que de ordinario debería asegurar el buen funcionamiento de las entidades de la Santa Sede. No se entiende por qué si alguien tiene que perder credibilidad, haya de ser la APSA y no la Congregación. El Emmo. **Card. Versaldi** reitera que ha recibido un mandato del Santo Padre para ayudar a una congregación mancillada por los fraudes a instituciones como el Gobierno, del que ha obtenido fondos que ha empleado en otros fines y, en segundo lugar, a los casi 1.500 empleados. Dice que no entiende por qué se habla negativamente de la prensa; a su parecer, los sindicatos tienen un gran poder sobre los medios de comunicación. No le parece mal ayudar a 1.500 familias que van a pedir la asistencia del Santo Padre y salvar una institución excelente sin hacer perder un euro a la Santa Sede, sino más bien haciéndole ganar algo en perfecta garantía. Con el deseo de alcanzar una comprensión mayor, el Emmo. **Card. De Paolis** sostiene que siendo el Bambin Gesù de propiedad de la Santa Sede, no se puede decir que la

Santa Sede no ponga dinero, al menos indirectamente. Interviene el **Prof. Dalla Sega** precisando que, si la cosa va a buen puerto como se espera, la gestión del negocio sanitario debería generar recursos para pagar la deuda, también según el plan industrial que subyace a la operación. Por tanto, en un escenario positivo, los cincuenta millones de ahora, incluidos los intereses derivados durante los próximos años, serán devueltos a la APSA. Si se hiciera realidad el escenario negativo, es decir, si la operación no llegase a buen puerto, en cuanto a que no se crearan los recursos para pagar la deuda, la APSA tiene como garantía los fondos del Bambin Gesù y, por tanto, no pierde capital. El Emmo. **Card. Versaldi** puntualiza que la hipótesis de que el Bambin Gesù ponga dinero sería sólo en el caso de que la Congregación, mediante sus actividades, no lograra en el periodo de tres años desembolsar el dinero. La Santa Sede no pone dinero, sino que se bloquean los cincuenta millones como garantía y se utilizarán sólo en el caso de que la Congregación no pueda hacer frente al pago. Según la hipótesis que él considera normal, los fondos serán acumulados mediante las actividades de los hospitales, que serán devueltos a la Congregación. La operación, si llega a buen puerto, no se realizará con dinero de la Santa Sede, sino de la Congregación. El Emmo. **Card. Parolin** expresa por su parte la conveniencia de que la operación llegue a buen puerto, estando de acuerdo desde el principio. Refiriéndose a la perplejidad expresada por el **Card. De Paolis** y a la intervención del Card. Nicora, también él se pregunta por qué el IOR y la APSA no han ofrecido los fondos directamente con el aval de los bienes de la Congregación sin tener que hacer participar al Bambin Gesù. Al parecer del Emmo. **Card. Harvey**, lo anterior vuelve la operación más segura, dado que será gestionada por personas competentes. El Emmo. **Card. Parolin** precisa que el Bambin Gesù ha entrado para ofrecer fondos. Al parecer del Emmo. **Card. De Paolis**, el trabajo hecho es encomiable, pero no se corresponde con la verdad la afirmación de que no haya habido ayuda económica. Que luego esta ayuda económica pueda resultar útil también a quien la ha ofrecido, es una cuestión diferente. El Emmo. **Card. Versaldi** puntualiza que el Bambin Gesù se convierte en titular de los inmuebles y su patrimonio es invertido no sólo en títulos como ahora, sino también en bienes inmuebles.

A las 18:30, el Emmo. Card. Versaldi abandona la reunión.

El Emmo. **Card. Re** propone que se recurra de nuevo al IOR puesto que hay una obligación suscrita, según la cual se han contraído obligaciones con el Gobierno italiano: las obligaciones, por tanto, han de ser respetadas a nivel institucional asumiendo toda la responsabilidad. Había firmado el abogado Von Freyberg en calidad de presidente del IOR y no a título propio y, por tanto, el IOR se encuentra frente a esta obligación que debe cumplir. Había suscrito una obligación por la que está obligado. El Emmo. **Card. Tauran** considera que para el IOR se trata sólo de una cuestión de imagen. También el Emmo. **Card. Parolin** se pregunta cuáles son las razones, además de que el IOR ha dejado de conceder préstamos. El Emmo. **Card. Parolin** recuerda que el IOR ha explicado sus motivos y estos son de imagen. Precisa que existe competencia, dada por el papa en este caso, y no habiendo riesgo alguno desde el punto de vista financiero, ya que la APSA no perdería su dinero –incluso si el Card. Pell quisiera una garantía por escrito que, por otra parte, el Card. Versaldi afirma que ya ha dado–, sí que se prevé un riesgo mediático que parece mínimo, y pregunta por qué entonces no se puede proceder a través de la APSA. Al parecer del Emmo. **Card. Re**, la fisonomía de la APSA es la que pierde en parte. Además, en el futuro, la Santa Sede en vez de tener dos hospitales, el Bambin Gesù y el ubicado en S. Giovanni Rotondo, terminará por tener un tercio de la propiedad y la Santa Sede no es competente para proveer en Italia servicios sanitarios, además del hecho de que todos los hospitales son deficitarios. Si se hubiera tratado de salvar al Gemelli tendría que haberse hecho más. El Emmo. **Card. Parolin** precisa que ha pedido que haya garantías desde el principio de que esta operación no vaya a significar que el hospital pase a ser propiedad ni de la Santa Sede ni del Bambin Gesù, que debe centrarse en sus funciones actuales. Asegura haberse manifestado en contra de la ampliación del Bambin Gesù. Le ha sido aclarado que el hospital pasa a ser propiedad de la Congregación y que será gestionado por la fundación. Sobre este punto es necesario que haya certidumbre. El Emmo. **Card. Re** conviene en que se trata de un aspecto positivo. En cuanto a la perplejidad que causa que de la gestión se haga cargo el Bambin Gesù, el **Prof. Dalla Sega** puntualiza que en la Fundación es mayoritaria la Santa Sede y que podrá también establecer las normas que se correspondan con esta orientación. El Emmo. **Card. De Paolis** dice estar convencido de que no hay consecuencias negativas, pero si el IOR y la Secretaría de Economía no han querido seguir esta operación, se pregunta cuáles habrán sido sus motivaciones. Frente al hecho de que no es posible dar marcha atrás, el Emmo. **Card. Re** considera que habiendo firmado el IOR el contrato, debe respetar la obligación contraída. El Emmo. **Card. Parolin** recuerda que el IOR ha especificado que no puede cumplir con la operación, no que no quiera, mientras que la APSA la puede hacer; ahí está la diferencia. El Emmo. **Card. Tauran** aclara que un motivo fundamental de por qué no quieren es que no desean que su primera actuación sea ésta. El Emmo. **Card. De Paolis** replica que si han firmado inicialmente el contrato y si es válido es porque podían hacerlo. El Emmo. **Card. Parolin** observa que se está en un proceso de cambio y que también el IOR está sufriendo muchas modificaciones en lo que respecta a su naturaleza y sus actividades. Expresando un parecer favorable, el Emmo. **Card. De Paolis** considera útil reflexionar sobre el asunto, para que algo así no vuelva a suceder. El Emmo. **Card. Calcagno** puntualiza que la APSA no se ha ofrecido, sino que interviene porque ha sido involucrada. Ha preguntado su parecer al Santo Padre, quien ha respondido que, como le había dicho al IOR, su deseo es que se resuelva la cuestión; no ha querido comentar más porque deja libertad a la Comisión cardenalicia responsable de la APSA para que exprese su parecer. El **Card. Presidente** considera que se trata de un problema que debe solucionarse. El Emmo. **Card. Re** dice estar de acuerdo con el hecho de que hay que encontrar una solución al problema; a propósito de la solución reiteraría la solicitud al IOR de que mantuviera sus obligaciones contraídas porque se han firmado a nombre de la institución, aunque ésta haya cambiado de clase dirigente. Si luego la respuesta para sustituir a la APSA es negativa, el Emmo. **Card. Calcagno** observa que si no se ha llegado a convocar con el cardenal secretario de Estado la comisión cardenalicia es porque se ha valorado que no es posible insistir al IOR. El Emmo. **Card. Parolin** insiste que esta ha sido la conclusión, en cuanto que de parte del IOR se ha manifestado la indisponibilidad absoluta. A la propuesta del Emmo. **Card. Calcagno** de que si no es posible obligarles a mantener su obligación o recurrir a la Secretaría para la Economía, el Emmo. **Card. Parolin** dice que podría hacerlo sólo el Santo Padre. La situación se ha creado por las razones que ha dado el IOR; en este punto vale la pena reflexionar si existen riesgos para la APSA y parece que no los hay, por lo que se puede proceder de este modo, como fórmula de emergencia, de otro modo no hay salida. El Emmo. **Card. Calcagno** asegura que, por lo que se ha podido averiguar, no hay riesgos financieros; podría haber algún otro riesgo. Considera que la APSA tiene que hacer esta operación. El Emmo. **Card. Parolin** asegura que presentará de nuevo la solicitud al IOR sabiendo que será otra vez denegada. El Emmo. **Card. Calcagno** concluye la discusión asumiendo la propuesta del Card. Re: el secretario de Estado hará una nueva tentativa

con el IOR; frente a una ulterior respuesta negativa, lo sustituirá la APSA. Los Emmos. Purpurados están de acuerdo.
La reunión termina a las 18:00 horas con una oración.

\* \* \* \* \*

*La crisis de la archidiócesis de Máribor en el informe del visitador apostólico (pp. 195-196)*

1. **Introducción**

El análisis financiero de la archidiócesis de Máribor ha sido llevado a cabo según la documentación presentada por los responsables de la archidiócesis. La archidiócesis de Máribor no está obligada a presentar informes, de conformidad con la legislación eslovena. No obstante, la contabilidad de la archidiócesis de Máribor está organizada de acuerdo con los principios contables eslovenos en vigor desde 2006.

Dado que no están obligados a realizar ninguna revisión ni a presentar los informes, algunas líneas contables son poco claras, aunque no resulte de relevancia significativa para la comprensión de este informe.

La contabilidad de la archidiócesis de Máribor nos ha permitido comprender el estado patrimonial a fecha de 31 de agosto de 2010. Nuestra función es la de averiguar con la mayor exactitud posible cuál es la verdadera situación patrimonial de la archidiócesis de Máribor. En particular, hemos centrado nuestra atención en los siguientes aspectos:
  –inmuebles;
  –inversiones financieras a largo plazo;
  –pasivos financieros;
  –pasivos fuera de balance (pasivos potenciales).

Una vez más subrayamos que nuestro análisis se basa en la documentación presentada por los responsables de la archidiócesis de Máribor.

2. **Síntesis del análisis de la archidiócesis de Maribor**
   - La archidiócesis de Máribor se encuentra en serias dificultades financieras, debido a las dificultades del área comercial de la misma, que forma parte del grupo de la sociedad Gospodarstvo Rast d.o.o.
   - Si en breve no llegan nuevas garantías, capital u otros elementos financieros útiles para salvar las sociedades Zvonena holding d.d., Zvondva holding d.d., T-2 d.o.o. y Gospodarstvo Rast d.o.o., existe la posibilidad real de que quiebren todas las sociedades mencio-

nadas, con las consiguientes consecuencias desastrosas: impago de préstamos y consiguiente pérdida de los inmuebles hipotecados por parte de los bancos comerciales y otros elementos del patrimonio utilizados como garantía para el pago de los préstamos.
- En base a la revisión, observamos que la inversión financiera realizada en la sociedad controlada Gospodarstvo Rast d.o.o. en este momento no tiene ningún valor y, por tanto, el capital indicado ha aumentado de valor.
- El préstamo a corto plazo concedido a la sociedad Gospodarstvo Rast d.o.o. en este momento no puede devolverse y, por tanto, debería revisarse su valor.
- Es muy probable que la garantía subsidiaria concedida al banco Raiffeisen, al que algunas personas físicas han solicitado (y del que han obtenido) préstamos para la constitución de las sociedades Betnava d.o.o y Dom Studenice d.o.o., se convierta cuando expire, en 2013, en una deuda para la archidiócesis de Máribor, debido a la naturaleza misma del contrato de garantía.
- Los puntos referidos tienen un efecto sobre el capital equivalentes a 22.894 TEUR[1], de ahí que la depreciación de las inversiones en la sociedad Gospodarstvo Rast d.o.o. sea equivalente a 15.329 TEUR; la depreciación de las inversiones financieras a corto plazo indicadas como debilitamiento del crédito concedido a la sociedad Gospodarstvo Rast d.o.o. equivale a: 3.622 TEUR y los pasivos indicados como proyectos Betnava d.o.o. y Dom Studenice d.o.o. son equivalentes a 3.943 TEUR: inversiones no favorables, debido a las circunstancias, y sin valor alguno incluso en el caso de que pasaran a ser propiedad directa de la archidiócesis de Máribor. Por este motivo, consideramos que el capital de la archidiócesis de Maribor a fecha de 31 de agosto de 2010 es equivalente a 6.094 TEUR, siempre que no haya ulteriores pasivos potenciales.
- La archidiócesis de Máribor posee pasivos fuera de balance (cuentas de orden) extremadamente elevados, una parte importante de los cuales son las cartas de patrocinio. El análisis pone de manifiesto que las declaraciones son más vinculantes desde el punto de vista moral que jurídico. Teniendo en cuenta lo anterior, los pasivos fuera de balance se reducen considerablemente.

---

[1] Todos los importes se indican en miles de euros.

## 3. Presentación de la archidiócesis de Máribor

La archidiócesis de Máribor nace en 2006, de la división de la diócesis de Máribor, con aproximadamente 800.000 fieles en tres diócesis: la archidiócesis de Máribor con el 51,74% de los fieles de la exdiócesis de Máribor, la diócesis de Celje con el 34,43% y la de Murska Sobota con el 13,83%. Mediante esta división, la diócesis de Máribor se ha convertido en archidiócesis y sede patriarcal, y su patrimonio se ha subdividido proporcionalmente en función del porcentaje de fieles.

En el año 1992, la diócesis de Máribor ha creado el banco pan-esloveno que diez años después se ha situado en el décimo puesto dentro del país. Además del banco Krek, se ha creado también una sociedad para las privatizaciones, de la que surgen Zvonena holding d.d. y Zvondva holding d.d., que desarrollan las actividades de los *holdings*.

La mayor parte de los bienes han sido transferidos a Zvonena holding, y a Zvondva holding la parte menor y menos prestigiosa.

En 2002, la archidiócesis de Máribor ha vendido el banco Krek al banco Raiffeisen Zentral Bank de Viena.

La mayor parte del dinero recibido por la venta ha sido invertido por la diócesis de Máribor en la adquisición de bienes en el ámbito de la sociedad de gestión Krek. En 2005, en base a esta propiedad y con un endeudamiento de 27.221 TEUR, ha adquirido el 53% de Zvon ena holding por medio de la sociedad Gospodarstvo Rast.

Una parte importante de las actividades de la archidiócesis de Máribor está relacionada con la gestión de inmuebles.

## 4. Balance de la archidiócesis de Máribor
Balance a 31 de agosto de 2010 en TEUR

| Partidas | 31/08/2010 |
|---|---|
| Recursos | 70.290 |
| Inmovilizado | 64.613 |
| Inmovilizado inmaterial | 1.883 |
| Inmovilizado material | 38.547 |

# ÍNDICE ONOMÁSTICO

Abbate, Lirio 212
Abril y Castelló, Santos 45
Acerna, Emilio 140
d'Adamo, Michel Nicola 56
Albanel, Christine 22
Alemanno, Gianni 107
Alfano, Angelino 171
Al-Thani 168
Allen, Ethan 188
Allevi, Giovanni 141
Amato, Angelo 87, 225, 227
Ambrosi, Andrea 88, 90-92, 95-97, 99, 226-227
Anderson, Carl A. 96
Anelli, Franco 157, 158
Antonetti, Lorenzo 34
Arsizio, Busto 29
Auletta, Giovanni 33
Azzollini, Antonio 170, 171, 175

Bagnasco, Angelo 155, 158
Baker, Nelson H. 92
Balducci, Angelo 30, 44, 103
Bandera, Gianantonio 140
Baraga, Friderik 91
Bazoli, Giovanni 23, 33
Beccui, Giovanni Angelo 168
Belsito, Angelo 175
Benedetti, Andrea 75, 76

Benedicto XVI 11, 16, 34, 36, 37, 39, 40, 50, 56-57, 64, 74, 76, 85-86, 101, 105-106, 110, 119, 127-128, 137, 154, 155, 156, 164, 194, 198, 201, 209
Bergoglio, Jorge Mario *Véase* Francisco, papa
Berlusconi, Silvio 27, 8, 138, 159
Bernabei, Ettore 59, 101
Bernardino Maria, padre 201
Bernardo de Baden 95
Bersanni, Pier Luigi 162
Bertagna, Bruno 102
Bertello, Giuseppe 78, 128
Bertone, Tarcisio 11-13, 41, 56-58, 64, 72, 76, 87, 101-105, 108, 127, 128, 137-140, 152-155, 157, 159, 164, 168, 170, 193, 206, 208
Bisignani, Luigi 34
Blosom, Cherry 126
Bocca, Riccardo 212
Boffo, Dino 159
Bonini, Carlo 29
Bonzel, Maria Theresia 95
Borghese Khevenhüller, Camilla 34
Botín, Emilio 45
Bottiglieri Rizzo, Grazia 34
Brülhart, René 49, 51, 58, 59
Buonamici, Cesara 27

Burkard, Paul 92
Burke, Raymond Leo 64

Cacciavillan, Agostino 34
Calcagno, Domenico 13, 21, 31, 34, 64, 105-106, 108-110, 159, 167, 218ss., 230, 234-236, 242
Calcagno, Giuseppe 109, 110
Calcagno, Maria Angela 109
Calcaterra Borri, Michele 60
Caloia, Angelo 54, 56
Calvi, Roberto 43
Cammi, Italo 202
Campos, Isabel Cristina 97
Cantelmo, Rosario 201
Carlos I de Austria 92
Carlo-Stella, Maria Cristina 76
Carriquiry Lecour, Guzmán 47
Casey, Danny 111, 116, 119
Castillo Lara, Rosario José 32-34
Cenizo Ramírez, Rafael 77
Ceruzzi, Paolo 164
Cianchetta, Giampaolo 187
Cibin, Camillo 102
Cicchetti, Antonio 157
Cinque, Erasmo 56
Cipriani, Paolo 37, 44, 57, 58, 60, 127, 132
Cirinnà, Monica 28
Clemens, Josef 104
Colombo, Emilio 154
Coluccino, Francesco 175
Comastri, Angelo 74-77, 103
Corbellini, Giorgio 58
Corioni, Luigi 33
Correale, Silvia 88, 97
Cosentino, Nicola 28-29

Cosimo, Raffaele 62
Courtin, Judy 117
Crettol, Gilles 23
Crupi, Domenico 152

Dalla Sega, Franco 164, 218, 235, 239-241
D'Amico, Cesare 122
D'Amico, Paolo 122
Dardozzi, Renato 54
de Bernardis, Mattia 212
De Bonis, Donato 43, 54, 173
De Franssu, Jean-Baptiste 61-62, 65-66, 132, 165, 167
De Franssu, Luis-Victor 62
De Luca, Vincenzo 124
De Paolis, Velasio 104, 218, 237-242
De Pasquale, Francesco 58, 59
De Santis, Francesco 187
Decaminada, Franco 160-164
Di Gioia, Raffaele 175
Di Terlizzi, Rocco 175
Dias, Ivan 29
Dziwisz, Stanisław 37, 74

Elefanti, Marco 157, 158
Ellis, John 118

Falchetto, Cristiano 221
Falck, Alberto 33
Falck, Federico 34
Fazio, Antonio 103
Filoni, Fernando 25, 30, 104
Fisichella, Rino 162, 191
Fittipaldi, Emiliano 7-10, 140
Flanagan, Edward 95

Flick, Giovanni Maria   154
Foglia, Gianluca   212
Foster, Anthony   119
Francisca Ana de los Dolores   82
Francisco, papa   8, 11-13, 16, 17,
    23, 31, 34, 38, 40, 43-44, 55,
    58-59, 61-62, 64-66, 72, 73,
    75-76, 82, 84, 87, 96, 99, 102,
    104-105, 108, 110, 119, 120-121,
    128, 132, 138, 143, 165, 167, 168,
    174, 187, 189, 190, 191, 198, 203,
    219ss.
Fratta Pasini, Carlo   159
Frattini, Franco   162

Gabriele, Paolo   76
Gänswein, Georg   37
Garofano, Giuseppe   33
Gasparri, Pietro   24
Gemelli, Agostino   153
Gerini, Alessandro   206-207
Geronzi, Cesare   140
Giacobbo, Roberto   75
Giansoldati, Franca   59
Gibellini, Andrea   33
Gismondi, Emanuela   163
Giussani, Luigi   159
Gotti Tedeschi, Ettore   49, 56-58,
    101, 132, 138
Gregory, Wilton Daniel   188-189
Guzzetti, Giuseppe   150

Hahn, Heinrich   91
Harvey, James Michael   218-219, 240

Ingrao, Ignazio   105, 129
Innocenzi, Giancarlo   27

Juan Pablo II   32, 33, 36, 37, 40,
    54, 74, 85-87, 104, 105, 118,
    123, 154
Jude Fay, Michael   188
Kapaun, Emil   91
Kaspar, Franz   191
Keller, Roberto   130, 131
Konstantin, Alois   34
Kouchner, Bernard   22
Kramberger, Frac   192, 194
Krasovec, Mirko   194

Laghi, Pio   163, 164
Lajolo, Giovanni   128, 218
Lanzara, Comincio   204
Lati, Giancarlo   200
Leggiei, Nicola   175
Leone, Lorenzo   51, 172-174
Letta, Gianni   159
Librizzi, Sergio   210
Lidia   82
Lillo, Marco   153
Lindenberg, Therese   92
Liuzzo, Gabriele   55
Lo Gatto   175
Longueville   56
Lorenzo, Leone   173
Lucchini, Stefano   75
Lucio Risp, Lucio   169
Lunardi   28, 9
Lunardi, Pietro   28

Manelli, Stefano Maria   201
Marano, Antonio   27
Marcella, sor   171, 175
Marcinkus, Paul   32, 43, 54,
    121

249

Marchisano, Francesco  104
Maria, Bernardino  201, 203
Mariella Enoc  150, 168
Marranci, Rolando  62
Martella, Luigi  170
Martino, Renato Raffaele  123
Mattace, Alberto  109
Matulio, Theophilo  97
Max Hohenberg, Max  60
Mazzali, Giovanni  207-208
McCaul, Elizabeth  62
McGivney, Michael  95-96
Melazzini, Piero  140
Mennini, Paolo  23
Merkel, Angela  50
Merloni, Clelia  91
Miccichè, Francesco  209-211
Michael Moynihan, Michael  188
Milanese, Marco  52
Milano, Gian Piero  54
Milito, Leonia  82
Minzolini, Augusto  27
Mistò, Luigi  218, 239
Mitchell, Joseph  188
Mitterrand, François  22
Mogavero, Domenico  209
Molinari, Mario  106
Monorchio, Andrea  27
Montaresi, Antonio  62
Monti, Luigi Maria  161
Monti, Mario  157
Montini, Giovanni Battista  154
Montino, Esterino  28
Moretti, Luigi  127
Moriones, Ildefonso  82
Morlacco, Mario  175
Mussolini, Benito  21-23

Nguyễn Văn Thuận, François-Xavier  97
Nicola, Michele  56
Nicolini, Paolo  72, 73
Nicora, Attilio  34, 51, 57-58, 64-65, 108, 167, 218, 220, 239
Nogara, Bernardino  23
Noli, Luigi  124
Nuzzi, Gianluigi  54

Ockrent, Christine  22
Ornaghi, Lorenzo  155, 157-159

Pablo VI  21, 39, 141
Padre Pio  13, 20, 138, 150-2
Paglia, Vincenzo  187
Palombella, Massimo  38
Panini, Franco  33
Pappolla  173
Parolin, Pietro  41, 59, 64-65, 103, 150, 152, 167, 191, 218-219, 231, 236-238, 240-242
Parolin, Pietro  41, 59, 64, 103, 167, 191, 218-219, 231, 236-238, 240-242
Pasquale, Leone  173
Patten, Cristopher  116
Pedacchio Leániz, Fabián  103
Pegrari, Maurizio  23
Pell, George  12, 17, 23, 59, 61, 64-65, 104, 110-111, 116-20, 152, 165, 167, 191, 219ss.
Pellegrini, Ernesto  33
Perrone, Michele  175
Perry, Michael  199-200
Pesenti, Giampiero  33
Peyton, Patrick  91

Piacenza, Mauro  64, 104, 192
Pierro, Gerardo  204-205
Pietro Maria, padre  201
Pío IX  39
Pío XI  21, 2, 76, 153
Pío XII  54
Piredda, Gianluca  164, 193-194
Pironio, Eduardo Francisco  97
Polisca, Patrizio  85
Polverini, Renata  56
Pollard, John  23
Prefetti  28
Prega  75
Procacci, Pasquale Leone  174
Profiti, Giuseppe  137, 139-142, 146-147, 150, 153, 155-157, 164-171
Proietti, Angelo  52, 108
Puccini, Vittoria  162
Purgatori, Andrea  102
Ratzinger, Joseph  *Véase* Benedicto XVI
Re, Giovanni Battista  64, 75, 103, 167, 218-219, 235, 240-242
Renzi, Matteo  174
Ricca, Battista  45, 59, 61
Riggio, Vito  27
Riva, Emilio  33
Rizzi, Dario  175
Rizzo, Vincenzo  204
Robinson, Geoffrey  120
Rodríguez Carballo, José  200
Rose, Norton  147
Rosmini, Antonio  86
Rossi di Montelera, Lorenzo  34
Rossi, Lorenzo  34
Rossi, Massimo  125

Rotelli, Giuseppe  138
Rother, Stanley Francis  95
Ruini, Camillo  72, 105, 155, 159
Rylko, Stanisław  37

Sallusti, Alessandro  72
Santoro, Grazia  173
Saraiva Martins, José  84, 96, 105
Saunders, Peter  120
Scabini, Eugenia  159
Scajola, Claudio  103
Scaletti, Lelio  55
Scarano, Nunzio  23, 44, 121-127
Scarone, Dolores  121
Scaroni, Paolo  75
Sciacca, Giuseppe  64
Scola, Angelo  155, 157-160
Scotti, Giuseppe  37, 82
Seccia, Domenico  173
Sepe, Crescenzio  28-30
Sheen, Fulton John  88, 90, 226
Sica, Silverio  122
Silvera, Carlo Moisè  206-208
Simeon, Marco  139
Sindona, Michele  43
Siri, Giuseppe  105
Sixto V  84, 5
Sodano, Angelo  104
Speciale, Roberto  75
Spina, Massimo  139
Stock, Franz  92
Stres, Anton  198
Szoka, Edmund Casimir  105

Tapsell, Kieran  117
Tarantelli, Panfilo  62

Tauran, Jean-Louis  64, 167, 218, 219, 239, 241-242
Tebartz-van Elst, Franz-Peter  190-191
Temperini, Domenico  163
Tettamanzi, Dionigi  154-157
Tizian, Giovanni  212
Toniolo, Giuseppe  152ss.
Tremonti, Giulio  52, 162
Treppiedi, Ninni  209-210
Tronchetti Provera, Marco  162
Tulli, Massimo  44, 57, 58, 127, 132
Turano, Grianfrancesco  212
Turnaturi, Egidio  73
Turnšek, Marjan  194, 198

Unzeitig, Engelmar  91
Uva, Pasquale  169, 174

Valentino  27
Vallini, Agostino  167, 218-220, 232, 237
Vasiljevic, Adrijana  175
Veltroni, Walter  107
Vermiglio, Francesco  61

Versaldi, Giuseppe  64, 82, 84, 97, 99, 104, 164-168, 170, 193, 218, 225, 227, 231ss.
Verzé, Luigi  137, 138, 147, 168
Vespa, Bruno  27
Vian, Giovanni Maria  81
Viganò, Carlo Maria  13, 72, 73, 75, 103, 104, 127-135
Viganò, Rosanna  129, 130, 131, 133, 134
Vilotta, Paolo  97
Volpi, Fidenzio  201-202
Von Freyberg, Ernst  49, 55, 57-59, 61-62, 165

Walin, Kevin  188
Weso, Józef  117
Wojtyła, Karol  *Véase* Juan Pablo II

Xuereb, Alfred  103

Yeo, George  116

Zahra, Joseph  34, 61, 65, 116, 165
Zanfagna, Renato  207, 208
Zappelli, Paolo  187

# ÍNDICE

Prólogo a la edición española ............................................. 7
Prólogo ................................................................................ 11

I. El tesoro del papa ............................................. 15
   «Casas por 4.000 millones» ...................................... 17
   La caza del tesoro ..................................................... 21
   Alquileres de oro ...................................................... 25
   Una montaña de dinero ............................................ 31
   Me monto una fundación ......................................... 35
   Cero caridad ............................................................. 38

II. IOR, mentiras y cuentas secretas ...................... 43
   Las cuentas secretas .................................................. 48
   Los jueguitos de Caloia ............................................. 54
   Todos contra todos ................................................... 56
   Cardenal contra cardenal .......................................... 64

III. Negocios sagrados ............................................. 71
   *Supermarket* vaticano ............................................. 77
   La fábrica de santos .................................................. 82
   Los cazadores de milagros ........................................ 88

IV. Los mercaderes del Templo ............................. 101
   Una finca para monseñor Rambo .............................. 105
   El moralizador derrochador ...................................... 110

253

|   |   |
|---|---|
| Don 500 euros | 121 |
| El lado oscuro del héroe | 127 |
| La versión de Viganò | 132 |
| V. Su Sanidad | 137 |
| Obras en la casa de Bertone | 138 |
| Exxon, Dubai y demasiadas asesorías | 142 |
| Los milagros de Padre Pio | 150 |
| Las cargas del Gemelli | 152 |
| ¿Hospital o cajero? | 160 |
| Las compras del cardenal | 164 |
| Monjas, amantes y algunos miles de millones | 169 |
| VI. En el nombre del dinero | 187 |
| El sacerdote que tenía agujeros en las manos | 189 |
| Televisión porno en Eslovenia | 191 |
| Lujo franciscano | 198 |
| Los 102 automóviles de los religiosos | 201 |
| Contrabandistas del ladrillo | 203 |
| Robo en los salesianos | 206 |
| Ánforas, calumnias y el 8 por mil | 208 |
| Agradeciemientos | 212 |
| Anexo. Traducción de los documentos reproducidos en el libro | 213 |
| Índice onomástico | 247 |